浙江省哲学社会科学规划后期资助课题（13HQZZ028）
"城乡劳动力家务时间配置实证研究"

浙江省哲学社会科学规划
后期资助课题成果文库

城乡劳动力家务时间配置实证研究

Chengxiang Laodongli Jiawu Shijian
Peizhi Shizheng Yanjiu

胡军辉　著

中国社会科学出版社

图书在版编目（CIP）数据

城乡劳动力家务时间配置实证研究／胡军辉著 . —北京：中国社会科学
出版社，2015.6

ISBN 978 - 7 - 5161 - 6333 - 7

Ⅰ.①城…　Ⅱ.①胡…　Ⅲ.①家庭经济学 - 研究②家庭管理 - 时间 -
配置 - 研究　Ⅳ.①F063.4②TS976.1

中国版本图书馆 CIP 数据核字（2015）第 131314 号

出 版 人	赵剑英	
责任编辑	许　琳	
责任校对	王　斐	
责任印制	何　艳	

出　　　版	中国社会科学出版社	
社　　　址	北京鼓楼西大街甲 158 号	
邮　　　编	100720	
网　　　址	http：//www.csspw.cn	
发 行 部	010 - 84083685	
门 市 部	010 - 84029450	
经　　　销	新华书店及其他书店	

印刷装订	北京市兴怀印刷厂	
版　　　次	2015 年 6 月第 1 版	
印　　　次	2015 年 6 月第 1 次印刷	

开　　　本	710×1000　1/16	
印　　　张	13.75	
插　　　页	2	
字　　　数	233 千字	
定　　　价	55.00 元	

凡购买中国社会科学出版社图书，如有质量问题请与本社营销中心联系调换
电话：010 - 84083683

序　言

用经济学方法研究社会问题，比如说婚姻、家庭、生育、犯罪、劳动力市场歧视等，贝克尔是重要代表人物之一。他（于 1992 年获得诺贝尔经济学奖）极大地促进了经济学与社会学的融合，拓展了经济研究的视野。在经济学领域里，其另一个重大贡献是将时间分配引入相关模型，认为劳动者行为决策不仅受货币收入的约束，同时也受（作为稀缺资源之一的）时间的约束。将时间约束纳入考虑之后，可以对劳动力行为决策做出更好的理解。

在贝克尔推动下，新家庭经济学把家庭问题研究推向了前所未有的高度，极大地激发了其他学者的研究兴趣。正因为如此，在西方发达国家中，家庭经济学已成为经济学的一个重要分支，数十年来不曾衰落。但是，与另一类重要微观经济单位企业相比，家庭内部决策机制更复杂，影响因素更多样：不仅有与劳动者个体特征相关的因素，也有与家庭特征相关的因素，还包括社会制度、经济发展程度、传统文化、价值观念等诸多方面的因素。在这些因素中，有的可以找到合适的变量加以表示，有的比如说传统文化、价值观念、性别意识等，很难找到合适的变量加以表示。这为家庭决策问题研究带来了困难。

本书专注于讨论城乡劳动力家务时间配置问题。基于前述理由，可以说这个选题具有很大的挑战性。作为笔者的指导导师，我至今都能回忆起确定选题时的情形。当时，我就指出，选择这个题目是要有勇气的。在这方面，国内参考资料较为少见；即使是国外，相关研究也大多停留在 20 世纪末的水平，最新的突破性成果并不多见。选择这样的题目，是要承担一定的风险的。但是，如果研究对路，也有可能取得较大的突破。总之，可以说是风险与机遇并存。殊为可喜的是，笔者坚持了下来。经过努力形成的成果，即将正式出版了。这也算是一个阶段性总结吧。

　　从比较静态角度研究劳动力家务时间配置决策时，家庭内部分工和个体特征将成为考察的主要因素。笔者选择劳动力职业作为切入点，从不同职业的时间约束、收入水平及劳动力教育程度等方面入手，特别强调了异质职业对劳动力家务时间配置的影响。另外，随着时间推移，其他因素在发生变化。尤其是对于中国来说，改革开放以来经济结构的调整力度是空前的。对于这个时期里我国城乡劳动力家务时间配置究竟发生了怎样的调整，很有必要做出准确的回答。通过谨慎研究，笔者发现，我国城乡劳动力家务时间配置在1989—2009年的20年内，经历了先下降然后缓慢上升的U形变动趋势。笔者对这个现象的解释的基本思路是：面对外部环境的变化，城乡劳动力对之做出了理性的调整；同时，劳动力特征因素本身的变化也产生了影响。简单地说就是要同时考虑外部环境因素与劳动力本身因素的变化所产生的影响。这样的视角是能够成立的。

　　一方面，研究我国城乡劳动力家务时间配置问题时，城乡二元经济社会特征是绝对不能忽视的；另一方面，家庭内部分工中的家务劳动性别不平等现象，在世界范围内都具有普遍性。为了照顾这两个方面，笔者对城乡劳动力家务时间配置差异及其结构性调整差异，分别从城乡之间和男女劳动力性别之间两个层面做了较为细致的考虑，并且给出了合理的经济学解释，可以说这是具有重要的现实意义的。家务时间的投入，既与劳动者及其家庭成员的福利息息相关，又与健康、人力资本折旧与积累、在家庭内部分工博弈中的地位以及家庭是否稳固等诸多方面有着直接或间接的联系。从这个角度来说，研究劳动力家务时间配置问题具有相当大的社会现实意义。

　　本书另一个特点是注意到了家务劳动问题的社会学特征。在运用经济学方法研究带有社会性的问题（比如家庭分工、家庭成员之间的合作与博弈等）时，如何有效地分离出其中不一定具有完全经济理性的行为选择，往往决定研究的成败。考虑到这一点，笔者借用了在社会学、心理学等领域广泛使用的多层线性模型方法。这在一定程度上弥补了纯经济学研究带来的不足。这种跨学科、跨领域的研究方式值得提倡。

　　当然，本书的研究也还存在一些不足之处。比如说计量模型的稳健性检验、时间分配中通勤时间的界定、家务劳动经济价值的估算等方面，还需要进一步完善或者在后续研究中加以充实。其中，家务劳动经济价值的估算、这种价值的动态特征以及与相关产业发展的关系等，可以说尤其重要——这不仅直接关乎民生，而且对现有 GDP 核算体系的合理性评估以及如何对之加以改造等，提出了诸多新的要求。因此，将来一定要积极地创造条件，予以补足——希望本书留下的只是暂时的遗憾。在我看来，重任在肩而不懈怠，终有所成——以此与军辉博士共勉。

伍山林

（上海财经大学经济学院教授、博士生导师）

目　　录

第一章

导　　论

第一节　问题的提出

20世纪六七十年代以来，以美国诺贝尔经济学奖得主贝克尔为代表的新古典经济学家，大量地运用微观经济学理论来解释诸如婚姻、生育、劳动力的工作和闲暇的时间分配、犯罪与歧视等非市场现象，为经济学的研究对象开辟了一片广阔的领域。贝克尔等经济学家的努力，为剖析社会现象提供了一个十分独特而深刻的经济学视角，推动和加速了经济学与社会学两个学科的融合，极大地丰富了研究社会问题的经济学理论基础，与此同时，也为我们指出了许多原先未予以足够重视的人类行为选择的研究方向，比如时间要素在人们行为决策中的约束问题等。

将时间要素作为一个重要变量纳入到微观经济理论模型之中，可以更好地用来刻画和解释人们经济行为的决策。由于总量的固定性，时间无疑对于任何人来讲都是一种稀缺的要素资源，因此关于这种稀缺要素的配置决策可以为深入解读人们行为的选择，特别是一些非市场经济行为，比如从事家务劳动、享受闲暇、积累人力资本等，提供一个崭新的视角。受此启发，随着人们对家庭问题研究热情的高涨，家庭经济学应运而生，而作为其中的一个重要分支，经过众多经济学家的共同努力，家务劳动经济学已经初具雏形。

家务劳动经济学的核心内容是家庭内部的劳动分工及家庭各成员的时间配置问题，而从不同活动间的时间分配和总劳动负担的变化来研究人们福利的变化是很有意义的（弗洛罗，1995）。但现实中的生活经验却告诉我们，和家务劳动相比，人们似乎更关心劳动者有酬的市场活动，这种倾向同样体现在学术研究上，特别是国内学者至今尚未对家务劳动研究引起足够的重视。那么，劳动者的市场工作与其家务时间配置决策之间究竟有着怎样的联系？从市场工作入手可能是我们解析劳动者家务时间配置问题的一个合适的切入点。

西方家庭经济理论均隐含地假定了有酬市场工作时间为连续的、无限可分的，并与其他活动时间具有完全可替代性，但这一前提假设的适用性显然是值得怀疑的，因为不同活动的重要性程度不同，特别是家务劳动时间的分配势必由夫妻双方的空闲时间而定，受到工作的"时间约束"（席勒，1984；昆茨·真子和斯考特，1992）。因此，本书提出的第一个层面的问题便是，如果人们的有酬市场工作的时间约束程度不同，也就是在职业异质的前提下（不同的职业有着不同的工作时间灵活性），家庭内部的劳动分工和家务时间配置的决策将作怎样的调整？在当前我国劳动力市场分层、城乡劳动力职业异质的背景下，如何深入解读家庭的内部分工和家务时间配置决策？

理论模型对现实情形是否具有解释力，需要经验事实来加以验证。因此，本书提出的第二个层面的问题是，利用微观调查数据，能否验证职业对家庭内部分工和家务时间配置决策确实具有显著的影响？如有，那么异质职业对家务时间配置决策的作用机制究竟是怎样的？这种影响效应在城乡家庭之间、男女劳动者之间有着怎样的异同？

异质职业是我们理解城乡差别的一个特殊视角，城乡差别的内涵远不止于此，与职业相关或与经济社会体制相联系的城乡收入差距、社会福利保障差距和公共品供给差距等，也就是说，更为一般的全面的城乡差别对于城乡劳动力的家务时间配置会有怎样的影响？这种影响是否具有性别上的结构性差异？其影响程度需要怎样的工具和方法来加以测定？如何全面评估城乡差别对城乡家庭家务时间配置的整体差异、城乡差别对劳动者个体家务时间配置的个体差异，并估算各影响因子在差异中的效应结构，这是本书提出的第三个层面的问题。

自从改革开放以来，我国的城乡经济取得了持续而快速的发展，但是随着经济结构的调整，城乡差距并没有随着农村劳动力大规模转移而有所收窄，如何实现城乡经济一体化、融合式发展依然面临巨大的挑战。不仅如此，我国的社会福利保障、公共服务设施等诸多领域的改革和发展，甚至传统文化、人们的价值观念等随着时代的变迁在城乡家庭间的传承与转变也并非是完全同步的，因此而引致的城乡劳动力家务时间配置在近期内经历了怎样的动态变化过程？在此过程中，男女劳动者的家务分工和时间配置又进行了怎样的调整？这种调整在城乡之间、男女劳动者之间又有何异同？这是本书所提出的第四个层面的问题。

劳动者的时间配置决策必定是个体特征和外部宏观环境共同约束下所作出的理性选择，因此，本书提出的第五个层面的问题是，城乡劳动力家务时间配置及其动态调整，反映了怎样的社会经济背景？要实现城乡统筹发展、促进城乡福利均等化的目标，本书的研究可以为政府和社会公共部门制定相关政策提供哪些参考？在深入剖析家务劳动时间配置的福利效应基础上，分别从城乡家庭之间和家庭内部成员两个层次评估其福利差距和福利损失，进一步探讨促进城乡福利平等化的政策措施，以期为消除家务分工中的性别不平等和缩小城乡福利差距提供有益参考。

通过对以上五个层面问题的回答，本书试图通过对城乡劳动力家务时间配置的研究，为进一步深入理解城乡差别的实质性内涵提供一个独特的视角，并力图在经济理论和实证方法方面能有所突破和创新。当然，家务劳动的范围并非是固定不变的，随着时间的推移和家庭内部结构的变动，家庭内部生产的内涵和外延都将发生变化，劳动者家务时间的配置决策也不仅仅受到家庭内部分工调整的影响，家庭外部环境因素比如经济结构调整和社会保障制度的改进、家政业的发展、家务劳动现代化的推进等冲击同样也是不容忽视的，而且除了劳动者经济因素的权衡之外，社会意识形态因素比如人们的价值观念、家庭观念、性别意识、传统文化意识等的变迁，也会对劳动者配置家务时间产生潜移默化的调节作用，另外在研究过程中还受到权威数据特别是跟踪调查数据缺失、信息质量缺陷、变量间存在内生性问题等制约，家务劳动经济学的发展和完善注定是一项复杂而长期的系统工程，本书的研究只是其中一项有益的尝试，希望能够为丰富我国的家庭经济研究成果做出一些贡献。

第二节 研究思路

本书总体的研究思路是在我国城乡二元结构的经济社会背景下，以家务时间决策模型作为抽象和规范研究的理论基础，以异质性职业作为切入点，进一步发展家务时间配置决策模型，并从理论到实证、由静态及动态，利用中国健康与营养调查（CHNS）提供的数据信息，从城市与农村、男性与女性两个层面进行实证研究并加以比较，以期为深入解读城乡差别的实质性内涵构建一个可行的分析框架，通过剖析家务时间配置中的福利效应并进而为实现城乡福利均等化目标、制定相关政策提供一个坚实的微观基础。本书总体的研究思路可用图 1.2.1 的技术路线图简单表示。具体来说：

第一，我们在借鉴已有研究成果的基础上，尝试建立一个更加贴近我国城乡劳动力现实情形的经济理论模型。经过几十年的发展，家庭经济学作为西方经济学的一个重要分支，已经引起了众多学者尤其是西方经济学家的高度重视，特别是随着与社会学、伦理学、心理学等其他社会科学研究的相互交叉、相互融合，目前已经形成了较为成熟的研究方法体系并取得了可观的研究成果，美国经济学家贝克尔更因此而荣获了 1992 年度诺贝尔经济学奖，充分凸显了西方经济学研究日益注重微观基础的科学理念和多学科交叉、融合的研究特点。因此，我们通过对家务劳动研究的国内外相关文献进行梳理，回顾和总结已有的研究成果，特别是借鉴基亚波里（Chiappori）复合模型的研究思路，结合我国城乡经济社会的二元性结构特征，构建一个职业异质前提下的家务时间配置理论模型，为收集和整理经验数据进行相关实证研究提供理论依据。

第二，在经济理论和统计学的共同驱动下，建立一个计量经济模型，利用中国健康与营养调查（CHNS）提供的 2009 年城乡劳动力综合信息的横截面数据，采用多层线性模型（HLM）技术，实证检验职业是否对劳动者家务时间配置行为具有显著的影响，并比较异质职业在城乡之间、男女劳动者之间影响劳动者家务时间配置的效应差异。

第三，职业异质是我国城乡差别在劳动力市场上的集中体现，是我们理解城乡差别的一个特殊视角，我国经济社会二元性的结构特征更为典型地表现在以城乡户籍制度为载体的收入差距、社会福利保障差距和公共品供给差距等方面。因此，我们可以以户籍作为区分的标准，通过 Oacaxa-Blinder 均值分解技术，全面地对比城乡差别对于城乡家庭家务时间配置的综合影响，以及城乡差别对于城乡男性和女性劳动者家务时间配置的个体影响，并且估算各个影响因子在效应程度上的结构性差别。

第四，中国健康与营养调查（CHNS）数据集中提供了 1989—2009 年的 8 次面板调查数据，尽管该数据信息并非是完整而连续的面板数据，也并非真正意义上的面板数据，其中有些调查对象会发生一些变化，但同样

```
                    ┌──────────────┐
                    │  确定研究提纲  │
                    └──────┬───────┘
                           │    ┌──────────────┐            ┌────┐
                           │    │ （文献梳理）  │            │理 │
                           ◄────┤ 家务劳动经济学 │            │论 │
                           │    │ 综述         │            │分 │
                           │    └──────────────┘            │析 │
┌────┐                ┌──────────────────┐                  └──┬─┘
│特  │                │ 一个职业异质视角下的家务 │                    │
│殊  │············►   │ 劳动分工理论模型        │                    │
│视  │                └──────┬───────────┘        ┌──────┐       │
│角  │                       │     ┌─────────────┐ │多层线 │       │
└─┬──┘                       │     │ 职业异质对城乡劳 │ │性模型 │       │
  │                          │     │ 动力家务时间配置 │◄┤      │       │
  ▼                          │     │ 的影响        │ │静  │       │
┌────┐                       │     └───┬─────────┘ │态  │       │
│一  │                ┌──────────────┐  │ ┌──────────┐│实  │       │
│般  │············►   │ 城乡差别对劳动力 │  └─┤Oacaxa-Blinder││证  │       │
│差  │                │ 家务时间配置的  │◄───│分解       ││    │       ▼
│别  │                │ 影响         │    └──────────┘└──┬─┘   ┌────┐
└────┘                └──────┬───────┘                   │     │实 │
                             │          ┌──────┐         │     │证 │
                      ┌──────────────┐  │成长模型│         │     │研 │
                      │ 经济发展下城乡劳 │◄─┤      │         │     │究 │
                      │ 动力家务时间配置 │  └──────┘   ┌──────┐│     └────┘
                      │ 的动态变化     │              │动态  │◄────┘
                      └──────┬───────┘              │实证  │
                             ▲                      └──┬───┘
                             │                         ▲
            ┌────────────────────────────────────────────────────┐
            │ 城乡劳动力家务时间配置的福利效应分析与政策建议              │
            └────────────────────────────────────────────────────┘
```

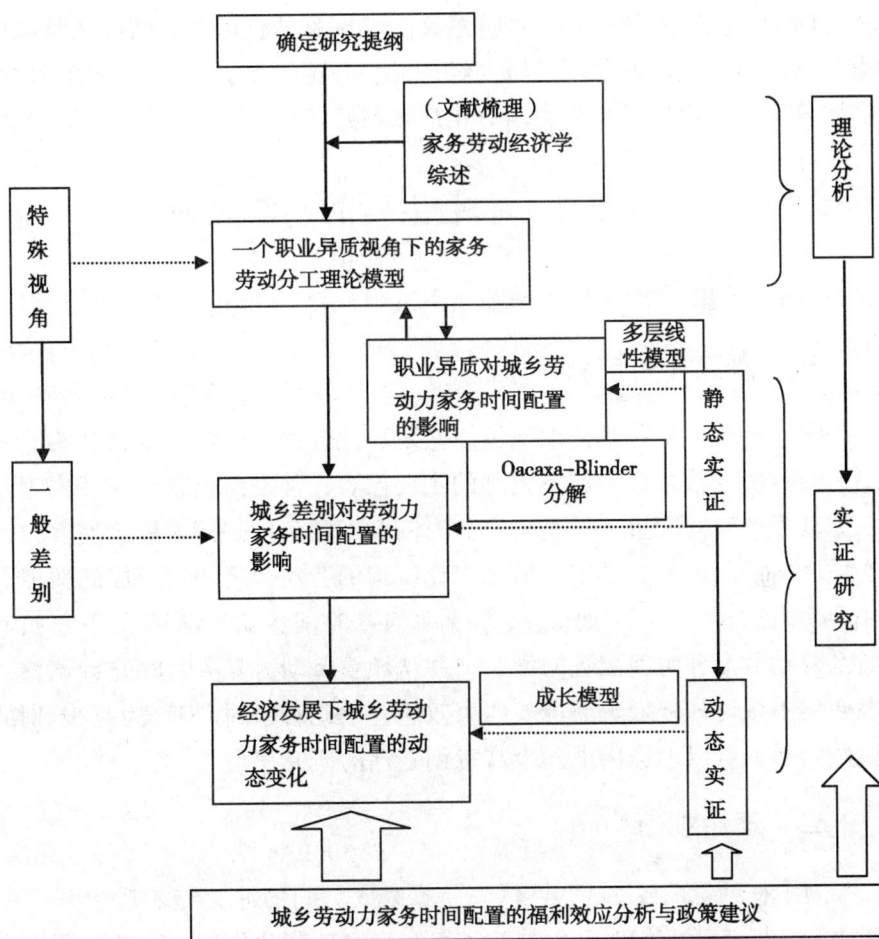

图 1.2.1　技术路线图

可以作为我们研究城乡劳动力家务时间配置的动态变化难得的信息基础，因为运用多层线性模型中的成长模型（Growth Model）方法，可以在一定程度上弥补调查对象不一致、跟踪信息不连续或者部分缺失的问题，因此我们借助于先进的统计分析技术，揭示城乡劳动者家务时间配置调整的动态效应，并比较城乡差别对城乡劳动力、男性和女性劳动力的效应结构的异同。

最后，在综述时间配置产生的福利效应，特别是家务劳动承担者的福利损失分析的基础上，从城乡差别对城乡家庭、家庭内部分工中存在的性别不平等对于男女劳动者两个角度，分别强调了开展家务劳动所产生的福利损失问题，并且在前述计量实证结果的基础上，深入剖析城乡劳动力家务时间配置决策差异的社会经济意义，特别是结合由二元结构的城乡劳动力市场所形成的职业分割与城乡经济社会差距的现实，进一步探讨实现城乡统筹发展、促进城乡福利均等化的政策路径。

第三节　本书主要的创新之处

本书的创新之处主要体现在以下三个方面：

一　研究视角创新

收入差距、公共服务设施供给差距和社会保障差距通常被认为是我国二元结构的经济社会中城乡差别的主要内容，但目前仍较少有研究者从城乡劳动力的时间配置，特别是家务时间配置的角度来深入解读城乡差距的实质性内涵。因此，本书以城乡二元结构的劳动力市场所形成的职业分割作为切入点，从市场工作对家务劳动的"时间约束"入手，研究职业对城乡劳动力家务时间配置的影响，并从城乡劳动力家务时间配置调整的动态变化中探讨外部宏观环境的约束效应，因此对于深入理解城乡差别的实质性内涵，可以说提供了一个富有创新性的研究视角。

二　理论创新

为了打开家庭这个"黑箱"，将家庭成员间的冲突与矛盾引入家庭内部决策，经济学家们对于发展和完善家庭家务劳动分工理论投入了极大的热情。然而，对市场有酬工作时间连续、无限可分且可完全替代的假定，在很大程度上限制了经济理论的解释力，尤其是对于像中国这样具有经济社会二元性结构的发展中国家来说，城乡劳动者的就业机会和职业特征存在着较大的差异，因而其市场工作受到的"时间约束"程度不同，而这对于劳动者配置家务时间来说，显然将产生不可忽视的影响。

因此，我们以职业的异质性作为研究切入点，以不同职业的工作时间弹性、收入回报和受教育程度的差别作为先决条件，重新构建劳动者家务时间配置决策的理论模型，可以为理论创新贡献一种新的思路。

三　方法创新

本书在研究方法上的创新，主要体现在计量工具和方法的应用上。对于经验研究来说，只有根据研究目的并结合数据的特点，采用恰当的计量工具和方法，才能保证计量经济模型参数估计的准确性。因此，本书在实证研究中主要采用了以下工具和方法：

（一） 多层线性模型（HLM）

在检验职业是否对家庭成员的家务时间配置产生了影响并评估其效应值时，我们需要将劳动者按职业进行分组，以其实际投入的家务时间作为因变量，将劳动者的个体特征和职业特征作为解释变量。因此所采用的数据在结构上具有典型的分级特征，也就是说劳动者个体是嵌套于不同的职业组别之中的，如果职业对劳动者家务时间配置能够产生显著的影响，那么同种职业的劳动者必然将具有某种共同性的行为特征，也就是说存在所谓的组内同质情形，而组内同质即意味着组间异质。

因此，我们要同时研究个体水平的解释变量和职业特征变量对家务时间配置这个结局测量的影响，并判断个体水平解释变量和结局测量之间的关系是否随职业特征的变化而变化时，就采用了在心理学、教育学、卫生学等社会科学研究中广泛应用的多层统计分析模型。因为如果采用常规的单一水平的统计模型，如普通线性回归（OLS）或方差分析（ANOVA）等方法，模型参数估计的标准差会出现偏差（Bias），而且也不能适当地评价职业对于家务时间配置所产生的实际效应，其原因在于 OLS 和 ANO-VA 这两种传统的分析方法都假设各观察值之间具有相互独立、同方差性并且呈正态分布的特点，但在分组数据中往往存在各观察值之间并不独立的现象，也就是说同一组内的观察值受到某种共性的共同影响而呈现出组内相关，而且即使这种组内相关性很小也可能在统计检验中导致很大的第Ⅰ类错误，从而错误地拒绝真的统计假设。因此，分析这种具有层级结构的多层数据的适当方法是多层统计分析模型，它不仅能在分级数据分析中正确地处理计量模型参数的估计问题，而且还能同时分析微观和宏观变量的效应以及跨层交互作用，能够比较妥善地处理数据中的组内同质或组间异质问题，从而可以有效地保证用模型估计参数进行统计推论的准确性。

（二） Oacaxa-Blinder 分解技术

我们要科学、全面地评价城乡差别对劳动者家务时间配置的影响，必须要控制由个人特征因素所产生的效应，并进行固定化处理，因为城乡劳动者的家务时间配置差异是由个人特征因素和城乡差别共同影响和决定的。Oaxaca-Blinder 分解是工资差异分解方法的最基础也是最经典的均值分解方法，该分解将组群之间工资均值差异分解为由个体特征差异造成的可解释部分和由特征回报差异带来的不可解释部分，并把不可解释部分归因于歧视，因此，工资差异的均值分解方法常用于测试歧视的大小程度。

尽管我们的研究目的与工资差异问题无关，但是循着相同的思路，我们仍然可以将城乡家庭中的男性和女性其家庭家务时间配置的差异分解为由其个体（包括家庭等）特征差异所造成的可解释部分和由其特征回报差异所带来的不可解释部分，显然这不可解释部分应该归因于城乡差别。而我们前面所研究和分解的异质职业，当然也是属于不可解释的城乡差别之一。

（三）成长模型（Growth Model）

我们要研究城乡劳动者在一定时期内家务时间配置调整的动态变化，就需要对劳动者进行重复调查，这样所得到的跟踪调查数据本身就具有分级结构，也就是说重复调查是嵌套于被调查者个体之中的。因此，我们可以把研究对象在各时点的调查信息看作是水平 1 单位，研究对象本身则看作是水平 2 单位，这样就可以应用多层统计模型来分析面板数据了，而应用于面板数据的多层统计模型则称为成长模型（Growth Model）。

与传统分析方法相比，成长模型具有以下几方面的优点：第一，在调查数据发生随机性缺失的前提下，成长模型具有处理这种非平衡数据或不完整数据的能力，可在最大似然估计或限制性最大似然估计方法的基础上，利用全部可以利用的数据进行模型估计，因此我们不需要剔除那些带有缺失值的调查数据，也不需要弥补性地输入所缺失的数据值；第二，成长模型具有较大的灵活性，它不仅能够处理各研究对象重复调查次数不相等的问题，而且也可以处理重复调查时间间隔不相等的情形；第三，成长模型既不要求研究对象内的观察值之间相互独立，也不受某些限制性的假设如复合对称的制约，因此，我们既可以从研究对象个体内变异的角度，也可以从研究对象个体间变异的角度，或者同时从以上两个角度来分析面板数据。

因此，与传统的统计分析方法相比较，多层统计模型分析中的成长模型更加灵活，也更加适合于分析具有层级结构的跟踪调查数据。因此，对于我们研究城乡劳动者一定时期内家务时间配置调整的动态变化并揭示其调整效应时，采用多层统计分析技术中的成长模型方法无疑是一个较为理想的工具。

第四节　本书的结构

本书的结构安排如下：

第一章：导论。本章开宗明义，提出了五个层面的问题，基本上涵盖了本书所要研究的核心内容，并据此设计了主要的研究思路。研究视角、理论和方法上的新颖，充分地体现了本书研究主要的创新之处，本章最后是关于本书研究结构安排的简单说明。

第二章：家务劳动经济学综述。本章首先对家务劳动作了明确的概念界定，并归纳了其特点；然后着重评述了家务劳动经济学中的两个核心问题，即家务劳动分工理论和影响家务时间配置的因素及其效应的实证研究，可以说这两这方面内容也是家务劳动研究的基础性命题；本章最后整理了家务劳动经济学研究的其他主题，并对已有研究成果进行了总结性评论。

第三章：城乡劳动力家务时间配置决策理论的一个发展——基于职业异质的视角。本章首先从理论与事实两个方面阐述了职业与时间约束的关系，表明市场有酬工作的"时间约束"必然对劳动者家务时间配置产生重要的影响，因此有必要以异质职业为先决条件来重新构建家务时间配置决策的理论模型。在此基础上，结合我国城乡家庭的特点，分别构建了市场工作时间完全弹性和完全无弹性两种市场工作时间约束情形下的家务时间配置理论模型，并对此作了详尽的比较性解读。本章最后综合归纳了当前影响我国城乡劳动力家务时间配置决策的主要因素。

第四章：职业对城乡劳动力家务时间配置的影响。从本章开始，对劳动者家务时间配置的研究从理论转向实证，我们首先介绍了实证研究所采用的计量工具和方法，即多层线性统计模型，说明了它的适用性及简要的统计学原理；其次，我们对中国健康与营养调查（CHNS）中所提供的2009 年的数据进行了必要的处理并予以了详细说明，并按城镇和农村、男性与女性两种分组结构分别进行了两层水平的计量统计分析；本章最后是关于这种作用机制在城乡之间、男女劳动者之间效应异同的一个比较。

第五章：城乡差别对家务时间配置的影响和比较。第三章我们以职业异质作为一个视角，检验了城乡劳动者由于职业的不同从而影响其家务时间配置的效应，本章我们试图全面地来评估城乡差别对劳动者所造成的家务时间配置的影响效应。因此，我们采用了 Oacaxa-Blinder 分解技术，将城乡劳动者按男女分组，将其家务时间配置的差异分解成了两部分：由个人特征因素变异产生的差异部分和由城乡差别影响的不可解释的差异部分。我们的分解结果表明，城乡差别在很大程度上影响了劳动者的家务时间配置差异，除了职业因素外，尚有其他本书没有涉及的因素影响了人们的时间配置决策行为。同时，本章还对城乡差别对家庭家务时间配置所产生的影响进行了比较。

第六章：城乡劳动力家务时间配置的动态变化。本章的目的是要揭示随着经济发展，城乡劳动者的家务时间配置发生了怎样的动态变化，这种动态变化在城乡之间、男女劳动者之间各有着怎样的特点。为此，我们利用中国健康与营养调查（CHNS）中 1989—2009 年的面板数据，采用了多层线性模型中的成长模型（Growth Model）作为计量分析的工具，并对结果进行了详细的分析和比较。

第七章：城乡劳动力家务时间配置的福利效应。本章首先综合了已有研究文献，综述了时间配置与福利之间的关系，然后在总结前几章我国城乡家庭家务劳动时间配置的实证检验结果的基础上，分别从城乡差别和性别不平等两个层次对家务劳动承担者的福利损失进行了评价。

第八章：总结与展望。我们对于本书所做的全部研究工作进行了简单的回顾，归纳了主要的研究结论，并在此基础上，针对性地提出了政策建议。本章最后指出了本书研究存在的不足之处，并展望了家务劳动经济学进一步研究的方向。

第二章

家务劳动经济学综述

家务劳动是家庭内部的一种重要的生产活动，它同时兼具消费功能，与家庭其他的生产、消费决策必然是紧密相关联的。家庭是社会的细胞，其历史甚至比国家更为悠久，不论过去、现在还是未来，家庭作为人类社会生活中最基本的单位，仍将对社会、经济、文化等制度产生极大的影响。通过对家庭行为决策的经济学分析，不仅可以使我们认识历史的许多方面，指导人们未来的行为决策，而且随着社会的发展家庭本身也在或快或慢地发生着变化（贝克尔，2005）。

本章是对国内外学者关于家务劳动已有研究的一个综述，我们首先明确了家务劳动的概念界定并简要归纳了其主要特点；其次，鉴于家庭内部的劳动分工和家务时间的配置是家务劳动经济学中两个主要的核心内容，因此，本章一方面从家庭内部决策理论及其发展入手，以其演进过程为维度，全面深入地展示一幅家庭决策理论发展的剖析图；另一方面从计量实证研究的视角，分析了影响人们家务劳动时间配置的各种因素及其效应；本章最后则介绍了家务劳动经济学研究的一些其他主题并作了简要的总结性评论。

第一节　概念界定

一　家务劳动的概念

在经济学上，家务劳动（Domestic Labour、Household Production、Housework）并没有一个统一的明确定义，根据甄美荣（2009）的整理，可以认为家务劳动是为了满足人们的各种生理需要而在家庭内部进行的具有性别分工的活动。家务劳动问题正逐渐受到人们的关注，尤其是自 20 世纪

70 年代以来，随着西方女权主义者对现行经济范围进行批判的深入，以及他们对扩大妇女经济活动范围的努力，使得家务劳动一词进入了现代经济学词汇之中。

从实践的角度对家务劳动下定义，似乎要更为容易一些，布朗和皮尔斯（1996）认为家务劳动至少包括两项内容：一是抚养子女；二是在家庭内通过膳食、衣着与居住条件的提供来满足人们的基本生理需求。因此，家庭经济既有维持社会再生产的职能，同时也能保证成年劳动者从事家庭外的有酬市场劳动。埃德霍尔姆、哈里斯和杨（Edholm、Harris and Young，1977）则从女性和社会再生产的角度，认为家务劳动包括世代再生产和日常再生产活动：一方面人的再生产是社会再生产的基本要素，人的再生产具有怀孕与早期婴儿哺养两个阶段，可以将之定义为生物学再生产，同时孩子需要照顾、抚养、与外界接触、教育等，这些活动与生物学再生产合起来可以称为世代再生产；另一方面为了维持家庭日常的物质生活，人们需要完成许多反复出现的工作，如烧饭、收集柴火、担水、补衣服、洗涤和清扫房间等，这些工作可以称为家庭的日常再生产或日常维生（麦克斯威尼，1979）。

我们可以把家庭的世代再生产和日常再生产活动称为广义的家务劳动，它不仅包括了生育、照看和教育小孩、老年人照料、情感投入和情感工作以及维持家庭生存和发展的各项日常性活动，甚至连性工作等都能包含在内。但世代再生产在很大程度上将取决于男女两性的生物学差异，而情感性工作通常也难以进入经济学研究范畴，因此我们可以将维持家庭日常再生产活动作为研究对象，称为狭义的家务劳动。狭义的家务劳动显然不存在两性在生物学上的天然隔阂，特别是成年男女劳动者之间基本上可以实现替代，但仍有学者将家务劳动区分为所谓"男性气质的"（如砍柴、庭院种植、房屋修缮、车辆修理保养等）和"女性气质的"（如准备饮食、打扫卫生、洗熨衣物和外出购物等）家务活动类型（乔·凡爱瓦力，1997），可见家务劳动在人们观念上仍存在十分强烈的性别意识。

基于上述分析，本书研究仅采用狭义的家务劳动定义。

二　家务劳动的特点

新古典经济学派将人们的时间划分为有酬市场工作时间、家务时间和闲暇时间三部分，家庭为了实现效用最大化而将家庭成员的时间资源在上述三项活动间进行配置，即从有酬市场劳动中所得到的收入去购买消费品，通过家务劳动生产可供直接消费的产品，以及剩余的时间享受闲暇（贝克尔，1965）。家务劳动与市场工作（有酬劳动）和闲暇相比较，至少具有以下几个方面的特点：

（一）市场经济和家庭经济有它们各自独立的价值结构、工作结构与报酬结构

与有酬市场劳动相比，家务劳动有以下主要特点：

1. 相对封闭性

家务劳动的相对封闭性，指的是家庭生产活动主要在家庭内部进行，除了少量的家务劳动项目（如购买食物、支付账单）需要与外界接触外，家庭生产的工作场地通常局限于居住场所。与此相对应的，家务劳动通常缺乏严格的监督，家务劳动者本人就是自己的监督者，而大多数参与市场工作的工人则有正式的监督者，后者决定了其工作的方式和工作的内容。

此外，相对封闭性还体现在家务劳动往往是一种个人行为，即使合作一般也局限于家庭内部成员之间。而且，家庭经济是以互相帮助和为家人服务的观念为基础的，其基本精神是合作而不是竞争，但竞争性的市场却是对个人支付报酬的。

2. 不计酬劳动

作为家务劳动者（通常是家庭主妇）努力工作结果的产出与其收入之间并不存在着系统的对应关系，尽管家庭生产的产品是为了满足作为整体的家庭的需要，而不仅仅是为自己（纯粹为自己的部分几乎可以忽略不计）。家务劳动之所以成为不计酬劳动，部分的原因在于家务劳动没有市场价格，这些劳动或生产为家庭所必需，但不是出于市场交换的目的（弗兰克，2006），也就是说家务劳动固然是维持社会再生产所必需的生产形式，但并不带来直接的货币价值，因为市场并不向家务劳动提供永久性的重置成本。而市场工作的工人所从事的工作除了有一定的支付率（其交换价值往往以工资来作为其完成的工作价值的测量尺度）之外，还有一些诸如支配工作行为、休假期及工作小时长短的规则。

正因如此，妇女经济独立运动和男女平等的要求，极大地促进了家务劳动与市场有酬劳动之间对立和矛盾的明朗化，两种经济（指家庭经济和市场经济）之间的反差有助于强化性别不平等的永久化，即当妇女希望改变她们自己作为妻子和母亲的职能时，她们只能从事家务劳动，致使她们

性别平等的意愿以及个人的力量也就被埋没在家庭经济之中了。

3. 流动性不同

家务劳动的主要生产力是家庭主妇，除非婚姻破裂家庭解体，家务劳动的生产范围通常仅仅局限于家庭内部，工作的转换通常仅仅意味着家务劳动项目的调整，比如从生育孩子转为对孩子的照顾，而且这种工作形式的转换并未得到支付报酬的保证。而工人则经常发现另外一些更为合适的工作，并且他们在寻找新的工作期间享有失业保险的资助。此外，除了上述家庭经济和市场经济的差异以外，家庭生产与分配问题的冲突既发生在家庭内部，有时也会发生在家庭与社会公共团体之间，比如政府公共部门所提供的生活基础设施的完善程度，诸如饮水、取暖、生活用能源供应等，将在相当程度上影响家庭内部的生产，而像政府对家庭提供的子女抚育津贴、养老保障等转移性支付项目则将对家庭的分配问题产生深刻的影响。总体上来说，由于男女性别差异而造成的劳动分工既奠定了家庭内部，特别是围绕家务劳动展开的冲突的基础，也在家庭成员之间造成了相互间的依赖性。

（二）家务劳动与闲暇的性质不同

在经济学意义上，家务劳动通常被定义为"劣质品"，闲暇则是典型的"奢侈品"，至少应该是"正常品"。而且家务劳动也完全不同于体育锻炼，因为家务劳动往往需要身体保持一定的体位或局限于某种固定的姿势，重复做单一的活动，根据生物学"用进废退"的规律，将导致身体某些器官的不平衡发展，甚至造成身体患上多种慢性疾病。这也就决定了劳动者从事家务劳动的福利效应必然与享受闲暇具有实质性的差别，尽管部分家务劳动比如陪伴孩子玩耍有可能会产生一定的正效用，但总的来讲，由于家务劳动往往具有重复性、机械性和劳动程序的烦琐等，通常只能给家务劳动者带来负效用，因而在家庭内部劳动分工中，承担家务劳动最多的也往往是在讨价还价中处于弱势的一方。

（三）家务劳动是非标准化的

家庭内部生产的产品具有自给自足的特点，因此其质量往往没有一个统一的衡量标准，不仅如此，不同家庭的产品在形态、程序和质量要求方面也千差万别，而且即使是同样或相近的家务劳动其工作强度也往往是模糊的。有鉴于此，通常的研究大多只能以家务时间作为研究对象，尽管在劳动强度等方面仍然存在一定的异质性，但与劳动者所付出的家务时间加以比较还是一个可以接受的选择，尤其是在一些通行的日常家务劳动项目方面。

一般认为家务劳动的现代化（家用电器、家务劳动工具的机械化装备等）能够有效地降低家务劳动的强度，而以家政业为代表的家务劳动社会化是使就业妇女彻底摆脱家务劳动时间负担的理想手段，但是不管怎么说，在私人市场经济内的家务劳动工业化，并不一定能满足现在由个人家务劳动所服务的人类需求。因为，家务劳动的普遍社会化需要有一个基本的社会结构改革与之相配套，随着支配人们日常生活的准则发生转变，这一基本的社会结构改革将急剧地促进家庭生活的变化（布朗和皮尔斯，1996）。

第二节　家务劳动分工理论综述

家庭内部分工决策理论的进展，可以用表 2.2.1 简单表示：

表 2.2.1　　　　　　　　　　　家庭内部决策理论

学　派	代表人物	理　论
古典、新古典综合学派	萨缪尔逊（Samuelson）	"黑箱"理论、一致同意模型
新家庭经济学	贝克尔（Becker）	利他主义模型
制度经济学派	Ben-Porath、Pollack	交易成本理论
博弈论	Manser and Brown、McElroy and Horney、Lundberg and Pollak	合作博弈理论
	Ravi and Lawrence、Lundberg and Pollak	非合作博弈理论
综合理论	Chiappori	复合模型

一　古典和新古典综合学派

在传统西方经济学理论中，消费者作为劳动这一生产要素的所有者，通常假定他们的目标是为了自身获得最大化的效用，也就是说消费者的供给决策就是如何以最优的方式把消费者所拥有的有限时间分配在不同的用途上，以便获得最大的效用满足。而且为了简单起见，假定除了劳动时间之外，其他所有的时间都作为消费者的闲暇，因此作为劳动者的消费者在时间上的选择可以归结为在劳动时间和闲暇时间上的分配（吴易风等，2002）。

另一方面，消费者供给劳动是因为劳动可以获得收入，从而利用这些收入可以得到其他商品的消费，闲暇作为一种正常品其成本由其机会成本来加以度量，即闲暇的价格是为了获得一单位闲暇而放弃掉的劳动所能得到的收入。消费者供给劳动的最优化行为可表述为：

$$\max_{l,c} \quad u(l,c) \tag{2.2.1}$$

$$s.t. \quad pc = w(t-l) + I \tag{2.2.2}$$

上式（2.2.1）和（2.2.2）中，u 表示消费者的效用函数，l 代表闲暇时间，而 c 是消费者按现行市场价格 p（商品及价格均被标准化）按其全部收入所购买到的商品量；w 是劳动者的工资率，t 为全部可支配时间总和，比如一天 24 小时；I 则表示消费者所有的非劳动收入总和。式（2.2.1）在式（2.2.2）约束下效用最大化的一阶条件为：

$$RCS_{l,c} = \frac{w}{p} \tag{2.2.3}$$

$RCS_{l,c}$ 表示闲暇和商品的边际替代率，如果把式（2.2.3）中的右边理解为实际工资或相对工资，那么上式表明为了获得最大化的效用满足，作为劳动者的消费者消费闲暇和商品的边际替代率等于其实际工资。当然通常假定消费者效用最大化的二阶条件得到满足，这样如果非劳动收入和实际工资既定的条件下，那么消费者就可以确定消费商品和闲暇的最优数量，从而确定劳动者的劳动供给量。

更进一步的分析则是在上述基础上，将家务时间从可支配时间中分离出来，并纳入家庭生产函数，表示如下：

$$\max \quad u(l,Z) \tag{2.2.4}$$

$$s.t. \quad pc = w(t-h-l) + I \tag{2.2.5}$$

$$Z = Z(c,h,E) \tag{2.2.6}$$

其中 Z 表示家庭生产函数或称为家务劳动生产函数，h 表示消费者投入的家务劳动时间，E 则代表其余所有影响家务劳动生产率的家庭能力、人力资本、状态以及其他相关变量（贝克尔，2005）。上式（2.2.4）、（2.2.5）和（2.2.6）的一个均衡条件为：

$$RCS_{l,c} = \frac{w}{p} = \frac{MU_l}{MU_c} = Z' \tag{2.2.7}$$

其中，Z' 表示劳动者家务劳动的生产率。正如贝克尔（2005）所言，传统理论中完全忽视了家庭成员之间的合作与冲突，实际上它隐含地假设了每个家庭只有一个成员，是一个单个人居民户模型，把家庭内部多人合作或冲突的决策机制当作了一只"黑箱"。这显然极大地削弱了其对现实的解释力，毕竟由多人组成的家庭形式更为普遍，但随着家庭成员从单个人扩展为多个家庭成员，势必引起家庭生活、生产方式的转变，也就是说由个体决策转变为家庭成员间在生产、分工和消费等方面的联合决策。那么，家庭联合决策如何进行？家庭效用如何实现并在家庭成员间进行分配？显然传统理论无法在这方面做出有效的解释。

萨缪尔逊（Samuelson，1956）显然意识到了这个问题，提出了所谓的"一致同意"模型，该模型在假定家庭成员个人具有独立的效用函数基础上，将个人效用函数加总成代表家庭效用的社会福利函数，因此，只要家庭成员"一致同意"并给定社会福利函数的良好性质，在市场价格和家庭联合预算约束下，传统的消费者需求理论仍然可以用来分析家庭的行为决策问题。

二 新家庭经济学

虽然萨缪尔逊（1956）将需求理论以"一致同意"的方式推广到了多个成员的家庭决策分析中，但对诸如不同家庭成员的消费是否可以简单地合并到每个家庭成员的个人偏好之中，"一致同意"决策机制能否有效地保持其稳定性等问题，他并未能够做出令人信服的解释和说明。以贝克尔（1974，1981）为代表的新家庭经济学理论显然意识到了这个问题，并以此为切入点提出并发展了所谓的"利他主义"理论。

贝克尔（2005）认为，利己主义较为普遍地存在于市场交换中，而在家庭生活中家庭成员间则更多地存在利他主义。贝克尔在利他主义模型中将丈夫的效用表示为自身消费、闲暇和家庭其他成员消费的函数（他假定丈夫是利他主义者，而妻子可以是利他主义者也可以是利己主义者，家庭的主要收入来自于利他主义者，自然家庭消费决策也由其主导），也就是说妻子的消费也能影响丈夫的效用水平，而且该边际效用为正。这样就可以理解丈夫支付给妻子的转移收入问题了（因为妻子消费水平的提高同时也增进了丈夫的效用），同时，贝克尔（2005）认为在"有效率的利他主义"模式下，家庭中的每一个成员都将致力于最大化家庭产出（包括市场收入和家庭内部生产的产品），并且最优家庭资源分配是帕累托有效的，只不过家庭中是由利他主义者在家庭预算约束下进行所有决策的。

在新家庭经济学派看来，家务劳动作为家庭内部的一种生产性的活动，同样可以看成是为获取一种产出或者是一种"满足"而耗费的各种投入的组合。为了获得最大的满足，家庭在大量使用从市场上购买来的各种消费性商品和家庭内部生产所需要的生产资料性商品的同时，也还使用时间资源。对于每一个家庭成员而言，任何一种家庭内部活动（包括消费活动）都可以视为在家庭货币收支和家庭时间收支这两种限制条件下进行的经济行动。在新家庭经济学中，货币收入与时间收入的相加，便构成了家庭成员为获得效用的满足而面临的约束总和。如何在家庭的各种活动之间对资源进行合理配置，以此来达到投入最小而产出的效用最大，便是现代经济学必须潜心研究的一个重要课题，也是现在许多研究家庭经济活动合理化的客观依据。家庭作为一个特殊的经济体系，每天都要进行投入与产出相比较的生产决策，并制订出最优方案，对相关资源进行合理分配以试图达到最佳组合，对不同商品的相对价格和不同活动的时间价值进行综合考虑，以求家庭成员在收入和时间的双重约束卜获取最大的满足，实现家庭生产效用最大化的目标。

三　制度经济学派

制度经济学以其独特的理论思想和理论特色，在整个现代经济学体系中引起了学者们强烈的关注，而且它所运用的研究方法和别的经济学研究也有相当大的差异，更进一步讲，在这近一个世纪的时间跨度中，制度经济学在研究方法的演化轨迹和发展趋势上，也是相当耐人寻味的。起初，制度经济学无论在理论思想上还是方法论上，都以"逆经叛道者"的面目出现，强烈反对主流经济学的研究方法，这也是制度经济学一直不被主流经济学所认可的重要原因之一。这个过程经历了从凡伯伦到加尔布雷斯的几代人的传承。他们强调制度分析，强调非经济因素，强调人的选择的不确定性，强调整体和规范研究方法，等等。然而，自科斯引入边际分析方法，运用交易成本概念对制度展开研究之后，制度经济学无论在方法论方面还是在理论思想方面，都发生了根本性的转变。这种转变的发展趋势不是日渐远离主流经济学，而是与主流经济学越来越趋于一致，以至于在一些经济学家看来，自科斯以后的新制度经济学是可以被主流经济学所接纳的，甚至能够被归并到新古典经济学中去的。科斯的制度分析方法带有较为强烈的微观化和具体化的倾向，而诺斯以"成本—收益"分析方法来研究制度创新和制度变迁，则更具有新古典主义色彩。

与新家庭经济学家用利他主义行为刻画家庭内部决策机制不同，制度经济学家则将交易成本理论引入家庭内部，认为家庭就是一个制度，而制度之所以出现是因为它可以降低交易成本，尤其是在市场不存在或者市场运转不顺畅的情形下，显然家庭的内部生产正好具有类似的特点。本·帕拉什（1980）和帕莱克（1985）认为，家庭本身就可以看作为一项有效的制度安排，某些目标比如生育、抚养未成年儿童、照料失去生活自理能力的老人等，不可能通过市场来实现，或者无法在市场上有效地实现，而家庭的存在正好可以明显地降低实现这些目标的交易成本。

交易成本理论与利他主义理论一样，能够为研究个人建立家庭以及在长期中维持家庭的动机、家庭成员之间建立稳定的协作模式等提供合理的解释框架。而且，随着家务劳动社会化和市场化程度的不断提高，原先仅仅出现于家庭内部的商品和劳务也实现了市场替代，这种冲击已经或正在对家庭结构产生深刻的影响，比如制度经济学认为，家务劳动社会化程度的提高，家政市场的日益发达，同时也大大削弱了维持一个大家庭的纯粹经济学原因。

四　博弈论

就博弈论本身而言，其本质是将日常生活中的竞争矛盾以游戏的形式表现出来，并使用数学和逻辑学的方法来分析事物的运行规律。既然有游戏的参与者，那么也必然存在游戏规则的制定者，因此深入地了解竞争行为的本质，有助于我们分析和掌握竞争中各个事物之间所存在的关系，更便于我们对现行规则予以改进和优化，使其最终按照我们所预期的目的进行运作。

交易成本理论与一致同意模型、利他主义模型一样，能够较好地作为解释家庭内部协作关系形成的一个理论框架，但由于其忽略了家庭内部的结构，从而无法检验家庭内部成员间的矛盾和冲突对家庭内部的分工、分配方面所产生的影响。尤其是以"一致同意"和"利他主义"模型为代表的所谓"共同偏好模型"，将家庭各成员独立的效用最终都表示为代表"共同偏好"的单一的函数形式，显然与现代社会中家庭内部矛盾日益突出的背景不符（以离婚率的不断上升为标志），而且即使在经济学研究中也受到了来自理论与实证两方面的有力挑战：一方面共同偏好模型将各家庭成员个性化的偏好简单地加总，违反了现代微观经济学理论的基本假设，即个人才是最基本的决策单位，因此而缺乏细致的微观基础其合理性值得怀疑；另一方面在实证研究上，新古典主义的家庭各成员收入混同（income pooling）假设和斯拉斯基限制也被众多的实证研究结果所拒绝（弗挺和拉克洛克斯，1997）。

因此，在涉及多人决策的问题中，单一形式的效用函数因其过于简单化而饱受质疑，当经济学家将博弈理论引入家庭内部决策之后，即显示出了强大的生命力，至今在模拟家庭内部决策机制方面，博弈论已经取代传统理论而成了一种主流的研究方法。博弈论的广泛运用，不仅丰富了经济学的研究手段，同时也极大地增强了对许多合作或者竞争问题的经济学解释力，而且博弈论本身也处于发展变化之中，在分析家庭问题时也演化出了多个博弈模型，大致上可以分为合作博弈和非合作博弈两种主要类型。

（一）合作博弈

博弈论通常以一个夫妻双人博弈模型来模拟家庭内部决策机制，当然夫妻双人博弈的过程和结果很容易推广到多人博弈的情形。家庭内部决策的合作博弈将纳什议价理论（Nash Bargaining Theory）运用于夫妻决策之中，而其纳什公理解的实现则取决于作为博弈双方各自底线的威胁点（threat point），因此根据博弈方威胁点设置及性质的不同，又可以将合作博弈分为离婚威胁模型（divorce-threat model）和分离球体模型（separate-sphere model）两种主要的形式。

与制度学派的观点类似，离婚威胁模型（曼什和布朗，1980），麦克伊洛和霍尼（McElroy and Horney，1981）也把家庭看作为一种制度安排，男女双方以婚姻的方式确立有约束力的合同。和单个居民户相比，家庭内部的分工和联合生产会产生较多的剩余，在双方协商一致的前提下，共同来分配家庭生产的这种潜在的剩余。由于夫妻双方将博弈的威胁点设为离婚，因此婚姻失败家庭破裂后的个人效用水平就成了婚姻内双方讨价还价的保留效用。根据离婚威胁模型，在价格、收入以及威胁点约束下，都有唯一的满足帕累托效率、对称性和规模转换不变性的纳什公理解存在，而且与共同偏好模型相比，离婚威胁模型可以使得博弈方在分配家庭效用时，除替代效应和收入效应之外，还具有额外的议价效应（bargaining effect）。

分离球体模型（伦德伯格和帕莱克，1993）则将夫妻博弈双方的威胁点设在了婚姻之内，认为离婚毕竟是夫妻双方可供选择的最后一个威胁，而且离婚将产生较大的交易成本，同时在现实生活中夫妻双方不合作但仍保留婚姻的现象也大量存在，因此婚姻内的威胁点比如家庭暴力或暴力威胁等更为可信。分离球体模型以夫妻双方向家庭提供公共品的数量来表示这种婚姻内的威胁，同时为了得到纳什公理解，仍保留了家庭联合预算约束。分离球体模型保留了有约束力的婚姻合同约束，因而是一种合作博弈，但从博弈过程来看夫妻双方又是在威胁下作出家庭公共品供给决策，因此也兼有非合作博弈的特点。

（二）非合作博弈

家庭生活的长期性和家庭内部决策的动态性，是运用鲁宾斯坦轮流出价模型模拟家庭行为的合理性所在，从而使得在分析家庭经济行为中非合作博弈的战略性议价理论有了用武之地（拉维和劳伦斯，1994）。同样地，伦德伯格和帕莱克（1994）也将分离球体模型改造成了夫妻双方为家庭自愿供给公共品的无限重复非合作博弈模型。显然为家庭提供和分享公共品是夫妻婚姻关系相互依赖的唯一表现，因此每期都需要做出对家庭公共品供给的决策，在婚姻持续的前提下这将是一个无限重复的非合作博弈过程。而且在不考虑金融借贷和储蓄的条件下，夫妻各人在价格、收入和配偶公共品供给既定约束下的最优反应函数，显然便是非合作重复博弈的每一个子博弈的古诺—纳什均衡解。

在非合作重复博弈过程中，家庭仍有有效的激励或惩罚机制来保证实现帕累托最优的结果，以避免每次子博弈过程中出现家庭公共品供给不足的情形。也就是说只要当夫妻一方偏离合作轨道，另一方就可以采用减少家庭公共品供给的方式予以警告或惩罚，这样即使没有签订有约束力的契约，夫妻"一致同意"的合作机制也能够得以自我实施。当然，在模型中我们可以看到，保留效用较高的丈夫或妻子，在重复博弈机制中处于更为有利的地位。

五 综合理论

正如吴桂英（2002）所指出的，家庭内部的决策机制需要运用夫妻博弈，而且是非合作博弈的方式来加以解释，随着社会的不断进步，家庭生活越来越陷于"囚徒困境"的尴尬局面，难免令人难堪。作为一门显性并具应用性功能的实证科学来说，家庭经济学除了要解释家庭的"组织"性质之外，还必须要回答家庭合作与社会进步两者能否兼容，两者同时实现的机制等问题，因此，家庭经济学研究迫切需要一个能够方便应用以进行实证检验的理论指导，在这方面的一个重要进展便是 Chiappori 复合模型的发展和完善。

基亚波里（1988，1992）的复合模型（collective model 或称为集体模型）同样强调了家庭成员效用函数的独立性，在家庭决策可分的前提下，家庭中的每个成员在分享家庭共同的非劳动收入后，其消费和劳动供给的行为决策均可以被模型化。尽管早期的复合模型中没有考虑家务劳动问题，关于福利的结论可能被曲解（艾普斯和里斯，1997），基亚波里在其中后期的研究中逐步修正了这一缺陷，认为在市场工资率给定并依不同的市场情形，家庭成员的行为决策仍有可能实现帕累托有效配置的状态。

基亚波里的复合模型为实证检验家庭内部决策，包括家庭家务劳动的内部分工及时间配置等问题提供了理论依据，并能够据以评估家庭各成员的福利效应，受到了广大学者特别是经验研究者的欢迎。同时，该理论在后来的艾普斯和里斯（1997）、弗挺和拉克洛克斯（1997）、基亚波里（1997）等人的努力下，得到了进一步的丰富和拓展，并对模型设定中的一些具体问题给予了充分讨论，使之在实证研究中占据了十分重要的地位。

第三节　家务劳动分工和时间配置的影响因素研究综述

家务劳动分工和时间配置的实证研究，首要问题是要明确家庭决策是否具有可分性，这不仅关系到模拟家庭决策程序的真实情形，同时也影响到计量经济模型的设定问题。

一　可分性检验

家庭内部时间配置决策即在理性人假定下，各家庭成员在各种活动中的时间配置决定。所谓可分性，就是在进行时间配置决策时，家庭的生产决策、消费决策和家庭内部生产（家务劳动）决策可以分开考虑，反之则称之为不可分性，可见可分性问题直接关系到家庭内部决策的程序，并进而影响到经济模型的构建问题，因此它是确定计量方法来估计家庭消费和生产劳动供给的前提。

　　佩特和罗森兹威格（1986）利用印度尼西亚的家庭数据进行的研究表明，家庭结构的变化不会影响农场的劳动力需求，家庭成员的疾病对农场利润也没有显著影响，因此，家庭决策不能拒绝可分性假设。然而洛佩兹（1984）对加拿大农户劳动偏好的研究却表明，农户对农业劳动和非农业劳动的偏好是不相同的，因此拒绝了可分性假设。其他学者相关的研究结果（德雅威力、法钱伯斯和圣都利特，1991；雅各布，1992；斯告法斯，1994；罗伯茨等，1996）则表明，家庭决策的可分性与否依赖于各自的外部条件，比如是否存在商品市场、市场竞争程度如何以及商品的同质性程度大小等。目前在学术界中关于家庭内部决策行为究竟是可分还是不可分的问题，仍然存在较大的争议性。

　　尽管如此，本书认为家庭决策的这种可分性在很大程度上与经济发展水平有着很大的关系。当一个家庭经济水平处于相对较低的阶段，家庭决策应该是可分的，特别是当家庭面临生存压力的时候，一个理性的家庭必然是量入为出，首先应当考虑市场工作决策，在尽可能地获得市场报酬的前提下，再来决策家务劳动和消费活动。反之，当家庭经济处于一个比较高的水平的时候，这种家庭内部决策的可分性可能就会变得比较模糊，尤其是在家庭极为富裕的条件下，这种经济活动的分离决策就不会显得特别重要，因为家庭有足够的能力来协调这种矛盾性，当然不同经济活动的决策次序也有可能随之发生调整。

二　家务时间调查结果汇总和比较

　　表2.3.1是根据国内外相关文献整理的家务时间调查结果汇总：

表 2.3.1　　　　　　　　　　家务劳动时间配置比较

序号	作者	数据来源	家务劳动时间			
			妻子（小时/天）	丈夫（小时/天）	丈夫家务时间比例	样本数
1①	王亚林	1980、1988 抽样调查	5.20、3.62	3.90、2.51	0.429、0.409	2000、1500

----

①. 1980 年的调查以随机抽样的方式针对 2000 余名职工，地区为哈尔滨、齐齐哈尔；而在 1988 年的调查中，300 个对象的地区为哈尔滨，200 个为齐齐哈尔，此外还包括牡丹江、佳木斯、鹤岗和讷河、富锦、尚志、宁安的 1000 份样本。

续表

序号	作者	数据来源	家务劳动时间			样本数
			妻子（小时/天）	丈夫（小时/天）	丈夫家务时间比例	
2①	王琪延	1986 年《社会统计资料》、1996 生活时间分配调查	2.467、1.850			437
3②	齐心、田翠琴	2001—2002 年河北农村农民闲暇生活方式调查	3.93	1.10	0.219	548
4③	畅红琴、董晓媛	1997—2006 年中国健康与营养调查（CHNS）	2.99、2.95			2983
5④	畅红琴、董晓媛、Fiona MacPhail	1991—2006 年中国健康与营养调查（CHNS）（共六次记录）	4.15、3.58 3.37、3.11 3.17、2.96	0.79、 0.51、 0.46、 0.70、 0.59、 0.58	0.159、 0.125、 0.119、 0.184、 0.158、 0.164	9767
6⑤	齐良书	1989—2000 年中国健康与营养调查（CHNS）	1.912			7638

①　1986 年的资料为北京市统计局编《社会统计资料》，1996 年的资料为《生活时间分配调查资料汇编》，1996 年的调查对象为北京市 15 岁以上的居民，家务劳动时间包括购买商品、做饭、缝洗衣物和照料老幼。

②　"河北农村农民闲暇生活方式调查"采用问卷方式，由调查员入户当场填写、当场验收、当场收回的办法，在河北省 8 个样本村中每个村都随机抽取 60 个农户，每户调查 1—2 名 16—69 岁的家庭成员，共获得有效调查问卷 548 份；另一套问卷《农村居民生活时间分配调查表》，在河北省的 6 个村 157 位农民，采用"隔日访谈法"，也就是访问人员在选定日期的次日访问选定对象，根据受访者的口头介绍，记下前一天他的活动内容、起讫时间，核实后登记，共获得有效问卷 1238 份；调查时间集中在 2001 年 3 月 1 日至 2002 年 1 月 30 日之间进行；家务劳动的主要内容包括做饭、打扫室内庭院卫生、缝洗衣服、购物及其他家务劳动项目等。

③　选取了中国健康与营养调查 CHNS 中农村女性的面板数据，包括 1997 年、2000 年、2004 年和 2006 年，采用重复的横截面数据进行分析，最后得到家中有 7—14 岁儿童的妇女样本共 2983 个；家务劳动时间是个人每天花在买食品、做饭、洗衣服、打扫房间以及照料家中 6 岁以下小孩的时间总和；表中两个数据分别是指有成员外出打工家庭与无成员外出打工家庭的对比，劳动力外出打工是指此人外出打工至少一个月以上，并且不居住在家中。

④　选取了 1991—2006 年"中国健康与营养调查（CHNS）"中 16 岁以上、65 岁以下的农村已婚夫妇，共得到已婚夫妇样本 9767 个；家务劳动时间是指花费在家中用于买菜、做饭、洗衣和照料 6 岁以下儿童的时间；表中的数据分别为 1991 年、1993 年、1997 年、2000 年、2004 年和 2006 年的数值。

⑤　家务劳动时间指的是买菜、做饭、洗衣、照顾儿童的时间之和，选取的是"中国健康与营养调查（CHNS）"中 1989—2000 年的数据信息，研究对象限于夫妻双方都有工资收入的家庭，年龄限制在 65 岁以下（含 65 岁），共计得到 7638 个样本。

续表

序号	作者	数据来源	家务劳动时间			
			妻子（小时/天）	丈夫（小时/天）	丈夫家务时间比例	样本数
7①	贝乔力·艾尔维茨和丹尼尔·迈尔斯	1991 Work Situation and Time Use Survey（WSTUS）	3.402	1.370	0.267	559
8②	乔尼·赫兹和莱斯力·斯特莱顿	1979—1987 The Michigan Panel Study of Income Dynamics	2.474	1.053	0.299	2855
9③	艾伦·帕克	1987—1988 The National Survey of Families and Households（NSFH）	5.714	2.743	0.324	13007
10④	R. 马拉什	1980—1981 A primary survey of households in Madras city	4.061			666
11⑤	托马斯·艾尔逊·斯文·奥尔道弗尔特，马格纳斯·威克斯多姆	1984 and 1993 Swedish Survey of Household Market and Nonmarket Activities（HUS）	4.045、3.713	2.254、2.365	0.358、0.389	2552、3249、2468、3218

① 调查对象为西班牙的双职工家庭，家务劳动中不包括花费于照料儿童的时间。

② 样本对象为已婚且年龄介于20—64岁的在职白人，调查时间为1979—1987年（除1982年外，因为缺失1982年的数据）；家务劳动是指烹饪、清洁和住房周围的其他工作。

③ 本调查信息来自于"第一次家计调查（NSFH）"，调查对象为已婚夫妇或同居者；家务劳动是指准备食物、洗碗、清扫房屋、户外任务、购物、支付账单、汽车保养和因家庭需要而开车的时间。

④ 调查数据来自于印度马德里城内泰米尔纳德邦中心地区进行的一项家计调查，调查时间为1980—1981年，调查对象严格限定为年龄在20—59岁的已婚妇女，并且要求其丈夫在调查前一个年度健在且有在职工作，调查样本包括了244名有工作的妇女和422名非就业的妇女。

⑤ 调查数据来自于1984年和1993年瑞典家庭市场和非市场活动调查，1984年共得到2619个样本，而1993年共得到4137个样本；调查对象是18—74岁随机选择的个人，绝大多数的被调查者均同时参与了1984年和1993年的两次调查；调查方法采用了"昨日24小时回忆日记技术"（the yesterday 24 hour recall diary technique）；而且该调查严格限定了参与调查的家庭中，夫妇双方均被要求接受采访；家务劳动的项目包括：传统的家务活动，如食物和饮料的准备、洗碗、打扫、洗衣服、熨烫衣物和家庭管理等，此外还包括诸如儿童照料、日常的商品购买与旅行相关的服装购置，包括庭院工作在内的家用设备维护、修理和功能修复工作等。

续表

序号	作者	数据来源	家务劳动时间			
			妻子（小时/天）	丈夫（小时/天）	丈夫家务时间比例	样本数
12①	穆罕默德·阿里尼扎和麦克尔·沃尔特	The 1979—1991 Waves of the Panel Study of Income Dynamics（PSID）	3.477	1.175	0.253	32256、33565

　　尽管表2.3.1中的调查时间并不一致，各研究者对家务劳动项目的界定也有较大的差异，样本设计和调查方法等方面也有较大的差异，但从中我们也可以大致地总结出家庭内部家务时间配置的一些特点：一是家庭中女性（妻子）的家务劳动时间通常比男性（丈夫）要长得多，无论是国内还是国外，不论什么时期的调查数据均显示出这个特点；二是从纵向比较来看，人均家务劳动时间有逐渐减少的趋势，男性和女性劳动者的家务劳动时间随着时间的推移，或者说是随着经济的发展呈现出递减的态势，当然对此更有力的证据有待于固定样本的面板数据信息支持；三是不同国家或地区的男性或女性，其家务时间的配置规律并不十分明显，至少在直观上难以直接进行比较。因此，家庭内部究竟如何配置其家务劳动时间，有哪些影响家务分工的因素及其效应如何，就需要作更进一步更为精致的计量实证研究。

三　家务时间配置的影响因素及其效应

　　究竟有哪些因素影响了家庭内部的分工尤其是家务劳动分工？这些因素又是如何决定家庭中各成员的家务时间配置的？如何度量其影响效应的方向和程度？这些可以说是家务劳动经济学实证研究所要回答的核心问题和重点内容，大量的实证研究正是围绕此目的而展开。在家庭内部决策理论的基础之上，综合已有的研究成果，影响家务劳动分工和时间配置的因

---

　　① 样本设定为：丈夫与妻子生活在一起，且没有身体或智力缺陷，年龄在65岁以下配偶中至少有一方未退休的家庭；分别为丈夫与妻子建立的数据中，共有33565条及32256条记录；家务劳动时间是指用于烹饪、清洁打扫以及其他的家庭任务等的时间。

素可以大致分为三个方面，即个人特征、家庭特征和家庭外部环境因素，下面一一分述。

（一）个人特征因素

1. 性别

家务劳动在家庭内部存在着十分明显的性别差异和分配不平等的现象，从表2.3.1我们可以看出男性或丈夫在家务劳动中所承担的比例仅占三分之一左右，而且只有少数丈夫会帮妻子做点家务，但这种帮忙常常只被看作是对妻子的疼爱而非丈夫的责任（加茂，1988）。

贝乔力·艾尔维茨和丹尼尔·迈尔斯（2003）利用西班牙双收入家庭的数据，研究结果发现即使在夫妻双方对家庭的收入贡献和教育素养十分接近的条件下，两者的家务时间配置也有着极为显著的差别（妻子远多于丈夫），从而表明在家务劳动分工中存在着十分明显的性别效应。而对这种性别效应的解释，可能是源于两性在家务劳动生产率上的差异（贝克尔，2005；贝克等，2007），也可能是因为家务项目的性别隔离（有男性气质和女性气质家务劳动之分），尤其不能忽视的另一个重要原因是人们对家务劳动有着根深蒂固的性别角色或社会模式、习俗的传统观念。

家务劳动中的性别差异是如此的显著，以至于人们往往忽略了性别属性在家务分工中的作用，而将家务劳动性别分工不公平本身作为有待研究的对象，从而把更多的注意力放在了探究造成此种分工格局的原因之中（艾尔巴尼斯、斯特芬尼亚和克劳蒂亚奥力威蒂，2009）。

2. 年龄

劳动者的年龄在家务分工和家务时间配置中的作用并未得到经验研究的一致结论，R. 拉马什（1994）发现已婚女性随着年龄的上升以递减的比例增加家务劳动时间，表明女性年龄相对于市场工作在提高家务劳动生产率中发挥了更大的作用。但是畅红琴等（2009）的研究却认为年龄对于男性和女性家务劳动时间都没有影响，但妇女在家庭家务劳动时间所占的份额会随着丈夫年龄的增加而增加。王亚林（1991）按组分别统计发现，61岁以上年龄组的老龄人口在各组中的家务劳动时间是最长的，而25岁以下年龄组则是最少的。王琪延（1997）发现，1996年与1986年相比，北京市居民的家务劳动时间总量，随着年龄增加而增加的现象较为明显，特别是女性自55岁退休以后，可以有大部分时间用于照料老幼。齐良书（2005）发现代表家庭年龄结构的变量与女性家务劳动时间的相关系数大于与男性家务劳动时间的相关系数，似乎显示女性对家庭产品需求的变化更为敏感，但由于女性的平均家务劳动时间远大于男性，因此较大的相关系数不一定意味着较大的弹性，这有可能是一种错觉。

另外一些研究者则将研究视角转向劳动者所生活的时代方面，比如贝乔力·艾尔维茨和丹尼尔·迈尔斯（2003）的研究结果表明，无论是夫妻年龄还是时代（是否生活于佛朗哥独裁统治时期）对家庭内部两性之间的家务分工都没有产生显著的影响，表明家务劳动的性别分工与时代变迁的联系并不密切。而乔尼·赫茨和莱斯力·斯特莱顿（1994）则发现20 世纪 50 年代前出生的丈夫在全部家务劳动总时间中所占的比例更小，相应地妻子则承担了更高比例的家务负担，但这种效应反过来并不成立，也就是说丈夫不受妻子出生时代的影响，同时年轻的妻子所承担的家务劳动时间相对要少一些。

3. 教育

劳动者受教育程度在其家务劳动时间配置和家庭家务分工中的效应具有显著的性别差异，通常女性劳动者受教育程度越高，那么其所投入的家务劳动时间和在家庭生产中的时间比例均有所减少或下降，比如 R. 拉马什（1994）发现印度马德里市的已婚女性，随着教育程度的提高将显著地减少除孩子教育外的所有非市场活动。托马斯·艾尔逊和斯文·奥尔道弗尔特、马格纳斯·威克斯多姆（2001）的研究也表明，受教育程度更高的女性比之受教育程度低的女性，闲暇时间配置较为接近，但由于在市场工作中投入了更多的时间，因此减少了家务劳动时间。而且随着时间的推移，受过高等教育的女性劳动者在家务劳动中的分工也更为平等，克力斯塔·麦克昆、理查德·普力马克和伊莉莎白·罗所斯（2012）的研究显示，女生态学家比 1988 年相比，其在家庭中的家务分工更为平等。

但男性劳动者的受教育程度对其家务劳动的影响却具有不确定性，贝乔力·艾尔维茨和丹尼尔·迈尔斯（2003）发现，拥有大学学历的妻子会减少家务时间但并未相应地导致丈夫家务时间的增加；托马斯·艾尔逊、斯文·奥尔道弗尔特和马格纳斯·威克斯多姆（2001）的研究同样表明，受教育程度更高的男性并没有显著地减少了家务劳动时间的投入，而且在不同年份中的结果也不尽完全相同。而畅红琴等（2009）则发现男性劳动者受教育程度与其家务时间投入正相关，表明受教育程度越高的丈夫越乐于与妻子共同分担家务劳动，此外，妻子的受教育程度也与丈夫在家务劳动上投入的时间正相关，但是丈夫的受教育程度却对妻子的时间分配影响并不大。

此外，也有学者关注了受教育程度与家庭内部家务劳动分工之间的关系，比如王亚林（1991）的调查表明，不同文化程度的城镇职工之间的家务劳动时间总量消耗在总体上的差别并不明显，但在家务劳动的总体时间结构上存在差别。而乔尼·赫茨和莱斯力·斯特莱顿（1994）则发现，当夫妻都有高于高中学历的教育水平时，丈夫会提高其家务劳动的比例，是因为家庭中妻子承担了较少的家务负担，而当丈夫的教育程度低于高中时，其家务劳动的比例会出现明显下降，是由于他本人家务时间的减少和妻子家务时间的增加所共同导致的。

4. 收入贡献

大多数研究证实个人在家庭总收入中的贡献与其家务劳动投入呈负相关性，尤其是对于妇女更是如此，比如贝乔力·艾尔维茨和丹尼尔·迈尔斯（2003）发现，妻子的劳动收入在家庭总收入中的比例和其配置的家务时间之间存在着显著的负相关关系，但并不同样体现在丈夫身上。这意味着对于妻子而言，一方面减少市场工作有助于其增加家务时间，另一方面妻子收入比例的增加有利于提高其在家庭中的议价能力（彼特曼等，2001；布鲁门、汉斯和艾来娜·斯特卡尼莉，2008）。艾伦·帕克（2004）研究同样也发现妻子的收入与其家务时间投入之间存在负相关关系，尤其是在传统上被定义为女性家务工作的项目，如准备食物、洗碗、清扫房间和洗熨衣服等，这种负相关性更加显著。此外，阿里尼扎和沃尔特（2004）还发现，对于妻子而言，家务劳动是一种劣质品，相应于其税后工资率的上升，家务劳动时间将减少。齐良书（2005）发现本人工资率对两性的家务劳动时间和家务分担比例都具有显著的负向影响。

但是个人对家庭收入贡献的变化也可能只是产生家务劳动项目的调整效应而已，对于降低个人特别是妇女的家务负担并不明显。如 R. 拉马什（1994）的一项针对印度马德里市区的已婚妇女研究则表明，工资性收入越高的妇女将减少家务时间的投入但会抽出更多的时间用于孩子教育，妇女投入家务劳动的时间均与其丈夫的工资性收入成正相关关系。而且男性和女性劳动者因其家庭收入贡献而对家务重新分工的效应可能也是不完全相同的，比如乔尼·赫茨和莱斯力·斯特莱顿（1994）发现，如果丈夫在家庭劳动收入中的比例越高，那么相应地他的家务劳动时间的比例就会越低，而妻子的家务劳动时间比例就会越高；家庭总的劳动收入与夫妻的家务时间成负相关关系，而随着家庭劳动收入的增加，丈夫减少家务劳动时间的比例要高于妻子减少的比例。

（二）家庭特征因素

1. 婚姻及配偶特征

婚姻状况显然对家务分工和家务劳动时间配置有着明显的重要影响，比如艾伦·帕克（2004）发现，随着婚姻持续期限的延长，妻子投入家务的时间比丈夫要多得多，当然能保持更长婚龄的人通常被认为更具有传统价值观。王亚林（1991）发现，未婚人口家务劳动时间不到已婚人口的三分之二，但 36 岁以上单身妇女每天的家务劳动时间耗费则是各年龄组中最多的，主要是为维持生计，全部的家务都只能由自己一个人来完成。

配偶的受教育程度越高通常被认为有利于家庭内部分工更趋于平等，但这种促进作用对于男女劳动者来说存在着程度上的差异。齐良书（2005）发现教育程度的提高有助于减少家务分担比例的性别差异，但在效果上显示比较轻微。而贝乔力·艾尔维茨和丹尼尔·迈尔斯（2003）则发现嫁给较低教育程度的丈夫的妻子，其配置的家务时间要比嫁给较高教育程度的丈夫的妻子要多得多，但反过来却不成立，也就是说丈夫家务时间的配置并不显著地依赖于妻子的教育程度。因此，教育被认为是促进夫妻家务时间配置更趋平等的重要原因。

配偶的收入水平对于家务分工和家务劳动时间配置的影响则要复杂得多，比如阿里尼扎和沃尔特（2004）发现随着配偶税后工资率的上升，无论妻子还是丈夫都将增加其家务劳动时间配置。但齐良书（2005）的研究却表明，配偶的工资率对本人的家务劳动时间和家务分担比例具有正向影响，但对女性家务劳动时间影响不明显。此外，艾伦·帕克（2004）同样发现随着妻子劳动参与率和收入水平的提高，丈夫的家务劳动时间只有少量的增加。他认为这可能是由于两个方面的原因：一是妻子就业更多的是要保持婚姻的持久性而非单纯增进家庭福利；二是妻子的就业在增加家庭收入的同时也带来了许多家庭生活中的不方便（由于减少了家务劳动的投入时间引起），从而降低了妻子就业的意义，导致丈夫只做出了有限的回应。

而配偶的就业状况对于家务劳动的影响也没有表现出简单的替代性，

比如齐良书（2005）发现在双职工家庭中，劳动者的工作时间对两性的家务劳动时间和家务分担比例都有显著的负向影响，但影响幅度比较小。而乔尼·赫茨和莱斯力·斯特莱顿（1994）更为细致的研究却发现了比例上的相关性，即丈夫市场工作时间占其全部活动时间的比例与其家务时间占其全部活动时间的比例是负相关的，而且妻子的家务时间与其丈夫的市场工作时间正相关，但其丈夫的家务时间却对其市场工作时间并不相关。

2. 家庭状况

通常家庭的收入状况能够为减轻家务劳动负担创造良好的条件，比如王琪延（1997）发现北京市的居民家庭随着家庭收入的增加，家务劳动时间不断地减少，是因为一方面家庭收入多，各种生活耐用消费品拥有量越多；另一方面是因为高收入家庭请保姆做家务的比例较高，显然保姆能够完成绝大部分的家务活动。

但家庭收入中的非劳动收入对于男性和女性劳动者的家务分工的影响却并不一致，比如齐良书（2005）发现女性劳动者的家务时间和家务分担比例随家庭非劳动收入的提高而显著下降，相应的男性劳动者的家务时间和家务分担比例有所上升，但未达到显著性水平。同样的，舒尔茨（1990）发现，在泰国1981年人口调查中，妇女非劳动收入越高越有助于她们增加闲暇和其他非市场工作时间的消费。但也有学者的研究结果与之相左，比如畅红琴等（2009）发现，家庭非劳动收入的提高，使得男性和女性劳动者均增加了家务时间。

家庭的存量资产同样调节着家庭内部的分工和家务劳动时间的配置，比如R. 拉马什（1994）发现家庭资产的增加导致了已婚女性在减少其他非市场活动的同时，却将更多的时间投入了孩子的教育之中，特别是劳动节约型设备的使用能够大大减少对女性家务劳动的需求。畅红琴等（2009）发现，某些生产要素比如土地和生产设备对女性劳动者的家务时间有显著影响，但这一效应并未体现在男性劳动者身上，据此她们认为传统的父权主义价值观在以农业生产为主的农村家庭中仍然有着较大的影响。王亚林（1991）认为我国城镇职工家务劳动时间的减少和繁重程度的降低，一个重要的因素是家用电器的日益普及，各种家庭日常生活电器设备的使用不但节省了家务劳动时间，而且也减轻了体力和精力消耗，使劳动者得以从家务劳动中解放出来。

对于家庭规模和结构在家庭内部分工和家务时间配置中的影响，贝乔力·艾尔维茨和丹尼尔·迈尔斯（2003）发现家中有小于 3 岁或大于 15 岁的子女将会显著增加女性劳动者的家务时间。同样的，畅红琴等（2009）也发现家庭中 6 岁及以下儿童人口的增加，会明显地导致农村男女劳动者家务时间投入水平的提升，但与此同时减少了他们在工资性劳动中投入的时间，尤其对于女性劳动者的影响更大。此外，乔尼·赫茨和莱斯力·斯特莱顿（1994）发现丈夫家务劳动时间比例与孩子年龄成负相关性，而当子女的年龄在 12 岁以下时，无论是妻子还是丈夫其家务劳动时间均会出现明显的上升。但科里曼和卡普特尼（1987），以及多明尼哥等人（2000）的研究结果却表明，孩子对男性劳动者投入的家务时间并不产生显著的影响，换言之，孩子特别是未成年孩子的出现是增大男女劳动者家务劳动性别分工差距的一个重要因素。

3. 家务协助（雇佣或由亲戚提供）

畅红琴等（2009）发现家中随着家庭人口结构中 65 岁及以上老年人数的增加，会使男女劳动者同时显著地减少家庭经营和家务劳动的时间投入水平，说明老年人与成年男性和女性劳动者之间存在着劳动替代关系。但也有学者认为获得家务协助对于减轻男女劳动者的家务负担在程度上存在差异，比如贝乔力·艾尔维茨和丹尼尔·迈尔斯（2003）发现获得家务协助能够减少家务时间，特别对于男性劳动者而言减少的幅度更大。而R. 拉马什（1994）也发现家中有其他女性（包括亲戚和保姆等情形）的已婚妇女，家务劳动时间会出现明显地下降，表明家务劳动在家庭成年女性间的替代更为明显。

（三）家庭外部环境因素

1. 地域

居住地域对家务劳动的影响可能与气候条件有关，比如乔尼·赫茨和莱斯力·斯特莱顿（1994）发现居住于南方地区的男性劳动者投入的家务劳动时间相对于北方地区的男性劳动者要更少一些。同样地，贝乔力·艾尔维茨和丹尼尔·迈尔斯（2003）发现居住于西班牙南方地区的女性劳动者投入的家务时间相对要更少一些，但这对男性劳动者的影响却并不明显，居住地域的差异被认为是由于南方地区的气候更适宜外出，从而增加了从事家务劳动的机会成本。此外，居住地域对家务时间配置的影响除了气候等自然条件之外，可能还受到其他与地域相关的因素的影响，比如齐良书（2005）发现居住在城镇或者农村地区，以及相应的工作单位所有制的性质对男性劳动者的家务时间影响都很大，但对女性劳动者的影响却并不明显，由此也影响到了男女两性的家务分担比例。

2. 商品价格

市场商品不仅是家庭内部生产中的投入品，同时也是家庭生产产品的替代品，因此其价格的变动将直接或间接地影响家庭内部的生产状况，但这种影响对于男女劳动者所产生的调整效应又是不完全相同的。如阿里尼扎和沃尔特（2004）的研究发现，丈夫的家务劳动时间和妻子的市场工作时间并不受市场上商品价格变化的影响，随着市场商品价格的上升，丈夫市场工作时间增加但闲暇时间减少，而妻子的家务劳动时间减少但闲暇时间却上升，表明闲暇时间和市场商品对丈夫来说是一种互补关系，但对妻子来说却是一种替代关系。而用于家庭生产的投入品价格变化，对丈夫和妻子行为决策的影响却是相似的，投入品价格的变化并不影响妻子或者丈夫的家务劳动时间，但当投入品价格上涨时，会同时引起妻子和丈夫市场工作时间的增加和闲暇时间的减少，投入品和家务劳动时间无论对于妻子还是对于丈夫来说，都是互补的。

3. 经济发展

随着经济结构调整和经济的发展，家务劳动无论在时间投入上还是在内部分工上都进行着相应的调整和变动。畅红琴等（2009）发现，随着经济发展和时间的推移，男女劳动者配置的家务时间均呈现下降趋势，而大幅度增加了工资性劳动时间，并且女性劳动者的变化幅度要大于男性劳动者，相对于男性劳动者，女性劳动者在家务劳动中的时间投入比例有所上升。王亚林（1991）发现，1988年与1980年相比，城镇职工中无论是男性还是女性劳动者的家务劳动时间都出现了明显的下降，这可能与相应的闲暇时间的增多有很大的相关性，因为改革开放的近十年中，城镇职工为一家人的口腹之计而耗费大量时间操劳、挤占闲暇时间和满足生理需要时间的状况出现了明显的缓解，因此生活时间结构更趋于合理化。王琪延（1997）也发现，1996年与1986年相比，北京市民各项家务劳动时间均有所减少，主要是由于北京市经济结构的调整使得第三产业得以迅速发展，基本形成了社会化的服务体系，同时随着经济的快速发展，居民收入的增加和家庭生活水平的提高，家用电器日益普及，从而大大减轻了女性劳动者的家务劳动负担。

此外，畅红琴、董晓媛（2009）发现丈夫外出打工对于妻子配置家务劳动时间的影响作用并不大，其原因可能是当丈夫出外打工后，儿童或老人承担起了本应属于丈夫的那部分家务劳动负担，或者是儿童和老人替代了妻子的部分家务劳动，而由妻子承担起了原来由丈夫承担的部分农业生产劳动。也就是说，经济结构调整、劳动力流动、家庭迁移等家庭外部环境的变迁，也会导致家庭内部劳动分工的相应调整。

也有学者关注了城乡差别对于我国城乡家庭内部家务劳动分工和时间配置的影响，如齐心、田翠琴（2003）认为在农村，由于受到家庭物质生活条件和社会服务水平的限制，农民的家务劳动负担更重，无论是花费在做饭、清扫住房、洗衣还是其他形式的家务劳动时间，都要显著地多于城市居民，当然农村生活节奏慢，农民的时间自由度相对较大，生活习惯等方面的差异可能也是其中的重要原因。而且在城乡家庭之间往往还存在较为明显的性别歧视差异，在传统农村家庭中，男主外女主内的思想依然深入人心，至今仍有不少人依旧坚持妇女应该包揽更多的家务劳动，女性劳动者在家庭内部生产劳动中所占的比例要远远大于男性，但在城市中除了部分女性因其工作能力远大于男性而较少承担家务劳动之外，尽管绝大部分的家庭中也仍然是以家庭主妇为主，但是随着妇女权益保护法等法律的宣传、保护，大多数的女性已经脱离了以家庭为事业中心的生活也和男性一样努力争取自己的事业，男女家务劳动时间相比起改革开放初期差距缩小明显，在有关调查中发现，被调查者有84.6%的人同意"男人也应该主动承担家务劳动"。总体而言，城镇家庭的家务劳动负担相比于农村家庭要小得多，城镇男女劳动力的家务劳动负担率差距也比农村劳动力要小得多，除了城镇家庭中男女性别意识更趋平等外，一个重要因素是城镇家庭较高的收入水平和拥有相对完善的公共基础设施资源，使其有能力减轻家务劳动的负担，降低家务劳动的工作强度，比如王亚林（1991）认为我国城镇职工家务劳动时间的减少和劳动强度的降低，与城镇中商品经济的发展，城镇商业、服务业网点增多、居民日常生活日益便捷、城市公共设施建设事业的发展，以及居民住房条件的改善有着密切的关系。但这些研究从总体上来说，大多仍局限于表面情形的描述，在研究深度上还有所不足。

第四节　家务劳动经济学研究的其他主题

一　家务劳动的价值

马克思和恩格斯（1970）指出，人类家庭中存在的劳动分工，在基础上与具有不同生产方式的社会劳动分工是相等同的。但由于家务活动通常是一种在家庭内部进行的无偿性劳动，早期的众多学者尤其是以日本学者为代表，大多只承认家务劳动在经济以外的社会价值（林秀雄，2001）。我国学者沙吉才指出，家务劳动中同样凝结了一定量的具体劳动和抽象劳动，因而它自然也是有价值的，而且在家庭生活中的追加劳动也是社会总劳动中的重要组成部分，其所创造的价值与其他劳动价值一样都是社会总价值中的一部分（沙吉才，1998）。刘茂松（2002）则更进一步，将家务劳动的价值细分为边际价值、替代价值和家庭内部交换价值。但是在传统的经济学中，家务劳动并不像其他可以流转买卖的有形商品或服务那样具有明显的交换价值，家务劳动被认为只有在家庭内部才有一定的价值，各个国家也未将家务劳动价值纳入国内生产总值（GDP）核算体系之中，致使在 GDP 统计中遗漏了相当大部分的统计值。从经济学的角度来看，家务劳动其实和别的生产有形商品或提供无形服务的劳动一样，也同样需要耗费成本并且能够创造收益，因此，也是一种具有价值的劳动。

尽管在抽象意义上，绝大多数人都不会拒绝家务劳动的价值，但在现实生活中家务劳动往往无法引起人们的重视，一个重要的原因在于家务劳动缺乏物质的奖励和报酬。即使在现实生活中，部分的家务劳动可以被工资化，因为部分家务劳动除了家庭内部以自给自足的方式组织生产以外，还可以外包给家政市场，而且现在兴起的家政服务已经发展成为了一个庞大的市场。如此一来，家政从业者的劳动报酬就成了衡量劳动者从事家务劳动的替代工资，但据此估算家务劳动的市场价格，往往会导致家务劳动价值的高估，更何况并非所有的家务劳动都可以由家政工作者所能代替的。

尽管如此，在西方经济学理论中，大多数的西方学者在批判 GDP 概念的时候，都认为在传统 GDP 中有一个重要的项目一直被低估，那就是家务劳动。马克思的劳动价值论明确指出劳动创造价值，那么家务劳动既然是一种劳动，则家务劳动必然创造价值。家务分工作为社会分工在家庭内部的延伸，在《国富论》中已经有详细论述，亚当·斯密认为社会分工可以提高个人的劳动生产效率，能够促进 GDP 的增长，那么家务分工同样具有这样的功能，虽然家务劳动的价值并不直接计入 GDP，但是通过家务劳动社会化的形式，就可以创造工作岗位，提高劳动生产率，从而直接或间接地增加 GDP。

事实上除了承认家务劳动的社会价值以外，已经有部分学者对家务劳动的经济价值进行了量化的评估，并且得出了十分可观的结论，比如霍里力欣（1976）认为像美国这样的发达国家，家务劳动的增加值至少占到市场产出值的三分之一以上，而古诺（1980）认为这一比例在发展中国家将会更高，这一点得到了 R. 拉马什（1988）的证实，据他估计印度家务劳动的价值大概占到国民生产总值（GNP）的 47%。此外，古诺（1980）还在微观家庭层次上指出，以 1973 年为例，美国妇女的家务劳动价值约占税前家庭货币收入的 60% 和税后家庭货币总收入的 70% 以上。

但是正如前面所述的原因，由于家务劳动的计量存在着许多操作性的困难，比如家务劳动范畴的不确定性、量的模糊性和缺乏质的比较标准等（王峰，1998），而且在估算方法上，通常所采用的机会成本法和替代法在实际应用中均存在严格的前提假设①，很难与现实完全相符，因此在传统的国民经济核算体系中，无论是东方的国民经济核算体系（MPS）还是西方的国民经济账户体系（SNA），都没有对家务劳动的经济价值进行有效的衡量。

二 家务劳动社会化和现代化

按照柴效武（1999）的定义，家务劳动社会化是指由发展直接为家庭生活服务的社会服务业来逐步替代自我加工、自我服务的家务劳动形式，以大工业化和社会化的生产方式来大力拓展为家庭生产和生活服务的广度和深度，从而将具有家庭私人性质的家务劳动转向社会性劳动。而家务劳动的现代化，则是指通过技术装备的提升和改造，来提高家务劳动的生产效率，实现电器化和机械化的家务劳动操作方式，显然技术进步可以

---

① 关于这两种估算方法的弊端，Gronau（1980）有十分详细的论述。

使家务劳动者特别是女性劳动者得以从繁重的家务活动中解放出来，投入教育以积累人力资本（基亚波里，伊昆和威斯，2009）。

易伍林（2007）详细分析了家务劳动社会化的动力机制问题，而李秋芳（1994）则针对如何促进家务劳动社会化提出了具体的发展策略。柴效武（1999）则从经济学的角度认为，由于家务劳动社会化具有规模经济效应，因此和家务劳动现代化相比较，家务劳动社会化更值得推广。

三　家务劳动的福利效应

和市场工作时间一样，在经济学意义上家务劳动通常被认为是一种劣质品，因此从事家务劳动的负效应直接表现为挤出闲暇这种"正常品"的消费量。而且，特别是对于女性劳动者而言，家务劳动时间与其工资率之间存在着负相关关系，因为市场工资直接或间接地受到致力于市场工作中的时间和努力的影响（乔尼·赫茨和莱斯力·斯特莱顿，1994）。对于女性劳动者低工资与其家务劳动之间的关系，贝克尔（2005）的精力分配理论认为是由于女性劳动者从事家务劳动而减少了其人力资本的积累以及在工作中努力程度的下降而导致的，但彼尔贝（1988）则认为是女性劳动者为了顾及家务劳动而选择了时间安排相对灵活的市场工作，对于雇主而言这种工作时间的灵活安置就是一种成本，那么支付给女性劳动者的低工资正是对这种成本的补偿。

以一般的观念来看，女性在家务劳动方面具有相对的优势，而男性在社会劳动方面能产生较高的生产力。从经济学的角度来说，男女只有各自发挥自己的比较优势，才能增加家庭的产出，实现经济收益的最大化。家庭作为一种特殊的社会机构保持下来，表明了它同样具有重要的经济效能，而更为重要的一点是家庭促进了劳动的分工，取得了来自专业化的收益。家庭通过丈夫在劳动市场从事专职工作，妻子在家从事家务劳动这种互补活动的专业化而促进了家庭收益的最大化。因此，在男女之间根据各自的优势实行分工，有利于增加家庭的产出，提高家庭的经济效益。根据比较优势理论，家庭的最佳方案是机会成本较低的配偶专于家庭生产。在实际的家庭分工中，应该由工资较低者，也就是其机会成本相对较低的一方从事更多的家务劳动，由在社会劳动方面的优势更多的一方参与更多的社会劳动。这样合理分工的模式被认为是获得家庭福利目标函数最大化的一种有效途径。但显然，过多地从事家务劳动无疑将直接或间接地降低劳动者个人的福利水平和市场工作的竞争能力，导致个人收入水平的下降（基亚波里，伊昆和威斯，2009），从而反过来使自己在将来的市场竞争和家庭资源支配中，处于更加不利的境地。鉴于此，王琪等（2005）、朱梅等（2005）分别提出了对家庭中的家务劳动承担者进行经济补偿的具体设想。

除此以外，家务劳动经济学中的研究主题还涉及意识形态、社会制度和社会政策对家务劳动分工和时间配置的作用，以及婚姻、家庭分配、生育等内容，此处不再详述。

第五节　家务劳动经济学研究的总结性评论

罗伯特·伊文斯（1983）所做的一个关于时间配置的国际比较表明，相对于发达国家，发展中国家的女性劳动者在家务劳动方面投入了更多的时间，而男性劳动者则无论是在发达国家还是发展中国家所做的家务都较少。家务劳动分工中的性别不平等似乎已经成了一种具有世界普遍性的经济现象，引起了众多经济学家、社会学家的广泛关注和高度重视，使得家务劳动研究的成果层出不穷，构成了家庭经济学中的重要内容。

家庭是几千年来人类社会的基本组成单位，它与企业一起构成微观经济学中的两个基本行为主体。如果说随着产权组织理论的发展和不断深入，经济学家们已经或者正在逐渐地打开企业这个"黑箱"，那么要打开家庭这个"黑箱"，它的难度可能要大得多，也复杂得多，因为家庭的行为除了受到经济因素影响之外，社会、伦理、心理和传统文化等非经济因素在其中起着不可忽视的重要作用。大体上，家务劳动经济学的研究特点综合起来主要体现在以下几个方面：

一是在理论研究上经历了由抽象到具体、由表及里不断深入的过程。经济理论模型化的优势在于简洁而又不失一般性，但与此同时，其局限性也日益凸显，难以准确地模拟和解释家庭内部决策的形成机理，反映出家庭特有的复杂性和多样性。因此，经济学家从理性和效率出发，在单人居民户行为决策基础上，不断融入家庭成员间的矛盾和冲突，使之尽可能地向现实情景逼近。我们在第一节归纳的几种家庭内部决策理论，可以说是对几类典型家庭关系的良好经济学阐释：以萨缪尔逊"一致同意"模型为代表的新古典主义理论，代表了信息完美、交易成本为零、家庭成员偏好一致、内部无冲突的家庭类型；以贝克尔为代表的新家庭经济学则模拟了家庭内部完全由权威家长主导决策、以利他主义润滑家庭成员间摩擦的家庭类型；制度学派则解释了家庭存在的经济学原因，即最大化地降低成员间的交易成本，以传统和习俗来确立各成员间的分工、协作关系以及合作剩余的分配；博弈论强调了家庭内部的冲突性和矛盾性，按照市场交易原则讨论并模拟了家庭成员间的讨价还价过程，代表了个体偏好完全独立的家庭类型；复合模型则从正面回避家庭成员间的利益和矛盾问题，从效率出发将重点放在了探讨具体影响家庭内部决策机制的因素分析方面，为计量实证检验指明了方向，便于评估和解析家庭分工下各成员的福利效应问题。

二是家务劳动经济学的实证研究呈现出与其他学科日益交融的趋势。家庭内部决策理论模型为检验影响家务劳动分工和时间配置的因素提供了理论支持，但家务劳动实证研究并不囿于此，毕竟现实情形难以与经济理论中的严格假设完全相符，而且作为拥有多重目标的个体决策者面临着迥异的家庭内部和外部环境，因此在实证研究中，经济学家不断地借鉴、融合了社会学、心理学、伦理学、生理学、政治学等多种学科的研究成果，并努力寻找各种合适的代理变量来代替无法直接用经济变量表示的影响因子，显示出因素多元化、场景丰富化和研究特性化的特点。

三是研究主题更为丰富、涉及领域更为广泛。尽管家庭内部的家务劳动分工和时间配置的性别不平等现象是家务劳动经济学研究的核心和首要问题，但家务劳动经济学研究的视野并非局限于此，通过更加深入地挖掘和解析蕴藏于现象背后的内涵与外延，极大地拓展并丰富了家务劳动经济学研究的广度和深度，使得家务劳动研究充满了蓬勃的生命力。

需要强调指出的是，家务劳动经济学的理论研究与实证检验，这两者之间并非是相互隔离的，恰恰相反，家务劳动经济学理论为实证研究提供了理论基础，指明了检验的方向，反过来经验证据又推动和促进了理论研究的发展。这方面最为典型的一个案例便是，伦德伯格和帕拉克以及威尔斯（1996）的一项经验研究，即当英国政府将子女津贴以减免个人工资所得税的形式支付给父亲改革为以现金的形式直接支付给母亲后，这些家庭总支出中更多的部分被用于外出餐饮、子女保健和女士服装等方面，同时酒精和烟草的消费却出现了明显的下降，这一事实有力地拒绝了家庭内部决策中收入混同的假设，在家庭内部斯拉斯基效应并不成立，从而为推翻共同偏好模型，促进以博弈论为代表的家庭内部决策理论的发展提供了事实证据。

与国外家庭经济学的蓬勃发展相比，国内的相关研究至今尚处于起步阶段，贴近我国国情特点的创新的研究成果还不多见，与国外相比仍有不小的差距。不仅如此，在研究方法和研究基础方面仍显得相对滞后与薄弱，特别是较为缺乏权威而广泛的家庭时间利用调查数据，在理论与实证研究层面尚未取得突破性进展。另外值得一提的是，政府和社会公共部门制定社会福利政策应该建立在坚实的微观基础之上，学术研究更应该树立和强调这一科学理念，因此在将来的家务劳动经济学研究中，在这方面仍有待加强和重视。

第六节　本章小结

本章是对家务劳动经济学的一个综述，家务劳动经济学研究的内容十分丰富，研究主题涵盖了家务劳动的价值评估、从事家务劳动对劳动者产生的福利效应、家务劳动社会化和现代化、劳动者家务劳动的时间配置等。鉴于本书的写作对象，本章重点梳理了已有研究成果中关于劳动者家务劳动时间配置的影响因素问题。

家务劳动是为了满足人们的各种生理需要而在家庭内部进行的具有性别分工的活动，劳动项目和内容可以有广义和狭义之分。与市场工作和闲暇相比较，家务劳动具有相对封闭性、不计酬、流动性限制等特点，与市场经济在价值结构、工作结构和报酬结构方面存在较大的不同，同时家务劳动又是非标准化的，难以准确度量和监督，通常对劳动者产生的是负效用。

由于家务劳动所具有的内部性，劳动者的家务时间配置决策主要取决于其家庭内部的分工，因此，在理论层面上，家务劳动经济学的研究成果主要集中于家庭内部分工理论方面。这方面主要的理论模型包括萨缪尔逊（Samuelson）的"黑箱"理论、一致同意模型、贝克尔（Becker）的利他主义模型、本·帕拉什、帕拉克的交易成本理论、曼什和布朗、麦克洛伊和霍尼、伦德伯格和帕拉克的合作博弈理论、Ravi 和 Lawrence、Lundberg和 Pollak 的非合作博弈理论以及基亚波里的复合模型等。尽管这些理论构建和创新能够在某些方面或某种程度上模拟和解释家庭分工问题，但由于家庭经济本身所具有的特殊性，直接套用市场经济中理性经济人假定的分析方法或者家庭成员间利益竞争的方法，可能在前提上就犯下了错误。由此可见，家庭经济远比市场经济要复杂得多，家庭分工理论还远未完全成熟，但这些理论本身对于家务时间配置的研究具有十分重要的启示意义。

在实证研究层面上，劳动者的家务时间配置一方面与其个体特征和家庭因素有关，另一方面也受到家庭外部环境因素的影响。这些具体的因素包括劳动者的性别、年龄、教育、个人在家庭收入中的贡献比例、婚姻及配偶特征、家庭状况、获得家务协助等劳动者个人及家庭特征因素，也包括劳动者所处的地域、市场商品价格与供给、宏观社会经济发展等家庭外部因素。在现有的研究成果中，这些因素对于劳动者家务时间配置的影响效应并不完全一致，有的甚至是得到了相反的结论，再一次表明了家庭经济的复杂性。

通过对已有研究文献的梳理，我们还得到一个十分有价值的启示，那就是研究家庭经济问题，包括劳动者家务时间配置的决策问题，单纯从经济学的角度，运用经济学方法来研究可能会缺乏足够的有效性。家庭作为社会结构中的一个细胞，家庭内部就是一个小型社会，因此家务劳动分工和劳动者家务时间配置决策无疑会具有一定的社会学特征，比如难以用经济学变量或模型刻画的价值观念、性别意识、责任意识、传统文化等是不能完全忽略的。在本书的后续研究中，不论是在理论模型构建上还是在实证研究中的变量选取上，我们都尽量地考虑到了这个问题，特别是在实证研究部分，我们借用了社会学、心理学和传染病学等方面广泛应用的研究方法，比如多层线性模型（HLM）计量方法、成长模型（Growth Model）等，以期进一步丰富和发展现有的研究成果。

第三章

城乡劳动力家务时间配置决策理论的一个发展

——基于职业异质的视角

第一节 职业与时间约束

一 时间三分法

按照古诺（1980）的时间三分法，家庭及个人可支配时间可划分为有酬的市场工作时间、不计酬的家务劳动时间和闲暇时间三部分。家庭作为社会结构的一个最基本单位，它既是生产者又是消费者，是具有生产、消费双重职能的一个综合体。在时间资源的利用上，家庭作为生产者通过配置市场工作时间以获得工资性收入，和非劳动收入共同构成家庭的货币预算约束；而作为消费者，家庭通过配置家务劳动时间，将从市场上购买的商品加工成可直接使用的消费品以提供效用。此外，家庭可支配时间扣除市场工作和家务劳动的剩余部分，构成家庭的闲暇时间，闲暇不仅可直接提供效用并能恢复家庭各成员的工作能力。因此，时间资源的利用不仅影响到家庭效用，更与家庭各成员的福利水平息息相关。

家庭及个人的可支配时间作为一个整体，分配于各项目的时间之间必然是相互联系而又相互影响、相互制约的，因此，研究家务时间配置问题，不能忽视市场工作时间和闲暇的扰动。但在已有的家庭时间配置研究成果中，涉及细分时间约束的相关文献尚不多见，而且除了对于个人可支配时间做出一个总量约束以外，通常均隐含地假设了市场工作时间、家务时间和闲暇具有连续、无限可分以及相互之间可完全替代的性质，这显然与现实情形并不相符。比如必要的睡眠时间对于劳动者恢复体力和保持健康至关重要，当然不可能无限制地压缩；再比如市场工作时间在不同类型的职业间，劳动形式和劳动纪律等方面的约束强度不尽相同，因此在工作时间约束上存在不同的刚性或弹性，因而其连续性、无限可分性以及完全可替代性假设也难以成立。

尽管在家庭内部决策模型中，关于生产和消费是分别独立决策还是联合决策的可分性问题仍存在不同的理解，不仅在理论研究中还存在较大的分歧，而且在经验研究中也仍尚未取得一致的结论，但是，在家庭时间配置中首先将市场工作时间分离出来是较为合理的，这是因为：一方面对于家庭而言，取得足够的市场收入是维系家庭生存和发展的根本，同时由市场收入所决定的商品和服务购买量在很大程度上决定了家庭内部生产的强度和范围；另一方面市场工作时间与其他时间项目特别是家务劳动时间相比较，显然具有更强的约束性和受监督力度，尤其是在社会经济发展水平较低的阶段，对于有着较高的商品—闲暇边际替代率的家庭而言，市场工作时间的刚性和弹性将在很大程度上决定家庭其他时间项目的配置决策，毕竟家务劳动是在做完其他重要的工作之后所进行的。因此，职业对家庭时间配置决策的影响是先决性的。

二　异质职业与时间配置

异质职业与家庭时间配置决策之间的联系，尤其在我国城乡差别依然较为明显的背景之下，主要体现在以下几个方面：

（一）异质职业与收入

就当前我国城乡家庭的劳动者来说，不同职业间的收入差距，部分地源于行业特征对收入的影响，由不同的行业特征而直接导致了不同行业之间的整体性收入水平差异，甚至不同的行业特征导致的不同个人特征的人力资本回报率在行业间也存在较大的差异（王天夫、崔晓雄，2010）。在此，我们并不想过多地探讨行业影响收入的机制，但是在事实上当前我国的三次产业之间，甚至在城市各行业间的收入差异是客观存在的，而且从20世纪80年代后期开始延续至今，行业间的收入不仅没有趋同，反而呈现出差异的持续增长态势，甚至有潜在的两极分化趋势（蔡昉、都阳、王美艳，2005；顾严、冯银虎，2008）。这些行业收入差距较为集中地体现在垄断行业与非垄断行业之间、新兴行业与传统行业之间、知识密集型行业与劳动密集型行业之间和市场分配机制行业与非市场分配机制行业之间

（魏军，2006）。

从图 3.1.1 来看，信息、计算机和软件业、金融业和科学研究服务业的行业平均工资明显要高于其他行业，与之形成鲜明对照的是，农业和公共管理及社会组织行业的平均工资水平则要远远落后于全行业的平均水平。不同的职业嵌套于不同的行业之中，尽管国家统计局目前并没有公布职业工资的数据，但不同职业间的收入差距比行业间更为明显，这可以从图 3.1.2 中得到印证。图 3.1.2 是根据中国健康与营养调查（CHNS）2009 年的相关资料按职业进行整理后的收入分布状况，即使按各地区的居民消费价格指数进行调整之后，平均收入最高的管理者和军警职业仍达到平均收入最低的农民、渔民或猎人职业的 3 倍以上。

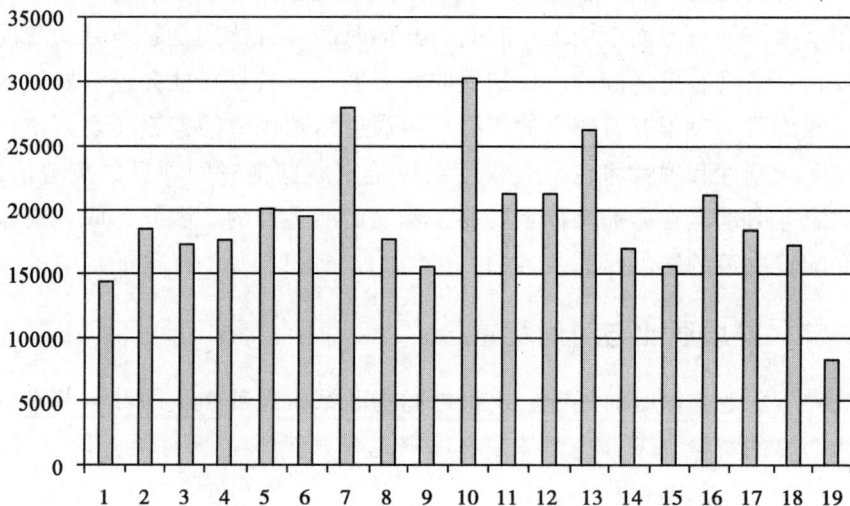

图 3.1.1　按行业分城镇私营单位就业人员平均工资（2009）①

不仅如此，由于我国当前福利保障制度的特殊性，许多非劳动收入项目也与工作或职业直接相关，因此，异质职业对家庭或个人收入的影响还体现在隐性的福利和社会保障差异方面，从而进一步拉大了不同职业间实

① 数据来源：国家统计局 2010 年统计年鉴，单位为：元/年，下同；横轴 1—19 分别代表农林牧渔业、采矿业、制造业、电力燃气及水的生产和供应业、建筑业、交通运输仓储和邮政业、信息传输计算机服务和软件业、批发和零售业、住宿和餐饮业、金融业、房地产业、租赁和商务服务业、科学研究技术服务和地质勘查业、水利环境和公共设施管理业、居民服务和其他服务业、教育、卫生社会保障和社会福利业、文化体育和娱乐业、公共管理和社会组织。

际收入的差距。劳动性收入、隐性或显性的非劳动收入不仅构成了家庭或个人从事家务劳动或享受闲暇的机会成本，同时也影响了家庭或个人的商品—闲暇替代偏好，因此，由职业异质导致的收入差异必然对家务时间配置产生不容忽视的收入效应。从图 3.1.2 可以看出，高级专业技术人员、管理者、技术工人或熟练工人、军官警官士兵或警察等职业的从业人员，其平均工资比农民渔民或猎人、一般工作人员等要高得多，这种因职业差别而造成的收入差距不仅仅意味着教育等人力资本收益率的效应，也与当前我国的经济结构、劳动力市场发展不完善有关。

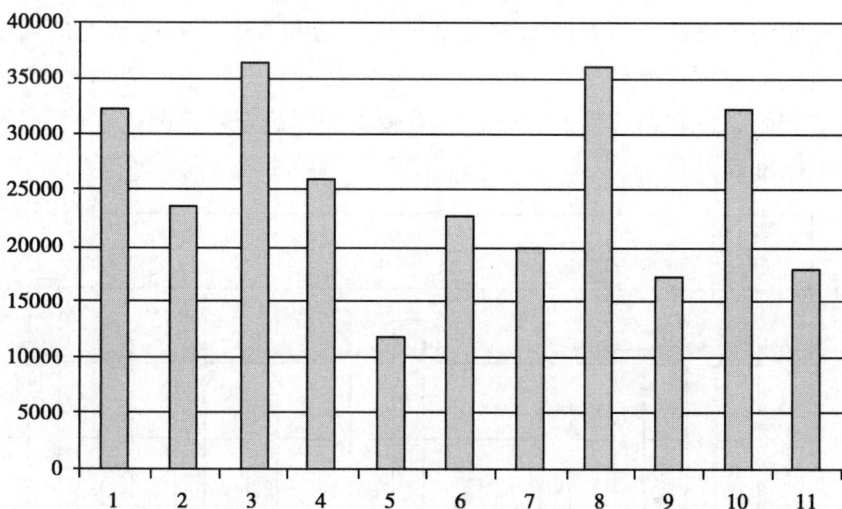

图 3.1.2　按不同职业分的平均收入①

（二）异质职业与工作时间弹性

我国城乡家庭的劳动形式和劳动纪律约束存在着较大的不同，尤其是在劳动时间、劳动场所和组织管理方面，均存在着较大的差异。柴效武（2002）认为，城镇家庭经济以劳动者参与社会性工作，取得工资性收入为主要形式，以满足家庭的生活消费及子女抚养的需要，因此，城镇家庭

①　数据来源：中国健康与营养调查（CHNS）2009 年的调查信息，所有的收入均以 2009 年辽宁城镇地区为参照基准，按各地区的居民消费价格指数进行了可比性调整；横轴 1—11 分别表示高级专业技术工作者、一般专业技术工作者、管理者、行政官员或经理、办公室一般工作人员、农民渔民或猎人、技术工人或熟练工人、非技术工人或熟练工人、军官警官士兵或警察、司机和服务行业人员。

只是个消费组织，而农村家庭则是个生产经营单位，因而其家务劳动从属于生产劳动。城乡家庭生产与消费功能属性的差异，集中体现在以下几个方面：

首先，从劳动时间来看，城镇家庭的生产劳动和家务劳动有着较为严格的时间界限，劳动纪律约束性较强，上下班时间划分明确，生产劳动集中于八小时上班时间之内，而八小时之外才能够自由支配家庭家务活动，生产劳动与家务劳动的替代性受到严格的限制。但农村家庭的生产劳动和家务劳动在劳动时间上具有较强的替代性，没有八小时内外、工作时间与家务时间的严格区分，农村家庭完全可视家情和人力、时间状况的需要，自主地支配安排（柴效武，2002）。此外，农村家庭的生产劳动时间还受到自然气候条件和季节性的影响，具有较大的不确定性，因此在时间统计上更难以准确量化。

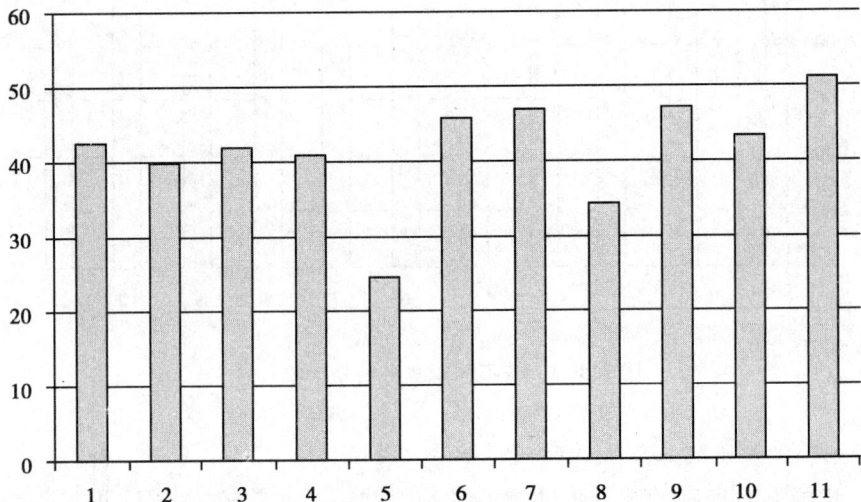

图 3.1.3　异质职业的平均周工作时间比较①

在图 3.1.3 中其他职业的平均周工作时间高达 51.53 小时，而农民渔民或猎人职业的工作时间则只有 24.89 小时，两者相差一倍多，部分的原因可能在于农民渔民或猎人的工作时间与家务劳动时间存在着重叠性，在

———————

① 纵轴表示工作时间，单位为：小时/周，横轴表示职业类型，1—11 含义同图 3.1.2 中 1—11。

调查中被调查者对重叠性劳动没有做出准确划分（弗洛罗，1995），但无论如何不同职业的工作时间弹性的差异还是非常明显的。在个人可支配时间总量固定的前提下，市场工作时间的弹性强度无疑将直接影响其家务劳动时间的调整空间，这种影响效应可用图 3.1.4 – a、b、c 表示。

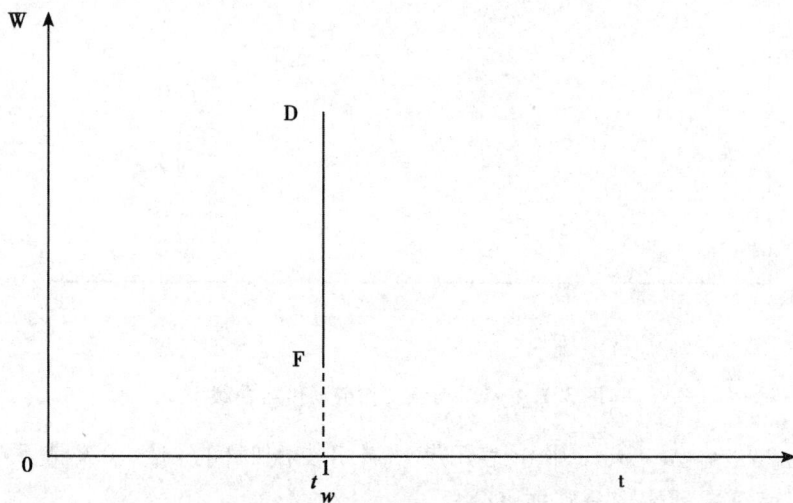

图 3.1.4 – a　市场工作劳动供给曲线

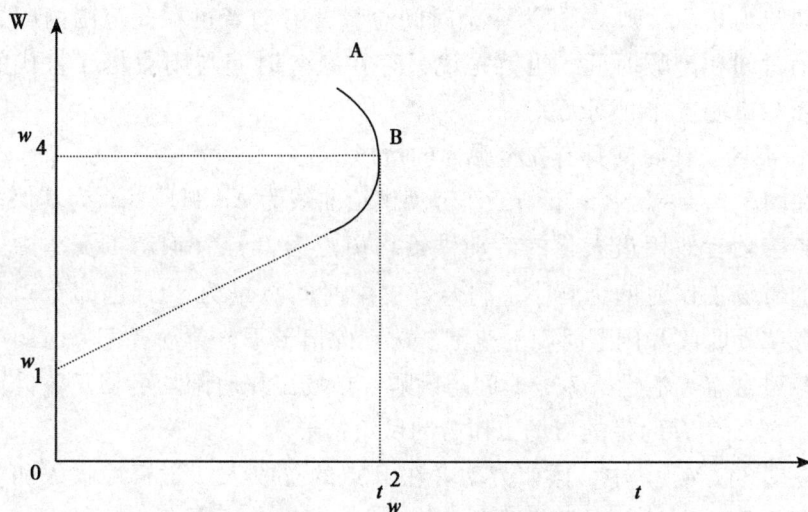

图 3.1.4 – b　市场工作劳动供给曲线

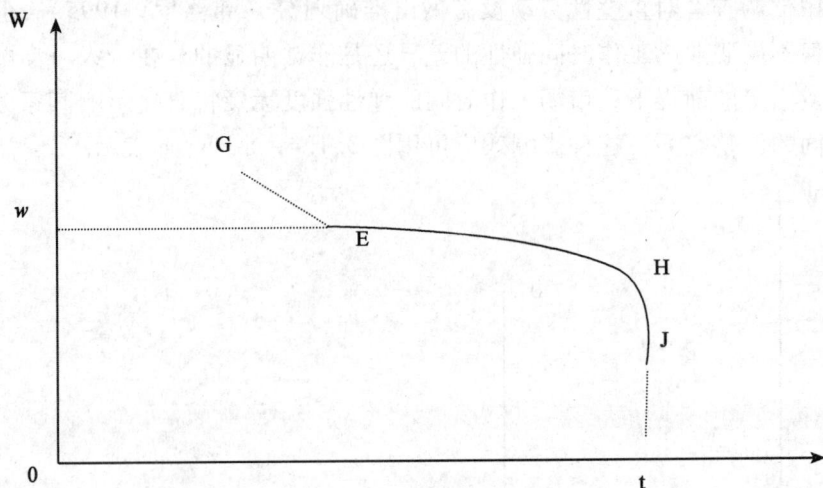

图 3. 1. 4 – c　市场工作劳动供给曲线

图 3. 1. 4 – a、b、c 中 0t 表示劳动者可支配时间总量，0W 表示工资率，下面分三种情形分别加以分析：

1. 市场工作时间固定，完全无弹性的情形。

在图 3. 1. 4 – a 中，市场工作的供给曲线表示为 DF，相应的市场工作时间固定为 $0\,t_w^1$，则 $t_w^1 t$ 即为剩余时间总量，劳动者可在此范围内配置家务劳动时间和闲暇时间，也就是说只存在家务时间与闲暇相互替代的情形，而与市场工作时间无关。

2. 市场工作时间具有完全弹性的情形。

在图 3. 1. 4 – b 中，市场工作劳动供给曲线为 AB 弧段，w_1 为其保留工资率，劳动者效用最大化的劳动供给均衡点为 B 点，均衡工资率为 w_4，相应的市场工作时间为 $0\,t_w^2$，剩余可支配时间总量为 $t_w^2 t$，也即劳动者配置家务劳动时间和闲暇时间的范围。故在此情形下，劳动者家务时间配置的决策更富有灵活性，家务时间与闲暇、市场工作时间均可相互替代。

3. 施加生存约束的市场工作劳动供给情形。

在图 3. 1. 4 – c 中，假如劳动者在 E 点的总收入（工资性收入和非劳动收入之和）不足以满足劳动者或其家庭维持生存的最低支出需求，市场工作供给曲线将从 E 点沿 EHJ 移动，家务劳动时间和闲暇将被大大压缩和剥夺，对于劳动者来说其配置家务劳动时间和闲暇时间的灵活性将受到极大限制。①

其次，从劳动场所来看，城镇家庭的市场工作与家务劳动在空间上往往是分离的，家务劳动主要集中于居住场所内进行，而市场工作则通常在工作单位中开展。与此相对，农村家庭的农业生产活动，可以部分的转移至家庭内或者庭院中，因此与家务劳动在空间上存在一定的重合性，因而生产劳动与家务劳动在空间上的转换更为便利。

最后，从生产劳动和家务劳动的组织管理上来看，城镇家庭的市场工作必须遵从社会化大生产的组织与安排，管理严格且规范，因此家务劳动通常只能服从于市场工作；而农村家庭无论是生产劳动还是家务劳动，均具有自我管理、自我安排和自我实施的性质，劳动者和家庭可以按照家庭利益最大化的原则，通过合理地配置家庭人力、物力等资源，有效地实现家庭组织、合理分工的重要功能，充分发挥家庭内部的规模经济和范围经济效应。因此，农村家庭相对于城镇家庭在市场工作的组织管理上具有更大的自主性，在家务劳动的安排上有更大的调整空间和灵活性。

（三）异质职业（行业）与教育、意识观念

已有的大量研究表明，个人的受教育程度和价值观念（包括性别意识等社会、伦理观念）是影响家庭内部分工，特别是家务劳动分工的重要因素（阿里尼扎和沃尔特，2004；舒尔茨，1990；艾尔逊等，2001；齐良书，2005），而且教育也在一定程度上影响着劳动者的消费观念，诸如在家务劳动中是否聘请保姆、购买家用电器等。在当前我国经济社会二元性结构特征依然明显，城乡劳动力市场存在制度性和结构性分割的背景下，城乡劳动力在不同行业或职业中的就业机会是不平等的，即使是在农村劳动力向城市流动、向非农产业转移的过程中，仍在事实上受到不同程度的职业歧视和行业准入限制。对于城市中的农村移民来说，也许只有高学历（至少本科以上）的一小部分人才能进入总体教育回报率较高的知识密集型行业，在取得城市户口的同时，得以彻底地完成市民化并真正融入城市生活，而其余大量的农村劳动力则将与在劳动力市场上缺乏竞争力的城市淘汰者一起争夺相对低端、开放性相对较高的职位，他们基本上游离于城市生活之外，而由同乡组成的小团体来维持家乡的传统生活模式。因此，在二元经济结构背景下，由城乡劳动力市场的分割、城乡劳动力的相互竞

---

① 关于市场劳动供给曲线，郭继强（2008）有十分详尽的论述。

争和融合，在客观上造成了劳动者在职业和行业间的分层，从而在不同的职业或行业中，自然而然地形成了不同的社会阶层，而在同一个阶层内的劳动者其受教育程度和价值观念则相对接近。

图 3.1.5 是根据中国健康与营养调查（CHNS）2009 年的调查数据整理得到的各职业受教育年限分布图，在图中可以看出农民渔民或猎人、非技术工人或非熟练工人、司机、服务行业人员及其他职业的劳动者，其受教育年限明显地要少于其他职业者。这既是城乡劳动力市场分割、就业机制筛选的结果，同时在客观上由于教育和价值观念的差异，必然也将反映影响家庭内部的家务分工和时间配置决策。

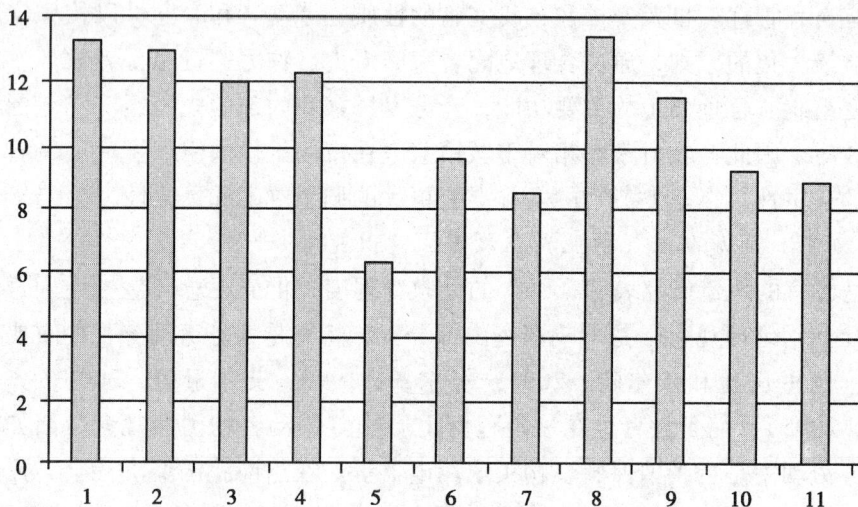

图 3.1.5   不同职业劳动者的平均受教育年限①

此外，其他的职业性因素也在某种程度上影响着家庭的时间配置决策，比如在绝大多数的农民社会中，劳动的社会性性别分工强烈地限制了女性与男性劳动的可替换性，以及在通常情况下由男性劳动者支配着市场交换劳动并"掌管财政大权"，女性劳动者则在经济上依附于男性（弗兰克，2006），因此在此状态下必然由女性劳动者来承担家庭绝大部分的家务劳动。而且，城乡家庭消费观念的差异、家务劳动社会化和现代化程度

---

①   数据来源及横轴职业类型 1—11 同图 3.1.2 中 1—11，纵轴表示受教育年数，单位为：年。

的差异等方面，也是影响城乡家庭内部家务分工和时间配置的重要因素。

因此，以职业异质作为一个独特的视角，以此为切入点来比较城乡家庭内部的家务劳动分工和时间配置差异，不仅有利于我们拓展城乡福利差距的形成机制，也有利于我们更为准确而全面地把握城乡差别的实质性内涵。

第二节　城乡劳动力家务时间配置理论的一个发展：基于职业异质的一个视角

关于家庭内部家务分工和时间配置的理论研究，本书第二章已经进行了较为系统的梳理和评述，但在已有的研究成果中，均隐含了市场工作时间连续、无限可分并与家务时间和闲暇时间可以完全替代的假设，这显然与现实情形不符。由于市场工作的"时间约束"在不同的职业间存在较大的差异，尤其是在当前我国城乡劳动力市场分割、城乡劳动者职业分布结构不尽相同的情形下，从职业视角探讨劳动者家务时间配置问题具有尤为重要的现实意义。基于此，本书从异质职业视角，借鉴已有文献的思路并结合城镇家庭与农村家庭的特点，将家务时间配置理论根据市场工作时间弹性分为两种情形分别加以阐述。

一　市场工作时间完全无弹性的情形

一个典型的城镇双职工家庭，劳动者的市场工作时间有着严格的限定，上下班时间划分明确，社会性生产劳动集中于八小时工作时间之内，而只有在八小时工作时间之外才能够自由配置家务时间，也就是说对于从事家务劳动而言，市场工作时间具有刚性，或者说完全无弹性，市场工作时间与家务时间不具有可替代性，两者之间没有相互调剂的余地。

（一）基本模型

一个两人家庭模型很容易被推广到多人家庭，而且在当前中国社会中结婚就分家，以夫妻为核心加上未成年子女的"小家庭"是最为基本的家庭模式，因此我们仅考虑一个夫妻各自有着独立偏好的两人家庭，共同消费家庭生产产品，并假定双方的市场工作时间完全固定，则其直接效用函数可设为：

$$U^i = U^i(Z, t_l^i) \quad i = m, f \tag{3.2.1}$$

U 为直接效用函数，m 为丈夫或男性劳动者，f 为妻子或女性劳动者；t_l 为闲暇，Z 为最终可供家庭消费的家庭生产产品，它按家庭生产函数 Z 方式生产，我们设家庭生产函数为：

$$Z = Z(x, t_h^m, t_h^f; E) \tag{3.2.2}$$

上式中 t_h^m 和 t_h^f 分别为男性和女性劳动者在家庭生产中投入的家务时间，E 为代表家庭能力、人力资本、社会和自然状态以及其他影响家庭生产效率的因素（贝克尔，2005）；x 为家庭内部生产的投入品，由家庭收入按市场价格购买。为了简便起见，我们只考虑一期的情形，也就是假定家庭当期收入全部用于消费支出，没有储蓄也不存在金融借贷行为，则有：

$$p_x x = w^m t_{w0}^m + w^f t_{w0}^f + I \tag{3.2.3}$$

上式中，p_x 为市场商品 x 相应的价格向量，w^m 和 w^f 分别为夫妻双方各自的市场工作工资率，相应的市场工作时间分别固定为 t_{w0}^m 和 t_{w0}^f；I 为家庭非劳动收入，将家庭的非劳动收入作为夫妻共同收入处理，是因为家庭非劳动收入的组成较为复杂，难以对其具体的归属加以区分（齐良书，2005），而且非劳动收入对于家庭时间配置的影响也存在不确定性，其对夫妻双方的影响往往是双向的（Agarwal，1997）。在短期内，市场工资率、家庭非劳动收入和消费品的市场价格水平均可假定为常数，因此由式（3.2.3）决定的家庭市场商品购买量和结构也将保持不变。

个人可支配的时间总量无疑是有边界的，比如一天 24 小时，因此我们可设为 t，则按照 Gronau（1980）时间三分法，可以用下式表示：

$$t_w^i + t_h^i + t_l^i = t \quad i = m, f \tag{3.2.4}$$

因此，夫妻家务时间配置决策问题即是要在给定配偶家务时间的前提并在式（3.2.2）、式（3.2.3）和式（3.2.4）的约束下，最大化式（3.2.1）的目标函数值。显然，我们可以通过建立拉格朗日（Lagrange）函数得出效用最大化的一阶条件，即一个理性人内在最优的配置决策条件必然是：$RCS_{z,t_l^i}^i = \dfrac{MU_z^i}{MU_{t_l^i}^i} = Z'_{t_h^i} \quad i = m, f$；即商品和闲暇的边际替代率（$RCS_{z,t_l^i}^i$）等于其家务劳动的生产率（$Z'_{t_h^i}$）。为更加直观和简洁起见，我们以图 3.2.1 表示，图中纵轴表示商品，横轴代表时间，其中市场工作时间以 t 为原点，从右向左表示，闲暇以 0 点为原点从左向右表示。在无弹性假定下，市场工作时间固定为 $t t_w^i$，个人可支配时间总量为 $0t$；家务劳动时间则以 t_w^i 为原点从右向左表示；$U^i(Z, t_l^i)$ 代表商品—闲暇的无差异曲线，而家庭生产函数为 $Z(x,t_h^m,t_h^f;E)$ ，假定 $Z'_{t_h} > 0, Z''_{t_h} < 0$ ，也就是说疲劳和投入比例变动以及家庭生产内容的不同，致使它的边际生产率递减，形成一条下凹的曲线；在给定配偶家务劳动时间的前提下，$U^i(Z,t_l^i)$ 与 $Z(x,t_h^m,t_h^f;E)$ 相切于 K 点，亦即理性人内部决策的均衡点，由此确定了闲暇时间为 $0t_h^{i*}$ ，而家务劳动时间为 $t_w^i t_h^{i*}$ ，此时的家庭生产最优产出量为 Z^*（ $Z^* = Z(x,t_h^{m*},t_h^{f*};E)$ ）。

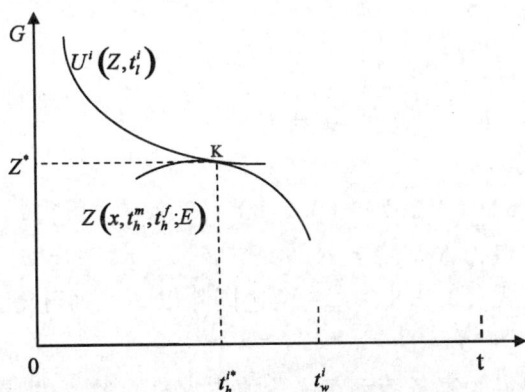

图 3.2.1 个人时间配置决策

由以上分析，我们可得出夫妻双方家务时间的配置决策：

$$t_h^i = F(RCS_{z,t_l}^i, Z'_{t_h}, I, p_x, t_h^k, t_l^i, E) \quad i = m,f; k = f,m; k \neq i \quad (3.2.5)$$

F 为函数表达式，从式（3.2.5）可以看出，决定夫妻双方家务时间配置的因素包括商品—闲暇的边际替代率 RCS_{z,t_l}^i、家务劳动生产率 Z'_{t_h}、家庭非劳动收入 I、市场商品的价格水平 p_x、配置投入的家务时间 t_h^k、闲暇 t_l^i 和其他家庭因素 E。在家庭效用最大化目标下，夫妻双方投入的家务时间不仅取决于家庭外部环境因素，比如市场商品价格水平等，同时也取决于个人及家庭特征和家庭内部成员间的协作，既有经济因素的影响也与包括性别平等意识、消费观念等社会心理在内的非经济因素有密切联系。

（二）家务劳动市场化

社会经济的发展，促进了家庭内部分工向社会化、产业化和组织化转移的趋势，特别是随着产业结构的调整，城市下岗职工再就业和农村劳动力大规模流向城市，在城市中逐步形成了以家政服务业为代表的劳务市场，使得城镇家庭家务外包成为可能。劳动力市场的性别平等有赖于两性间在家务劳动时间及类别方面更平等的安排，在当前大多数单位都采取劳动时间极度缺乏弹性的上班模式的前提下，这样的劳动安排很不利于"日常家务劳动"承担者（在当前仍然主要是女性）。如果在家务时间配置理论模型中增加一个可交易的家务劳动市场，那么城镇家庭内部生产的部分产品就可以通过劳务市场直接购买，我们可设家庭在市场上购买的家务劳动产品为 c，价格为 p_c，则家务时间配置模型可调整为：

$$\max_{c,z,t_l^i} \quad U^i(c,Z;t_l^i) \quad i = m,f \tag{3.2.6}$$

$$s.t \quad Z = Z(x,t_h^m,t_h^f;E) \tag{3.2.7}$$

$$p_c c + p_x x = w^m t_{w0}^m + w^f t_{w0}^f + I \tag{3.2.8}$$

$$t_w^i + t_h^i + t_l^i = t \tag{3.2.9}$$

由式（3.2.6）（3.2.7）（3.2.8）（3.2.9）可得，一个理性人内在的决策条件将调整为 $RCS_{z,t_l^i}^i = RCS_{c,z}^i = Z'_{t_h^i} = p_c \quad i = m,f$；如果将家庭总收入设为 S，在式（3.2.8）左右两边同除以 S，则可得：

$$S_c + S_x = S^m + S^f + S_I \tag{3.2.10}$$

S_c 是市场购买的家务劳动产品价值占家庭总收入的比重，S_x 为家庭内部生产消费品从市场上所购入的投入品价值占总收入比重，S^m 和 S^f 分别是丈夫与妻子的工资性收入占家庭总收入比例，S_I 为家庭非劳动收入占家庭总收入的比例。那么在市场工作时间固定和配偶投入的家务时间给定的前提下，夫妻双方各自的家务时间配置可用式（3.2.11）表示：

$$t_h^i = F(RCS_{c,z},RCS_{z,t_l^i},Z'_{t_h^i},p_j,S_j,I,t_h^k,t_l^i,E) \quad i = m,f; k = f,m; k \neq i;$$
$$j = c,x \tag{3.2.11}$$

从式（3.2.11）与式（3.2.5）的对比中我们可以看出，可交易的家务劳动市场的出现，为家务劳动提供了可以参照的重置成本，家务劳动产品的市场定价即为从事家务劳动的影子价格——机会成本。当然，夫妻双方投入于家庭内部生产的时间配置还取决于外购家务劳动产品占家庭总收入的比例 S_c 及家庭收入结构状况 S_I，显然家务劳动市场的发达程度和家庭消费观念对于双职工家庭家务时间的配置有着极为重要的影响。

（三）模型说明

关于上述分析，我们还需要着重强调以下几点：

1. 按照马斯洛的需求理论，人们的心理需求是有层次的，因此不同的家庭或个人有着不同的商品—闲暇的边际替代率，它主要取决于家庭或个人的收入水平，但同时也与人们的消费观念、价值观等意识理念相关，甚至受到周围邻居、亲戚、朋友示范效应的影响。

2. 家务劳动是由家庭成员间相互分工、相互协作进行的，尽管家庭内部不同成员的家庭生产效率不同，但在狭义的家务劳动范围内不存在由于劳动者的生物学特征差异而具有专属性，也就是说家务劳动在成年劳动者之间有着良好的可替代性。因此，在家庭内部生产过程中，夫妻双方可以根据配偶的市场工作状况进行灵活调整，为了简便起见，我们在此处是以给定配偶家务时间投入为前提的，因而夫妻个人的家务时间配置决策在程序上类似于古诺博弈的情形。

3. 尽管根据贝克尔（2005）的观点，在市场上以利己交易为主，而在家庭内部各成员间则以利他主义为主，但是家务劳动分工中我们的分析仍采用利己性假设，更进一步的则是理性人假设。虽然在家庭内部家务分工的基本精神是合作而非竞争，家庭也不对家务劳动直接支付报酬，但是效率优先的原则同样是适用的，这不仅是实现家庭效用和婚姻经济剩余最大化目标的需要，而且即使在市场工作时间刚性的条件下，劳动者从事家务劳动的机会成本无法用市场工资作为影子价格，但一旦我们引入可交易的家务劳动市场，雇佣工资率同样可以成为较为合适的参照标准。因此，在一定的市场环境下，从事家庭内部生产活动的理性人假设仍不失其合理性。

二　市场工作时间完全弹性的情形

本章第一节中，从职业异质的视角，我们已经详尽地比较了城镇家庭与农村家庭在市场工作方面的差别，尤其是对于传统的农村家庭来说，因其生产劳动和家务劳动在工作场所上的重合性、生产组织管理上的高度自主性而使其市场工作时间更富有弹性，从而在配置家务时间方面更为灵活。

考虑这样一种家庭结构，家庭中的主要劳动力（一般是丈夫）从事具有完全弹性的市场工作，获取家庭的几乎全部经济收入，但甚少从事日常家务。与此相反，妻子则是家务劳动中的主要生产者，在市场性工作中开展一些辅助性的协作，由于家庭收入掌握在丈夫手中，因此，妻子在经济中处于依附性的地位。这种类型的家庭结构普遍地存在于传统农民社会之中，具有相当的典型性，表 3.2.1 和表 3.2.2 是弗兰克（2006）根据各种早期的案例整理出来的家庭分工模式：

表 3.2.1 家庭中的家务分工

资料来源	调查地区	每日家务工作时间（小时）	
		女性	男性
Hanger（1973）	乌干达	6.15	0.43
McSweeney（1979）	上沃尔达	7.19	0.46
Evenson et al.（1979）	菲律宾	6.33	1.70
Achary & Bennett（1982）	尼泊尔	6.68	1.29
Cain et al.（1979）	孟加拉国	5.10	0.22
Hart（1980）	爪哇	5.65	1.35

表 3.2.2 家庭中的市场工作分工

资料来源	调查地区	每日挣钱劳动时间（小时）	
		女性	男性
Evenson et al.（1979）	菲律宾	2.33	7.44
Cain et al.（1979）	孟加拉国	1.61	7.04
Hart（1980）	爪哇	3.20	10.32

表 3.2.1 和表 3.2.2 所列的家庭分工模式似乎有些"极端"，而且市场工作时间具有完全弹性的假定在现实中也未必完全能够成立，但在理论分析中仍不失其典型意义。在传统的农民社会中，特别是在生产力极为落后、家庭收入处于勉强维生境地的家庭中，这种分工模式也许是其唯一的理性选择。因此，家庭内部的这种分工模式对于解析当前我国农村地区，特别是对于极端贫困农村家庭的时间配置决策来说，仍具有一定的参考价值。

（一）基本模型

首先作为家庭中的主要劳动力（以丈夫为例），其市场工作时间所获得的工资性收入和非劳动收入构成家庭的总收入，同时假定他的市场工作时间具有完全的弹性，则可设其效用函数及约束条件为：

$$U^m = U^m(Z, t_l^m) \tag{3.2.12}$$

$$s.t \quad Z = Z(x, t_h^m, t_h^f; E) \tag{3.2.13}$$

$$p_x x = w^m t_w^m + I \tag{3.2.14}$$

$$t_w^m + t_h^m + t_l^m = t \tag{3.2.15}$$

上式中的所有变量含义与前述市场工作时间完全无弹性情形模型完全相同，因此由效用函数及约束条件，即式（3.2.12）（3.2.13）（3.2.14）（3.2.15）可得丈夫时间配置的理性决策为：

$$RCS_{z,t_l^m} = \frac{MU_z^m}{MU_{t_l^m}^m} = Z'_{t_h^m} = w_m \qquad (3.2.16)$$

式（3.2.16）表明，作为从事市场工作并取得几乎全部家庭经济收入的主要劳动力，丈夫家务时间的配置必然按照"商品—闲暇的边际替代率等于家务劳动的边际生产率，同时也等于其时间的影子价格—工资率"的规则[1]来进行决策，可用图 3.2.2 表示：

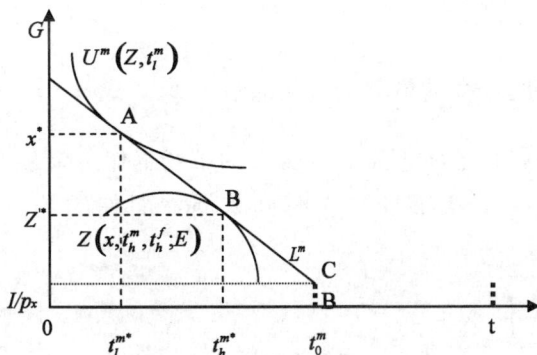

图 3.2.2　丈夫时间配置决策

在图 3.2.2 中，横轴表示时间，丈夫个人可支配时间总量为 $0t$，闲暇和家务劳动时间以 0 为原点，从左向右表示，而市场工作时间则以 t_0^m 为原点，从右向左表示，纵轴代表商品。L^m 表示丈夫的市场劳动供给线，它与效用函数 $U^m(Z,t_l^m)$ 相切于 A 点，我们可得到均衡的闲暇时间为 $0t_l^{m*}$，市场工作时间为 $t_0^m t_l^{m*}$，家庭可购买的商品量为 x^*；市场劳动供给线 L^m 与家务劳动生产线 $Z(x,t_h^m,t_h^f;E)$ 相切于 B 点，决定了家务劳动时间为 $0t_h^{m*}$，对应的家庭生产产品为 Z'^*，$Z'^* < x^*$，表明直接提供效用的商品其数量比消费的物品要少得多（贝克尔，2005）；同时在横轴上令 $0t_h^{m*} =$

---

[1]　市场工作的工资率，是劳动者从事家务劳动的机会成本，因此，在计算实际工资率时，不仅应该考虑通货膨胀因素，而且还应该包括通勤时间成本（即上下班时间成本）。当然，通勤时间可能内生于家务劳动，也就是说劳动者市场工作的选择，有可能是为了兼顾家务劳动而将通勤时间的长短作为一个重要的考虑因素。

$t_0^m t$ ，这样在整个可支配时间 $0t$ 内，我们把时间分配为闲暇 $0t_l^{m*}$ 、家务劳动时间 $t_0^m t$ 和市场工作时间 $t_0^m t_l^{m*}$ 三部分，另外 C 点表示不从事市场工作时的情形，此时家庭可购买的市场商品数量为 $\frac{I}{p_x}$ 。

与丈夫相比，妻子则较少从事市场工作（此处忽略不计），因此其在经济上完全依附于丈夫，妻子的时间配置将按 $\frac{MU_z^f}{MU_{t_l}^f} = Z'_{t_h}$ 规则进行决策，也就是说她从事家务劳动的机会成本仅是牺牲闲暇时间的效用，显然其在家庭中将承担更多的家务活动。

（二）生存约束

假定维持家庭生存的最低消费商品量为 x_0 ，若 $x_0 > \frac{I}{p_x}$ ，则该家庭将面临生存约束问题，这将直接影响丈夫的市场工作劳动供给和商品—闲暇无差异曲线的斜率。从市场工作时间来看，面临的约束条件可用下式表示：

$$x = \frac{(w^m t_w^m + I)}{p_x \geq x_0} \tag{3.2.17}$$

由式（3.2.17），可以推出丈夫的市场工作时间底线为 $\frac{(x_0 p_x - I)}{w^m}$ ，其市场劳动供给曲线将如图 3.1.4 - c 中的 EHJ 弯折，而其家务劳动时间和闲暇则将被更大程度地压缩，同时也将间接地影响妻子的时间配置决策，更加加重她的家务劳动负担。

综合以上分析，可以得出在市场工作具有完全弹性的前提下，丈夫和妻子的家务劳动时间配置决策可表示为：

$$t_h^i = F(RCS_{z,tj}^i, Z'_{t_h}, w^m, p_x, t_h^k, t_l^i, I, E) \quad i = m,f; \; k = f,m; \; k \neq i$$

$$\tag{3.2.18}$$

与式（3.2.11）相比较，式（3.2.18）中家庭主要劳动力的市场回报率 w^m 进入了函数之中，在市场工作时间灵活的条件下，w^m 的变动不仅会改变劳动者市场工作时间的投入水平，而且在威胁到家庭生存时，由于市场工作时间的变形而在严重地压缩家务时间配置，甚至对于较少参与市场工作的配偶来说，也将加大家务负担的压力，从事更多的时间密集型家务活动，以最大限度地替代市场投入品的购买，缓解生存压力。

三 城乡劳动力家务时间配置模型

尽管城镇劳动者市场工作时间缺乏弹性和农村劳动者农业生产活动的灵活性是两者基于职业特征的主要差别，但同时我们还应该注意到城镇职工的休假制度和农村劳动力生产经营活动的季节性对于其家务时间配置的影响问题。此外，以市场工作时间完全无弹性和完全弹性来分别模拟职业对城镇和农村劳动力家务时间配置的影响，可以说是一种较为"极端"的情形，在现实生活中，城镇和农村劳动力除了主要的正式工作之外可能还会从事第二职业，尤其是伴随着大规模的农村劳动力流向城市，职业对城乡劳动力家务时间配置所产生的效应差异也并非是绝对化的，在城乡一体化发展的趋势之下，从长期来看两者相互融合是一个客观的必然趋势。

当然，在当前的经济社会背景下，城乡差别通过异质性职业特征对劳动者家务时间配置所产生的影响还是相当明显的。出于比较的目的，并在模型中加入职业因素，我们可以把式（3.2.11）和（3.2.18）综合为统一的城乡劳动力家务时间配置模型：

$$t_{qh}^i = F^q(RCS_{c,z}, RCS_{z,t_j^i}, Z'_{t_h^i}, w^i, p_j, S_j, I, t_h^k, t_l^i, E) \quad i = m, f; k = f, m;$$
$$k \neq i; j = c, x \tag{3.2.19}$$

式（3.2.19）中其他变量的含义同前，q 则代表不同的职业类型，也就是说具有不同个人特征、家庭特征的城乡劳动者，其家务时间的配置决策因职业的不同而不同。

第三节 城乡劳动力家务时间配置的影响因素

家庭家务分工和时间配置决策，不仅取决于家庭内部各成员禀赋的分布状况，而且也受到家庭外部环境的影响；虽然经济性因素在其中发挥着主导作用，其他诸如性别意识、消费观念、价值观念等非经济性因素也有着十分重要的影响；不仅如此，各因素之间还紧密相关，它们相互联系、相互制约，共同支配着家庭内部的分工决策。具体而言，影响我国城乡劳动力家务时间配置的因素主要包括以下几个方面：

1. 职业

不同性质的职业至少在以下三方面影响着家庭劳动力家务时间的配置：

一是职业决定了家庭及个人的收入水平。在当前我国城乡劳动力市场分割的背景下，城乡劳动力的非农职业的就业机会，特别是在城市政府部门、国有企业等正规部门中就业的机会并不均等，职业歧视和行业准入依然有着较为严格的限制。而不同的职业嵌套于不同的行业之中，行业间的收入差别是当前影响人们工资性收入的重要因素，此外，社会福利、失业保障和健康医疗保险等非劳动收入也与职业、户籍紧密相关，因而职业差别是造成城乡家庭及个人显性和隐性收入差别的重要因素，甚至直接决定了劳动者的社会地位。收入的差别不仅决定着人们的消费需求层次，消费观念和市场购买能力，同时职业的收入水平也是家庭及其成员从事家务劳动机会成本的主要参考，特别是在家庭内部不同的职业和与职业相关的收入水平在事实上决定着家庭各成员对于家庭资源的支配能力和家庭内部决策的"谈判能力"，因此，无论是从资源最优配置还是从谈判博弈的角度，职业及与其相关的收入无疑是决定家庭家务劳动分工和家务时间配置的重要因素之一。

二是不同职业间的工作时间弹性有着较大的差别。家务劳动是在完成其他重要工作之外的家庭内部生产活动，具有较大的灵活性和自主性，对于维持家庭和社会再生产有着极为重要的意义。因此，从决策地位上来说，外部市场工作要优先于家务分工和家务时间的配置，但不同的职业其工作时间在弹性上有着较大的差别，尤其对于非农职业和农业生产劳动来说，前者在工作纪律、劳动组织和劳动管理方面通常较为严格、规范，在八小时工作时间内灵活调整的余地较小，而后者具有自我管理、自我计划和自我实施的特点，特别是在家庭联产承包责任制下，农业生产者享有完全的自主权，生产活动除了部分地受制于气候条件外，基本上没有八小时工作的刚性约束，生产活动的连续性和工作时间的弹性较大，拥有更大的调整空间而更富灵活性。此外，在劳动场所方面，农业生产活动与家务劳动某种程度上的同一性，也使得农业劳动者得以兼顾或者转换家务劳动更为便利。

三是职业客观上造成了不同受教育程度的劳动者的集聚。这一方面是由于职业对于劳动者受教育程度有着不同的要求，另一方面则是由于城乡差别所形成的就业机会和行业准入，使得仅有少部分高学历的农村劳动者才能真正融入城市。教育不仅与收入相关，更与性别平等、消费意识等有着极为密切的联系，而这些意识观念显然将在某种程度上影响家庭内部的资源配置和分工决策。此外，教育对家务劳动分工和时间配置的影响还体现在由不同教育水平的劳动者所形成的"阶层"或"团体"的示范效应方面。

2. 家务劳动生产率

家庭作为一种制度安排，通过家庭成员的联合劳动和有效分工，以产生尽可能多的合作剩余，维持社会再生产和家庭日常运营。家务劳动分工是社会分工在封闭的家庭单元内的延伸，家庭生产同样可以通过组织各成员间的协作而提升家务劳动的效率。根据比较优势理论，在市场工作中更具相对优势的家庭成员将时间和精力更多地配置于市场工作，可以提高家庭总的市场收入水平，而在家庭内部生产中更具相对优势的家庭成员将时间和精力更多地配置于家务劳动之中，则可以最大限度地节约家庭生产成本，保证家庭生产的高效率。因此，依据家庭各成员在家务劳动中的生产率进行分工决策，是家庭内部决策的一项重要原则。而且随着这种分工的专业化，反过来将进一步扩大家庭各成员的相对优势，也就是说家庭成员将时间和精力集中于市场工作更有助于提高市场工作效率，从而在市场工作中更具有竞争力，而另一方面，更多地承担家务劳动的家庭成员也将随着经验的积累和劳动熟练程度的提高而提升家务劳动的生产效率，从而使家庭形成更大的合作剩余。

从社会学的角度来看，在婚姻家庭中，夫妻会考虑婚姻的成本及从婚姻中获取的收益。家庭在某种意义上来说也是一个资源交换的场所，只不过这种交换既包括了金钱物质上的交换，也同样包括了情感和心灵上的非物质性资源的交换。现实中的男女有的偏重前者，有的更看重后者。人是理性的动物，而社会生活是要求互惠关系的，人们在面临抉择的时候往往会选择建立在要得到最大的奖赏和最少的代价之下的决定，以此来取得最大的利润和最好的结果。在家庭中，需要通过家庭成员共同投入共同经营，彼此分享家庭收益，获得对方经济上的供养及情感方面的爱与呵护。家庭成员应当共同投资于家庭，以获取投资的收益以分享，这样才有利于实现家庭收益的最大化，增进家庭幸福。家务劳动是对婚姻非物质性的投资，对该投资除了精神与情感方面的回报，尚需要换取其投资应得的经济收益，此种收益是通过家务劳动换取非家务劳动方的社会劳动价值实现的。因此，只有在家庭内部建立合理的家务劳动"成本—收益"分享和补偿机制，按照家庭成员从事家务劳动的效率原则进行分工合作，才是取得家庭收益最大化的理性选择。

3. 市场商品（服务）及价格

市场商品是家庭生产的投入品和替代品，因此随着市场商品供给及其价格的调整，也将直接或间接地影响家庭的消费选择，改变家务劳动时间的投入。特别是在劳动密集型商品和时间密集型商品之间的选择上，当某种市场商品的价格大幅度上升时，人们将更多地选择时间密集型商品，通过耗费自己更多的时间投入以降低生活成本。反之，随着商品价格的下调，人们将会选择更多的劳动密集型商品进行消费，以此减少家务劳动中的时间投入，追求闲暇。此外，对于面临生存压力的家庭而言，市场商品（服务）及价格的变动将极大地改变其市场劳动供给水平，特别是当市场商品价格上涨时，受到生存压力威胁的家庭将被迫大幅压缩家务时间。

4. 家务劳动的社会化和现代化程度

家务劳动的社会化和现代化，其本质是将家庭内部的家务分工拓展到整个社会分工中去，从而将人们从繁重的家务劳动中解放出来。这一方面取决于家务劳动市场如家政市场的发达程度、雇佣成本高低和消费观念等因素，另一方面则更多地受制于家庭的收入状况和需求强度。另外，家用电器的日益普及在减轻人们家务负担方面也同样发挥着重要作用，特别是在降低家务劳动的强度方面效果更好，更加智能化的家用电器将是今后适应市场需求的发展方向。家务劳动的社会化和现代化不仅是经济发展下人们渴望从家务劳动中解放出来的客观需要和必然选择，同时反过来将家务劳动和社会分工、电器需求相结合，也可以创造更多的就业岗位，拉动有效需求，促进经济增长。

5. 家庭非劳动收入[①]

家庭非劳动收入与工资性收入共同构成家庭的预算约束，但是非劳动收入的形式并非单一的货币资金，也可能是实物性收入。首先，从来源上来看，家庭非劳动收入可能来自于与职业相关的单位福利，比如工作单位发放的食品、消费券等；也可能来自于社会福利保障制度，比如政府部门发放的独生子女补贴、物价补贴、低保收入等；也可能是亲戚、朋友赠送的礼物等。特别是在金融市场不发达的农村地区，这种互助性金融活动对于贫困家庭渡过难关具有十分重要的意义。家庭非劳动收入的来源渠道多

---

① 关于非劳动收入对家庭时间配置的影响可参见附录。

样，但并不意味着在城乡家庭间分布具有平衡性，特别是来自于单位和社会的福利部分，农村家庭很少能够享受得到，即使对于在城市工作的农村移民来说，这部分福利往往也要打上一定的折扣。

其次，从结构上来看，家庭非劳动收入由归属于家庭和归属于个人的非劳动收入两部分组成，但是实际中家庭非劳动收入在此两者间的归属往往比较模糊，难以做出明确区分。

最后，家庭非劳动收入在影响家庭内部分工和家务劳动时间配置中的作用机制与工资性收入不同，有其特殊性，主要体现在以下几个方面：一是家庭非劳动收入不需要占用时间，不存在挤占家务劳动时间的问题，而市场工作时间显然和家务劳动时间是相替代的。因此，家庭非劳动收入的提高有助于家庭增强购买时间密集型或者劳动密集型商品的购买能力，从而减少家务劳动时间配置（胡军辉，2011）；二是与家庭非劳动收入的结构相对应的，不同归属的非劳动收入对于家庭内部分工及其成员家务时间配置的影响是有区别的，具体来说，归属于家庭的非劳动收入在总体上有利于家庭减少配置家务劳动时间，而归属于个人的非劳动收入则有利于该家庭成员减少在家庭生产中的时间投入，因此非劳动收入水平的提高有助于其改善在家庭资源配置中的地位，提升其在家庭内部的"谈判能力"或"议价能力"，从而相对地增加了家庭其他成员的家务劳动负担；三是家庭非劳动收入对于家务劳动时间配置的影响在不同家庭间，尤其是在收入差距较大的城乡家庭间的效应是不同的，其原因在于不同收入水平的家庭消费观念和消费模式不同，因而有着不同的边际商品—闲暇替代率，随着家庭非劳动收入水平的提高，不同的家庭对于商品的偏好特别是时间密集型商品和劳动密集型商品的偏好不同，从而家庭对于家务时间配置的调整也有所差别。

6. 家庭规模和结构

家务劳动是为了满足家庭维持和社会再生产需要而在家庭内部开展的生产性活动（兼具消费功能），因此家庭规模及其结构显然将影响家庭家务劳动时间的配置决策，因为家庭规模及其结构决定了家庭内部生产的范围和强度。

家庭规模一般用家庭人口总数来衡量，在通常情况下，为了满足生存和发展的需要，家庭人口数的增加往往会引起家务劳动需求量的上升，比如更多的住房空间打扫、更多的食物准备、更多的衣物清洗等。但家庭规模的扩大却并不意味着家务劳动时间边际投入的上升，这是因为和企业生产一样，家庭劳动也存在规模经济效应，当然这种规模经济效应也同样是以一定的生产性边界为限的，而且只有家庭成员居住在一起才能充分发挥这种规模经济效应。在当前我国的城乡家庭中，城镇和农村家庭的居住模式也并不完全相同，在城市中的已婚家庭通常与其他家庭成员同城但分开居住，而在农村地区的已婚家庭则通常与其他家庭成员特别是父母共同居住，即使分开居住也相距不远，因此，相对而言农村家庭更有利于发挥家务劳动的规模经济效应。然而，随着大规模农村劳动力流向城市，农村家庭传统的居住模式也正发生着剧烈的变化，青壮年劳动力离开家乡异地就业，未成年儿童和老人留守家庭，家庭各成员的家务劳动时间和劳动负担不得不将重新进行配置。

家庭结构同样也是影响家务劳动分工和家务时间配置的一个重要因素，特别是非劳动人口占家庭的比例，对于家庭家务劳动的内容和成员间的分工有十分重要的影响。在家庭结构中特别要考虑到两个特殊的群体：儿童与老人。不同年龄阶段的儿童对于家庭内部生产的要求是不同的，比如哺乳期、婴幼儿期和学龄前儿童可能更多地需要生活照料、玩耍陪伴、家庭教育等，而青少年期的子女则可能会大大减轻家庭家务的压力，甚至还可能部分地替代家长从事力所能及的家务活动，替代的范围和程度可能与孩子的性别有关。家庭中的老人可能会由于身体健康等原因而需要照料，加重家庭的家务负担，但老人也有可能从事以照顾未成年子女、房间打扫、准备食物等形式的家务劳动，从而大大减轻家庭其他成员的家务负担，当然减轻的程度和替代的内容与老人的性别也是相关的。

7. 社会公共政策

社会福利和公共政策不仅直接影响劳动者的市场工作时间配置，进而间接影响其投入家庭内部生产的时间，而且部分社会福利项目对家务劳动活动将产生直接的效应。当失业保险、最低生活保障、基本医疗服务、退休和养老工资缺失的条件下，意味着劳动者只能通过自己在劳动年龄期间的收入积累实施自我保险，因此社会保障程度不同的城乡家庭其市场工作的供给曲线不同，甚至当正常的劳动收入无法满足家庭生存的需求时，劳动供给曲线会出现向右下方弯折的现象，直接压缩家务劳动时间和闲暇。另一方面，政府和有关公共部门在生活基础设施方面的投入差异，比如水、电、煤气等设施的完善程度也将直接关系到家庭日常生活的便利性，比如当前我国相对落后和偏远的农村家庭由于生活基本设施的不完善而需要花费大量的时间来承担担水、砍柴等家务活动，就能够有力地证明社会公共支出对于家庭家务时间配置的重要性。

8. 消费观念和偏好、传统文化、家庭外部环境和其他

消费观念和偏好不仅决定着家庭内部生产的范围和质量要求，同时也决定了家庭及个人的边际商品—闲暇替代率的大小。按照家务劳动的效率原则，边际商品—闲暇替代率是决定家务分工和家务劳动时间配置的边界，因此，消费观念和偏好在深度和广度两方面直接影响家务劳动时间配置的决策和家庭成员间的家务分工。

影响家庭内部分工和家务时间配置还包括许多其他的非经济因素，比如家庭成员的性别平等意识、对婚姻的预期、历史的和地区性的传统文化、所在社区或邻居的示范性影响等。

综上所述，家务劳动作为家庭内部满足各家庭成员生存和发展需要、具有维持家庭和社会再生产重要功能的生产性（兼具消费功能）活动，影响其内部分工和家务时间配置的因素众多，既有经济性因素也有非经济性的因素，各因素之间相互影响、相互制约，作用机制也极为复杂，特别是一些非经济因素存在度量上的困难，严重地制约了家务劳动实证研究的深入。尽管如此，家务劳动研究还是应该将更多的注意力放在经济分析方面，毕竟经济因素是决定人们行为决策的最现实和最具实质性的基础，尤其是在较短期的研究中，因为大多数非经济性因素不太可能在短时间内发生根本性的变化。

无论是影响家务分工和家务时间配置的经济因素还是非经济因素，在当前我国的城乡家庭间都存在相当明显的差异，那么，职业是否显著地影响了我国城乡劳动力的家务时间配置决策？这种影响效应在城乡之间、男女劳动者之间存在怎样的异同？随着时间的推移和经济社会的发展，我国城乡劳动力的家务时间配置发生了怎样的动态变化？对于这些问题的答案，有待于下一步的实证研究来加以揭示。

第四节　本章小结

在当前我国城乡家庭间仍然存在收入、福利和社会保障的巨大差距，二元性经济和社会结构特征依然明显的背景之下，城乡差距是准确理解和

把握城乡家庭内部分工和家务时间配置的基础和根本出发点。即使是在农村劳动力大规模流向城市、从事非农劳动的背景之下，城乡差距也主要集中体现于农村移民的职业歧视和行业准入之上，而且目前我国的收入及社会福利制度基本上仍以工作单位为依托，因此异质职业可以作为全面剖析城乡差别的一个理想视角。

家庭是社会中最为基本的组成单位，一个有效率的家庭必然按照家庭效用最大化的原则进行内部分工和协作。按照古诺时间三分法，个人可支配时间可分为市场工作时间、家务劳动时间和闲暇，因此，家庭及其成员的职业对于家务劳动分工和家务时间配置起着至关重要的作用，因为与职业相关的收入和教育是影响家庭内部决策的最重要因素，市场工作时间不仅直接挤占家务劳动时间而且其灵活性还将对家务劳动产生扰动。

从市场工作时间的弹性角度入手，结合当前我国城乡劳动力的不同职业特点，对家务劳动时间配置模型进行重新解读，是对家庭内部决策理论的一个重要发展。在市场工作时间完全无弹性的情形之下，家庭成员的家务时间配置主要取决于边际商品—闲暇替代率、家务劳动生产率、配偶投入的家务时间及家庭状况等因素，如果考虑家务劳动市场化的条件，则家务时间配置的影响因素中还将包括家庭外购商品和服务的比重；在市场工作时间完全弹性条件下，影响家庭各成员家务时间配置的因素主要是边际商品—闲暇替代率、家务劳动生产率、市场工资率和家庭状况，对于处于极端贫困的家庭而言，则影响其家务时间配置的因素还将包括家庭非劳动收入和维持生存所需的商品量。因此，本章对家务时间配置决策的理论贡献主要体现在以下三个方面：一是强调了市场工作对家务劳动的约束性，将职业异质性纳入理论模型突出了职业对劳动者家务时间配置决策的重要作用；二是纳入家务劳动市场化模型化了城市劳动者的家务时间配置决策，而纳入生存约束又模型化了低收入者尤其是农村贫困家庭劳动者的家务时间配置决策，增强了理论模型对现实情形的解释力；三是统一解读了劳动者家务时间配置决策的影响因素，为计量实证研究提供了理论支持。

综合而言，影响家庭内部分工和家务劳动时间配置的因素是复杂而多样的，其中既有经济性因素，也有许多非经济性因素，而且诸因素之间又相互影响、相互制约。在众多因素中，职业（包括与职业相关的收入、工作时间弹性和教育）、家务劳动生产率、市场商品和价格、家务劳动市场化和现代化程度、家庭非劳动收入、家庭规模和结构、社会公共政策以及消费观念和偏好、传统文化、家庭外部环境等因素是直接或间接决定家庭内部分工和家务时间配置的关键因素，特别是造成当前我国城乡家庭的家务分工和时间配置的绝大部分差异，可以由这些因素来加以解释。当然这些因素对于家务分工和时间配置的具体效应，还需要通过实证研究来揭示。

第四章

职业对城乡劳动力家务
时间配置的影响

第一节 概 述

一 实证研究目标

二元经济结构下的劳动力市场分割造成了城乡劳动力就业机会的不均等，而与职业相联系的工作时间弹性、收入和劳动者受教育程度是影响家庭内部分工和家务时间配置的重要因素。本书第三章已经从市场工作时间弹性角度，从理论上分析了异质职业对于城乡劳动力家务时间配置的影响机制，并在此基础上较为全面地归纳了影响当前我国城乡劳动力家务时间配置的主要因素。当然更进一步的，职业对城乡劳动力家务时间配置的影响效应（方向和程度）则有待于经验证据来加以揭示。因此，本章实证研究的目的主要是回答以下两个方面的问题：

1. 职业是否显著地影响了城乡家庭劳动力的家务时间配置？

2. 职业的收入、工作时间弹性及教育对城乡劳动力家务时间的配置决策分别产生了怎样的效应？该效应在城乡之间存在怎样的差异？

围绕上述两个问题，下面给出一系列可供检验的假设。假设可分为三个层次：一是在性别分工基础上的城乡劳动力平均家务时间配置因为职业的变化而变化的假设（A）；二是城乡劳动力特征在家庭内部分工和家务时间配置中的作用随着职业的变化而变化，或者说职业对劳动者特征的影响效应进行结构性调整的假设（B）；三是上述效应在城乡家庭间比较的假设（C）。具体来说：

（1）A 类假设

假设 A1：异质职业导致城乡劳动者平均家务时间配置产生了显著差异。

该假设是本章进行其他实证研究的必要条件。

假设 A2：劳动者的职业收入与其投入的平均家务时间负相关。

职业收入不仅提高了劳动者购买闲暇等正常品的能力，而且也为替代家务劳动创造了条件，比如通过市场雇佣服务和购买时间密集型商品等，同时职业收入越高也意味着提高了劳动者从事家务劳动的机会成本。

假设 A3：职业工作时间弹性越大的劳动者家务时间的投入也更多。

从事工作时间灵活的职业，放松了劳动者从事家务劳动的时间约束，当然，兼顾家务劳动可能也正是劳动者选择工作时间相对灵活的职业的原因之一。

假设 A4：从事学历要求越高的职业，男性劳动者将增加投入家务劳动时间，女性劳动者却将减少家务劳动时间，两者作用方向相反。

家庭内部普遍存在家务劳动性别分工不平等的现象，大部分家务劳动通常由女性劳动者来承担，而教育的作用不仅有助于劳动者提高家务劳动的生产效率，更能够增强劳动者的性别平等意识，因此，受教育程度的提高有利于促进家庭内部生产的性别分工更趋于平等化。

（2）B 类假设

假设 B1：女性劳动者对家庭收入的贡献越大越有利于减轻其家务劳动负担，但职业的工作时间弹性越大却会削弱此效应。

按照博弈论的观点，个人收入在家庭总收入中所占的比重越大，越有利于提高其在家庭资源配置和分工中的谈判地位和议价能力，改善家务分工中的不利境况，但职业的工作时间弹性越大能够使其更有条件承担更多的家务活动，因为毕竟家务劳动是在从事所有重要的工作之后进行的，从而弱化了家务时间配置中的收入效应。

假设 B2：女性劳动者对家庭收入的贡献越大越有利于减轻其家务劳动负担，受教育程度的提高更会强化此效应。

正如前面所提到的，教育不仅有助于提高家务劳动的生产效率，而且也使得妇女更加强化家庭地位的平等意识，因而女性劳动者受教育程度越高对于减轻其家务负担具有强化作用。

假设 B3：女性劳动者的闲暇时间未必与其从事家务劳动相冲突，而职业收入水平的提高将使其减少投入家务时间。

市场工作时间的灵活性、雇佣服务和时间密集型商品购买力的提高均能有效地协调闲暇与家务劳动的冲突，而收入水平的提高显然更能增强其购买力，同时也推高了其商品—闲暇的边际替代率。

（3）C类假设

假设C1：职业差别对于平均家务时间配置的影响程度，城镇家庭要大于农村家庭。

在工作性质、劳动纪律和工作场所等方面，总体上城镇家庭的劳动者比农村家庭的劳动者从事家务劳动受到的约束更大，因此，由职业调整而改善这种约束性的余地也越大。

假设C2：女性劳动者对家庭的收入贡献越大越有利于减轻其家务劳动负担，职业的工作时间弹性越大却会减弱此效应，减弱的程度在城镇家庭中比在农村家庭中更明显。

工作时间越灵活的职业，通常其收入水平也较低。由于农村男女劳动者在市场回报中的差距比城镇男女劳动者更大，从而导致家务分工在农村家庭中更为不平衡，在有效分工的模式中，农村妇女承担着更大的家务责任。

假设C3：女性劳动者的闲暇时间未必与其家务劳动相冲突，而职业收入水平的提高将使其减少投入家务时间，此效应在城镇家庭中更为显著。

城镇女性劳动者的商品—闲暇边际替代率高于农村妇女，而且城镇中的家务劳动社会化和现代化程度更高，收入的提高更有利于城镇女性劳动者减少家务时间的投入。

上述假设是我们借鉴已有文献成果并结合经验判断所作出的，假设能否成立不仅需要权威调查数据的支持，同时也有赖于恰当的计量工具和方法进行拟合和估算。

二　数据来源

本书使用的数据来源于由美国北卡罗来纳大学教堂山校区的罗莱纳州人口中心（the Carolina Population Center at the University of North Carolina at Chapel Hill）和中国疾病控制和预防中心的国家营养和食品安全所（the National Institute of Nutrition and Food Safety, and the Chinese Center for Disease Control and Prevention）共同主持的中国健康与营养调查（China

Health and Nutrition Survey，CHNS)①，所有数据资料均从 CHNS 官方网站下载获取，并根据本书研究的需要进行了必要的整理。CHNS 调查数据集是一个面板数据，现有的数据包括了 1989、1991、1993、1997、2000、2004、2006 和 2009 等年份。调查范围涵盖了中国 9 个省、自治区②的城镇和农村地区，有近 8000 个成人和儿童样本，具有相当的权威性和代表性，为研究中国城乡家庭问题提供了良好的微观数据支持。

除了中国城乡居民的健康与营养、膳食结构等信息外，CHNS 数据集同时也提供了成人和儿童的人口学特征、职业、收入、时间配置以及家庭层次的生产、收入、消费等详细信息，因此该数据集同样可以用来研究家庭和个人时间配置问题。根据本章研究的需要，我们选取了 CHNS 数据集中最新的 2009 年的横截面数据，由于中国目前的男性退休年龄通常为 60 周岁，因此我们以其中的 18 周岁以上 60 周岁以下的成年城乡劳动力作为研究对象，共得到 1259 个城镇女性、1506 个农村女性、909 个城镇男性和 1329 个农村男性样本，其中城镇与农村的划分，我们是以户籍为依据的，毕竟城乡差别大部分与此相关。

三　计量工具和方法

在研究职业对城乡劳动力家务分工和时间配置的影响及其效应时，我们采用了多层线性模型（Hierarchical liner model，HLM）方法，该方法是 20 世纪 80 年代以来社会科学研究方法中的一项重大突破，但在经济学研究中的应用目前仍处于探索阶段。多层模型（multilevel models），也称为多层线性模型（hierarchical linear model）、随机效应模型（random-effect model）、随机系数模型（random coefficient model）、方差成分模型（variance component model）、混合效应模型（mixed-effects model）和经验贝叶斯模型（empirical Bayes model）等，是已经被广泛应用于心理学、教育学、人口学和社会学等社会科学，以及医学和公共卫生研究等多个领域的统计科学，是自 1980 年以来在社会科学定量分析方法论中的一项重要进展，特别是在分级结构数据分析中有着极为重要的应用价值。

所谓分级（或称为分层）结构是指较低层次的单位嵌套（nested）于

---

① 中国健康与营养调查官方网址：http：//www. cpc. unc. edu/china。

② 9 个省、自治区分别为辽宁、山东、江苏、广西、黑龙江、河南、湖南、湖北和贵州。

较高层次的单位之中，特别是在社会科学研究中，大量的数据具有这种嵌套结构，比如，个人嵌套于家庭，职业嵌套于行业等。由此，人们个体的行为不仅受其本身特征的影响，还会受到其所处社会环境的影响（王济川等，2008），也就是说个体的行为决策是个体特征和社会环境因素共同作用的结果。

对于城乡劳动力的时间配置决策而言，它不仅受到个体特征如年龄、性别、收入和受教育程度等因素的影响，同时也与其所处的社会环境比如家庭、职业、地域等因素相关，而且在呈多层结构的调查数据信息中，通常都会存在组内观察相关（within-group observation dependence）问题，即在同一组内的个体，较不同组的个体而言，在观念、行为等很多方面更为接近或相似，即所谓的组内同质（within-group homogeneity）现象，因此同组内的个体决策是非独立的，当然组内同质也意味着组间异质（between-group heterogeneity），被调查个体在不同组间存在变异性。因此，若要同时研究个体水平的解释变量和社会场景（social contexts）变量对结局测量（outcome measure）的影响，并判断个体水平解释变量和结局测量之间的关系是否随个体所处的社会场景的特征变化而变化以及社会场景变量对个体水平解释变量的影响效应时，就需要采用多层统计分析模型。这是因为如果采用常规的单一水平的统计模型，比如普通线性回归（Ordinary Linear Regression，OLS）或方差分析（Analysis of Variance，ANOVA）等方法，模型参数估计的标准差会出现偏差（bias），而且也不能适当地评价场景效应（contextual effects），其原因在于这两种传统的分析方法都假设样本相互独立（independent observations）、同方差性（homoscedasticity）及正态分布（normal distribution），但在分组（分级或分层）数据中往往存在个体行为决策非独立的现象，而且即使很小的组内相关性也有可能导致在统计检验中增加犯很大的第 I 类错误（Type I error）的风险，错误地拒绝真的统计假设。因此分析具有这种层级结构的多层数据的适当方法是多层线性模型，它不仅能够正确地处理分级数据的模型参数估算问题，而且还能够同时分析宏微观变量的影响效应，以及跨层交互作用（cross-level interactions），从而能妥善地处理数据中的组内同质或组间异质问题，保证了用模型估计参数进行统计推论的准确性①。

----

① 关于该问题更详尽的说明可参见王济川等（2008）。

因此，在研究职业对城乡劳动力家务时间配置决策的影响时运用多层线性模型分析，不仅可以揭示劳动者个体水平的特征变量和按职业分组的职业特征变量对于家务时间配置的效应，以及职业特征变量对个体水平各特征变量效应的调节，而且也提供了研究劳动者家务时间配置在不同水平变异的机会，也就是说我们可以通过多层线性模型分析，将城乡劳动者的家务时间配置的变异分解成不同职业组群的组内变异和组间变异，同时可以研究家务时间配置在个体特征水平和职业组群特征水平相对变异的情况。另外值得一提的是，多层线性模型对稀疏数据（sparse data）的处理中，可以运用参数估计的经验贝叶斯估计法（empirical Bayes estimation），使模型参数估计不仅可以利用各职业组群的子样本，同时也能够利用所有职业组群的总信息，称之为收缩估计（shrinkage estimation），也就是说从所有职业组群的总信息中借力（borrow strength），来支持信息较少的职业组群的统计估计，这对于我们利用的中国健康与营养调查（CHNS）所提供的数据来说十分有意义，因为在该数据集中各职业组子样本量的差异非常大，有些职业组的子样本量很少，存在较为严重的数据稀疏现象，多层线性模型分析中的收缩估计就可以很好地弥补这方面的不足。

关于多层线性模型的统计学原理可以参见王济川等（2008）的论述，本书此处不再详述。

第二节　计量经济模型及数据

一　计量经济模型设定

为了检验职业对城乡劳动力家务时间配置是否产生了显著的效应并比较其影响的方向和程度，我们以本书第三章中的理论模型为基础，同时结合中国健康与营养调查（CHNS）所提供的数据信息的特点，建立了计量经济模型。应该说，一个恰当的计量经济模型的建立，除了经济理论的引导之外，还应考虑数据信息的可得性及其统计学特征问题，在经过反复多次的试探性建模并评估、比较模型拟合效果之后，最终确定的计量经济模型如下：

Level-1 model：

$$\ln hhwtime = B0 + B1 \times (age) + B2 \times (sqage) + B3 \times (educ10)$$

$$+ B4 \times (incshare) + B5 \times (marri) + B6 \times (hhsize)$$
$$+ B7 \times (sqhhsize) + B8 \times (employed)$$
$$+ B9 \times (lnleisur) + B10 \times (south) + R \qquad (4.2.1)$$

Level-2 model：

$$B0 = G00 + G01 \times X + U0$$
$$B1 = G10$$
$$B2 = G20$$
$$B3 = G30 + G31 \times X + U3$$
$$B4 = G40 + G41 \times X + U4$$
$$B5 = G50$$
$$B6 = G60$$
$$B7 = G70$$
$$B8 = G80$$
$$B9 = G90 + G91 \times X + U9$$
$$B10 = G100 \qquad (4.2.2)$$

模型说明：

（一）变量含义

模型中各变量的简要说明见表 4.2.1，其中 X 代表劳动者的职业特征：

表 4.2.1　　　　　　　　　　模型变量的简要说明

变量名	含　义	单位
Lnhhwtime	劳动者日均家务时间取自然对数	分钟
Age	年龄	岁
Sqage	年龄的平方	
Educ10	受教育年限是否 10 年以上：是 = 1，否 = 0	
Incshare	个人收入占家庭总收入的比例	%
Marri	是否在婚：是 = 1，否 = 0	
Hhsize	家庭总人口数	人
Sqhhsize	家庭总人口数的平方	
Employed	现在有工作吗：有 = 1，无 = 0	
Lnleisur	成人日均闲暇时间取自然对数	分钟
South	是否南方地区：是 = 1，否 = 0	

续表

变量名		含　义	单　位
R		水平 1 的误差项	
B0—B10		B0 为截距项，其余为各水平 1 变量的待估系数	
X	Varbias	按职业分组的工作时间方差	
	Educ10r	各职业中劳动者受教育年限超过 10 年的比例	%
	Lnavindinc	按职业分组的平均收入取自然对数	
G00、G10，…G100		水平 2 的截距项	
G01、G31、G41、G91		各水平 2 变量固定效应的待估系数	
U0、U3、U4、U9		水平 2 的误差项	

（二）模型设定说明

我们在第三章的城乡劳动力家务时间配置模型中，得到了按不同职业分组的劳动者家务时间配置函数，即式 3.2.19，各变量的具体含义可参见第三章中相关的说明：

$$t_{qh}^i = F^q(RCS_{c,z}, RCS_{z,t_j}, Z'_{t_h^i}, w^i, p_j, S_j, I, t_h^k, t_l^i, E)$$

$$i = m, f; \; k = f, m; \; k \neq i; \; j = c, x \qquad\qquad (4.2.3)$$

从上式中可以看出，影响劳动者家务时间配置决策的除了收入等经济因素之外，也包括了心理、社会环境等许多非经济因素，而要表示这些非经济因素，在计量经济学中通常是通过设置一些合适的代理变量来进行替代。但是影响家务时间配置的经济因素之间、表示非经济因素的代理变量之间以及经济因素与代理变量之间，在多数情况下仍难以避免所谓的共线性和内生性问题，因此，综合考虑数据信息的可得性和计量统计中所存在的相关问题，我们采用了上式 4.2.1 和式 4.2.2 的计量经济形式，并对因变量（结局测量）和自变量（解释变量）的具体形式进行了一定的调整，以最大限度地回避上述问题。具体说明如下：

水平 1 模型中，因变量取劳动者家务时间的自然对数值，这是因为大多数的调查微观数据中往往存在异方差性和偏态性问题，根据伍德里奇（2003）的建议，变量取对数形式虽然不可能完全消除这两方面的问题，但至少可以使之有所缓和，而且取对数以后通常会缩小变量的取值范围，即使缩小的幅度很小但在某些情况下还是相当可观的，从而使得估计值对因变量或自变量的异常（或极端）观测不再显得那么敏感。

在自变量（解释变量）中，我们选取了年龄、受教育程度和婚姻状况来反映劳动者的商品—闲暇的边际替代率和家务劳动的生产效率，不同的年龄阶段显然对于商品和闲暇的偏好也不尽相同，甚至随着年龄的变化家务劳动的熟练程度也会发生相应的变动，从而影响劳动者家务劳动的生产效率，同时为了捕捉年龄变动的非线性效果，我们还设置了年龄的平方项形式；劳动者的受教育程度不仅与其相应的收入水平相关，更与性别平等意识、受传统文化的影响以及家务劳动的范围、消费习惯等密切相关，同时为了避免与其他解释变量可能存在的共线性问题，我们在计量模型中采用了虚拟变量（哑变量）的形式，将劳动者的受教育程度划分为高中以上（受教育年限 10 年以上）和高中以下两种情形；劳动者的婚姻状况无疑与家庭家务劳动的生产范围以及家庭内部的分工有着直接的关系，同样的我们以一个是否结婚的虚拟变量表示，将劳动者的婚姻状况划分为在婚和未婚两种情形，以比较结婚成家与未婚者在家务时间配置中的差别。

我们以劳动者的就业状况和在家庭中的收入贡献两个变量来反映收入水平及家庭收入的结构，而收入及其结构显然直接关系到家庭内部的家务分工和时间配置状况。当然成年劳动力是否选择就业既可能是家庭内部有效分工的结果，也可能是在劳动力市场上缺乏竞争力而被迫淘汰的情形，但无论如何劳动者的就业状况必然在家务时间配置中起着十分重要的作用。劳动者在家庭中所作出的收入贡献，无疑是决定其在家庭内部分工地位和家庭资源支配权的议价能力的经济基础，无论是从家庭内部谈判能力还是家庭与社会有效分工的角度，都与劳动者投入家务时间决策紧密相关。

我们以家庭总人口数表示家庭规模，并设置了家庭总人口数的平方项来捕捉家务劳动的规模经济效应。劳动者的闲暇时间配置状况显然也是影响家务时间投入的重要因素，并且其对家务时间配置的影响因职业特征而异，特别是职业的工作时间弹性特征，同时基于与因变量同样的原因，我们采用了自然对数形式，这样其回归系数就可表示为对家务劳动时间配置的弹性值。此外，考虑到传统文化、社会环境对劳动者家务时间配置的作用，我们将劳动者按地域进行了划分，以我国长江为界将劳动者分为南方和北方两个区域，以反映处于南北方的人们由于性别意识、男女平等的价值观差异对家庭内部家务分工所产生的影响。

当然，反映家庭内部家务分工最为直接的变量是丈夫和妻子在家庭总的家务时间中所占的比例，但是由于在中国健康与营养调查（CHNS）数据中，包含家庭全部成员的信息往往并不完整，数据缺失现象较为严重，因此，我们在此处还是选择分别将男性和女性劳动者各自的家务时间自然对数值作为因变量，从大样本的角度来说，男性和女性劳动者的家务时间投入基本上也可以代表平均化的家庭内部家务分工状况。

水平 2 模型用来反映职业对于劳动者家务时间配置的影响效应，或者说是异质职业对于劳动者家务时间投入的场景效应。正如第三章中所述，从事不同职业的劳动者至少在市场工作时间弹性、收入以及教育要求方面存在较为明显的差别，因此，我们以不同职业组群的工作时间方差、超过10 年以上受教育年限的比例和平均收入的自然对数来反映职业的异质性特征。需要特别指出的是，根据经验判断和统计学测算，我们在劳动者平均家务时间（即水平 1 模型的截距项）、教育、个人对家庭收入贡献以及闲暇时间变量中加入了异质职业特征值，对于水平 1 模型中的其他解释变量按固定效应处理，而且在实际运算中，我们还根据数据信息的特点将男性和女性、城镇和农村劳动者的职业特征变量进行了一定的调整，以保证计量模型统计推断的可靠性。

二　数据整理及说明

职业分组：为了反映异质职业对城乡劳动力家务时间配置的影响，从统计学要求上来说必须要保证足够的自由度，因此我们在职业分组中仍然保留了人数较少的职业类型，按照农村女性、农村男性、城镇女性和城镇男性劳动力的职业特点，具体分组结果见表4.2.2：

表 4.2.2 中，高级专业技术工作者是指医生、教授、律师、建筑师、工程师等；一般专业技术工作者是指助产士、护士、教师、编辑、摄影师等；管理者、行政官员或经理包括厂长、政府官员、处长、司局长、行政干部及村干部等；办公室一般工作人员指秘书、办事员；技术工人或熟练工人指工段长、班组长、工艺工人等；非技术工人或熟练工人是指普通工人、伐木工等；服务行业人员包括管家、厨师、服务员、看门人、理发员、售货员、洗衣工、保育员等；其他类是指被调查者的职业不归属于上述 11 种职业、需要具体作出说明的职业类型。

表 4.2.2　　　　　　　　　城乡劳动力职业分组表

职业分组	农村家庭		城镇家庭	
	女性	男性	女性	男性
1. 失业者	√	√	√	√
2. 高级专业技术工作者	√	√	√	√
3. 一般专业技术工作者	√	√	√	√
4. 管理者、行政官员或经理	√	√	√	√
5. 办公室一般工作人员	√	√	√	√
6. 农民、渔民或猎人	√	√	√	√
7. 技术工人或熟练工人	√	√	√	√
8. 非技术工人或熟练工人	√	√	√	√
9. 军官、警官、士兵或警察				√
10. 司机		√		√
11. 服务行业人员	√	√	√	√
12. 其他	√	√	√	√

　　Lnhhwtime：家务劳动时间是指被调查者平均每天花在为家庭购买食品（若在上下学、上下班途中购买则不计入）、为家人做饭、洗熨衣服和打扫房间四项家务活动之中的时间合计值（按分钟计）。此处，我们没有把照看 6 岁及以下儿童或帮助别人家孩童的时间计算在内，一方面是为了保证有孩童家庭与无孩童家庭之间的可比性，另一方面则是为了避免概念的混淆，因为被调查者在照看儿童过程中可能产生正效用，从而很容易将其看作闲暇而不是家务劳动。

　　Age：由于中国人传统中对于生日有两种概念，即阴历和阳历，中国健康与营养调查（CHNS）中部分地提供了两种格式的生日数据，此处我们出于可比性的考虑，统一采用了以阳历表示的生日日期，并将其以 2010 年 1 月 1 日为截止日折算为被调查者的实际年龄。

　　Educ10：受教育年限是指在正规学校里接受教育的时间，其中我们将中等技术学校（高中中专）视同为高中教育，另外，将接受 6 年以上大学教育的时间都统一作了归并处理。

　　Incshare：城乡劳动者个人收入与家庭总收入之比，其中城乡劳动者的个人收入包括按年度计的退休金及相关的补助和奖金、工资收入、补贴收入（包括副食补贴、保健津贴、洗理费、书报费、房屋补贴和其他补贴）、奖金（包括月奖、季度奖、年终奖、节日奖和其他奖）、从事第二职业的工资（奖金和其他补助、补贴等，同第一职业）、从事集体农场农业劳动所得的报酬或者从集体农场得到过的农产品及其他东西（如耐用消费品）折算的价值、从事集体饲养场劳动所得的报酬或畜禽产品及实物折算的价值、从事集体渔场劳动所得的报酬或鱼及其他水产品的价值、其他来源的现金收入、其他来源的非现金收入折算的价值总和。家庭总收入则除了家庭各成员有明确归属的收入总和之外，还包括家庭果菜园出售的蔬菜、水果或其他产品的收入、家庭自己消费自己生产的水果及蔬菜按市场价折算的价值、家庭农业生产的农作物（包括粮食、烟草及花卉种植）交公粮和自由市场销售的总收入及未卖部分的价值、家庭消费的自己生产的农作物按市场价格折算的价值、家庭饲养家畜家禽出售所得的收入、自家吃掉的家畜家禽按市场价格折算的价值、喂自产的动物饲料所节约的钱、赠送的家畜家禽按市场价格折算的价值、出售家庭渔业所得的收入、家庭消费自产的鱼按市场价格折算的价值、送给别人的鱼按市场价格折算的价值、家庭小商业活动（商业、服务业、制造业、流动商、建筑业和其他）得到的收入、家庭得到的补助收入（包括独生子女补助费、煤气燃料补贴、煤火费、用电补贴等）、家庭收到的包括所有家庭成员的单位春节或其他节日发的免费的或便宜的食品根据市场价格折算的价值、家庭现金收入（出租家庭财产所得租金，不包括土地，指的是房屋、家用车辆、农用设备等）；寄宿、食宿费；困难补助，残疾补助或福利金；子女（不是家庭成员）给的钱；父母（不是家庭成员）给的钱；国内外其他亲属或朋友给的钱；其他现金收入（但不包括灾后救济款）、礼品收入［子女（不是家庭成员）送的礼品、父母（不是家庭成员）送的礼品、朋友或其他亲属送的礼品、当地企业送的钱或礼品例如分红等但不包括企业工作人员的工资收入及奖金］的总价值。

　　需要特别指出的是，家庭农业、渔业、饲养家畜家禽以及从事家庭小商业活动中，被调查者在回答其个人或家庭收入时，扣除了从事上述活动所支付的各项费用支出（如购买种子、化肥、支付给家庭雇用者的费用等），因此最终的个人或家庭收入有可能出现负值。此外，由于各地区特别是城镇和农村地区的物价水平差别较大，我们在计算个人或家庭收入时以辽宁城镇地区为基准，按各地物价指数进行了折算，使得各项收入具有可比性。

　　Marri：在婚是指目前存在婚姻关系的成人，而非在婚者则包括未婚、离婚、丧偶、分居等非婚姻状态的情形。

Hhsize：家庭总人口数或者称为家庭规模，同样是按户籍划分的，其基本依据是我国城乡家庭的户口本，也就是说一旦子女成家，户籍独立，则成为一个基本家庭单位，而与子女父母关系的存废无关。

Employed：现在是否有工作，假如被调查者是退休返聘的，则仍视同为有工作。

Lnleisur：闲暇时间包含了日常的体力活动和静坐活动。其中，日常的体力活动包括了武术（功夫等）、体操、舞蹈、杂技、田径（跑步等）、游泳、足球、篮球、网球、羽毛球、排球、其他活动（如乒乓球、太极）等活动项目，此外躺在床上（包括晚上睡觉）的时间也计入体力活动之中；静坐的活动则包括看电视、看录像（VCD、DVD）、玩游戏机、网上浏览、网上聊天、电脑游戏、读书（报纸、杂志）、写字或画画等活动项目。由于人们从事以上项目的闲暇活动，特别是对于有规范的休假制度单位工作的成人，其开展上述活动平时与双休日会有较大的差别，因此，我们在计算闲暇时间时，以完整的一周作为一个统计周期，周一至周五和周六周日分别进行统计，将以上活动时间全部折算为分钟，这样对于闲暇时间的估算相对较为可信和具有可比性，当然，关于闲暇的理解可能不尽相同，闲暇的范围界定也存在一定的分歧，但我们认为至少以上这些项目仍具有相当的代表性，特别是可以反映人们对自由时间的可支配程度，而这些活动项目又明显地与家务劳动有所不同，所以以此作为闲暇的代表仍具有相当的合理性。

South：被调查者是否属于南方地区，我们在此将地区划分为南北地区，主要是以此来反映家庭外部环境，特别是区域性的社会意识形态、价值观、传统文化、气候、生活方式等因素对家庭时间配置的影响。因此，我们在确定南方还是北方地区的时候，主要是以地理位置为依据（以长江为界），但同时也兼顾考虑了传统文化习俗的因素，基于此，我们将CHNS中9个调查地区中的江苏、湖北、湖南、广西和贵州列为南方地区，而将辽宁、黑龙江、山东和河南列为北方地区，其中将江苏作为南方处理更多地是考虑到了其历史文化传统更加接近于南方省份，尽管其地理位置属于北方地区。

Varbias：分职业组群的工作时间方差，设置该指标的目的是表示职业组群的组内同质性，当然组内同质即意味着组间异质。我们以方差形式来代表是为了区分各不同职业组的工作时间的离散程度或变异性，以反映其弹性的大小，当然标准差也是一个合适的选择，我们选择方差形式只不过是出于在直观上更加突出变异或离散程度的考虑。成人的工作时间包括了按周计的第一职业工作、第二职业工作、家庭菜园果园劳动、集体和家庭农业劳动、集体和家庭饲养家禽家畜劳动、集体和家庭渔业劳动、家庭小手工业和小型家庭商业劳动的时间合计。从调查结果中，我们还发现即使是失业者，仍有部分样本报告了工作时间，一个可能的解释是存在一些临时性的工作项目。

Educ10r：不同职业的劳动者其受教育程度有所不同，这既是不同职业对劳动者素质和人力资本的要求，同时反过来也反映了不同职业的特征，因此以某职业中受教育年限超过 10 年的劳动者比例这个指标，可以用来反映职业间的差异性。

Lnavindinc：不同职业组群的劳动者平均收入的对数，该指标的设置原因与上述两个指标相同，当然这里的平均收入同样按各地区的物价指数进行了可比性调整。

我们以分职业组群的工作时间方差、超过 10 年受教育年限劳动者比例和平均收入的对数来衡量不同职业间的组间异质性，但不可否认，这三个指标之间难免会存在一定的共线性问题，因此，我们在水平 2 模型中并未同时使用这三个指标来反映职业间的随机效应，而是结合统计学的测试和拟合进行了必要的调整，以期在突出职业异质的随机效应的同时，最大限度地避免或减轻共线性问题。

最后，还需要说明的是，在 CHNS 数据集中存在大量的数据缺失问题，在此我们以职业类型、婚姻状况、年龄等几个主要指标为准进行了删减，也就是说如果上述几个项目存在缺失值则删除该条记录，因为职业类型是我们分组的依据，而婚姻和年龄又是最为基本的人口学特征指标，如果这几个关键值缺失，那么整个调查记录或者是不可信的，或者是不符合我们进行实证研究需要的。其次，在以上几条基本信息完整的前提下，我们对某些缺失值进行了平均化填充，这样做的目的是保证数据的大样本性质，当然可能会导致数据更为接近均值，在一定程度上可能会降低统计的信度。另外，我们根据残差图去掉了部分奇异值，这在调查数据处理中是较为常见的一种处理方法，以减轻极端值或奇异点对整个模型估计的非正常扰动。

第三节　职业对城镇劳动力家务时间配置的影响

一　初步统计结果

（一）职业分组、家务时间及样本量

城镇家庭的男性和女性劳动者，其职业分组及家务时间情况见表4.3.1：

表 4.3.1 城镇家庭职业分组

职业分组	家务时间均值（分钟）		样本数（n）	
	女性	男性	女性	男性
1. 失业者	198.05	109.97	640	260
2. 高级专业技术工作者	195.29	96.36	66	101
3. 一般专业技术工作者	141.98	82.68	91	38
4. 管理者、行政官员或经理	153.57	81.83	35	82
5. 办公室一般工作人员	153.17	79.37	113	68
6. 农民、渔民或猎人	186.01	126.23	68	13
7. 技术工人或熟练工人	125.30	89.29	34	109
8. 非技术工人或熟练工人	152.67	78.12	68	84
9. 军官、警官、士兵或警察		102.86		7
10. 司机		54.83		46
11. 服务行业人员	158.37	75.86	183	113
12. 其他	151.67	100.19	44	48
N	177.49	90.95	1342	969

从表4.3.1的统计结果来看，城镇家庭女性劳动者的日均家务劳动时间平均要比男性劳动者多花费86.54分钟，两者所占的平均比例分别为66.12%和33.88%，而且无论是家务时间的绝对值还是男女劳动者之间平均家务时间的分布比例随着职业的差别也存在较为明显的不同。

其次，从城镇家庭男女劳动者的职业分布来看，两者之间也有着极大的差异，样本中女性劳动者占前三位的职业分别是失业者、服务行业人员和办公室一般工作人员，占比分别为47.69%、13.64%和8.42%，而样本中男性劳动者占前三位的职业分别是失业者、服务行业人员和技术工人或熟练工人，占比分别为 26.83%、11.66% 和 11.25%，相比较而言，男性劳动者的职业类型比女性劳动者在分布上更为分散。

值得注意的是，在样本中无论是男性还是女性劳动者，职业分布占第一位的都是失业者群体，特别是女性劳动者几乎占到样本量的一半，如此高的比例可能与调研样本的设计有关，也有可能是被调查者不愿意透露其真实的职业身份，但不论是何种原因，我们把此类型列为一组仍可以考察其组内的共性特征并与其他职业组进行比较。

（二）职业的异质性特征

在本章第二节中，我们设置了 Varbias、Educ10r 和 Lnavindinc 三个指标反映不同职业的异质性，其特征值见表 4.3.2：

表 4.3.2　　　　　　　　　　　不同职业的特征值

职业分组	Varbias		Educ10r		Lnavindinc	
	女性	男性	女性	男性	女性	男性
1. 失业者	136.404	352.917	0.307	0.500	8.689	10.071
2. 高级专业技术工作者	552.242	560.428	0.897	0.941	10.347	10.487
3. 一般专业技术工作者	395.413	141.197	0.918	0.947	10.065	10.060
4. 管理者、行政官员或经理	313.444	502.719	0.825	0.817	10.094	10.446
5. 办公室一般工作人员	228.252	198.542	0.878	0.779	9.950	10.291
6. 农民、渔民或猎人	1208.310	1200.746	0.014	0.154	8.818	9.398
7. 技术工人或熟练工人	583.211	506.579	0.486	0.477	9.737	10.190
8. 非技术工人或熟练工人	624.910	428.980	0.288	0.381	9.566	10.104
9. 军官、警官、士兵或警察		534.694		1.000		10.272
10. 司机		1123.287		0.478		10.579
11. 服务行业人员	1909.587	1978.769	0.382	0.372	9.511	9.983
12. 其他	1884.642	1663.100	0.438	0.438	9.190	9.856

从表 4.3.2 中可以看出，无论是男性还是女性劳动者，不同职业的工作时间弹性有着较大的差异，在此我们以劳动者市场工作时间的方差值来反映这种差异性。从 Varbias 值来看，服务行业的女性劳动者市场工作时间的方差值高达 1909.587，而女性失业组中的方差值只有 136.404；类似的，服务行业中男性劳动者市场工作时间的方差值为 1978.769，但一般专业技术职业的男性劳动者其市场工作时间的方差值仅为 141.197。

其次，不同职业的劳动者中，受教育程度的分布也存在较大的偏差，比如从事一般专业技术职业的女性劳动者，高中以上学历比例高达0.918，而男性劳动者受教育程度最高的职业则是军官警官，高中以上学历比例为1.00（当然该组的样本量较小，只有7个调查者）；同时，无论是男性还是女性劳动者，高中以上学历比例最低的都是农民、渔民或猎人职业，分别只有0.014和0.154。

最后，不同职业的劳动者同样存在明显的收入差别，尽管收入取自然对数以后，Lnavindinc值都较为接近，但是从收入的绝对值来看，不同职业间的收入差别还是十分显著的。

（三）计量模型中各变量的描述性统计

表 4.3.3　　　　　　　　　　城镇女性劳动者各变量描述性统计

变量名 Level-1	样本数	均值	标准差	最小值	最大值
Lnhhwtime	1342	5.07	0.47	3.91	6.11
Age	1342	44.54	10.95	18.25	60.90
Sqage	1342	2103.21	927.14	333.06	3708.81
Educ10	1342	0.44	0.50	0.00	1.00
Incshare	1342	0.29	0.27	-0.99	1.00
Marri	1342	0.87	0.34	0.00	1.00
Hhsize	1342	3.49	1.27	1.00	11.00
Sqhhsize	1342	13.79	11.21	1.00	121.00
Employed	1342	0.52	0.50	0.00	1.00
Lnleisur	1342	8.43	0.26	6.04	9.81
South	1342	0.56	0.50	0.00	1.00
Level-2					
Varbias	10	783.64	656.45	136.40	1909.59
Educ10r	10	0.54	0.32	0.01	0.92
Lnavindinc	10	9.60	0.56	8.69	10.35

从表4.3.3和表4.3.4的对比可以看出，城镇家庭中女性劳动者的家务劳动负担率要远高于男性劳动者，两者平均的家务负担比例分别为66.12%和33.88%（这一比例在表4.3.1中更为直观）。调查样本显示，高中以上学历的比例，男性劳动者为58%，而女性劳动者只有44%，表

明男性劳动者的平均受教育程度要高于女性劳动者。相应的个人收入占家庭总收入的比重，男性劳动者平均为41%，而女性劳动者则平均只有29%，显示在家庭收入的贡献方面，男性劳动者所作出的贡献要更大一些。而在失业者比例方面，基于前面已述及的原因，这个比值显得过高，但就男女劳动者对比而言，我们仍可以看出在就业比例上男性劳动者仍比女性劳动者占优，两者之比为0.73∶0.52；在日均闲暇时间消费方面，男性劳动者也要远高于女性劳动者，由于Lnleisur这个指标我们是将日均闲暇时间取自然对数值，两者相比为8.48∶8.43，但折算成绝对值后的差别将更加明显。

表4.3.4　　　　　　　　城镇男性劳动者各变量描述性统计

变量名 Level-1	样本数	均值	标准差	最小值	最大值
Lnhhwtime	969	4.34	0.51	3.00	5.89
Age	969	44.56	10.97	18.00	60.95
Sqage	969	2106.02	923.25	324.00	3714.90
Educ10	969	0.58	0.49	0.00	1.00
Incshare	969	0.41	0.35	0.00	1.00
Marri	969	0.84	0.37	0.00	1.00
Hhsize	969	3.46	1.28	1.00	9.00
Sqhhsize	969	13.63	10.86	1.00	81.00
Employed	969	0.73	0.44	0.00	1.00
Lnleisur	969	8.48	0.26	6.52	9.77
South	969	0.55	0.50	0.00	1.00
Level-2					
Varbias	12	766.00	589.39	141.20	1978.77
Educ10r	12	0.61	0.28	0.15	1.00
Lnavindinc	12	10.14	0.32	9.40	10.58

此外，从职业分组的视角来看，就平均而言，女性劳动者的工作时间弹性要大于男性劳动者，两者工作时间的方差值分别为783.64和766.00，显示男性劳动者受到的市场工作"时间约束"程度要更强一些。分职业的平均受教育程度上，男性劳动者也要高于女性劳动者，各职业中平均的高中以上学历比例分别为0.61和0.54；最后，在统计结果中显

示，男性劳动者各职业的平均收入水平也要高于女性劳动者，收入取自然对数值后两者之比为 10.14 : 9.60。

二 计量结果与分析

（一）空模型

Level-1 model

$$Lnhhwtime = B0 + R \qquad (4.3.1)$$

Level-2 model

$$B0 = G00 + U0 \qquad (4.3.2)$$

我们将城镇家庭的男性和女性劳动者数据输入空模型（4.3.1）（4.3.2）后，结果如表 4.3.5 和表 4.3.6 所示：

表 4.3.5　　　　　　　　城镇女性劳动者空模型结果

Fixed Effect	Coefficient	Robust Standard Error	T-ratio	Approx. d. f.	P-value
For INTRCPT1 B0 INTRCPT2 G00	4.978	0.045	109.990	9	0.000
Random Effect	Standard deviation	Variance Component	df	Chi-square	P-value
INTRCPT1，U0	0.140	0.020	9	191.753	0.000
Level-1，R	0.447	0.200			

表 4.3.6　　　　　　　　城镇男性劳动者空模型结果

Fixed Effect	Coefficient	Robust Standard Error	T-ratio	Approx. d. f.	P-value
For INTRCPT1 B0 INTRCPT2 G00	4.352	0.058	75.425	11	0.000
Random Effect	Standard deviation	Variance Component	df	Chi-square	P-value
INTRCPT1，U0	0.194	0.038	11	136.492	0.000
Level-1，R	0.482	0.232			

从表 4.3.5 和表 4.3.6 可以看出，城镇家庭女性和男性劳动者的平均家务劳动时间自然对数的截距为 4.978 和 4.352。而在方差成分中我们看到，女性和男性劳动者的组内方差值分别为 0.200 和 0.232，组间方差值

分别为 0.020 和 0.038，卡方值分别为 191.753 和 136.492，在 9 个和 11 个自由度下其 P 值远远接近于 0，表明职业对于劳动者配置家务时间的影响无论对于女性还是对于男性劳动者来说都是十分显著的（证实假设 A1）。

更进一步，这种差异的影响程度，我们可以根据方差成分表的分布数据，分别计算不同职业组群的女性和男性劳动者其家务时间配置的组内相关系数 ICC（Intra-class correlation coefficient）值如下：

$$ICC_f = \frac{U0}{U0 + R} = \frac{0.020}{0.020 + 0.200} \times 100\% = 9.09\% \qquad (4.3.3)$$

$$ICC_m = \frac{U0}{U0 + R} = \frac{0.038}{0.038 + 0.232} \times 100\% = 14.07\% \qquad (4.3.4)$$

式 4.3.3 和式 4.3.4 表明，城镇家庭中的女性和男性劳动者其家务时间（自然对数形式）的配置差异中，有 90.91% 和 85.93% 是由劳动者的个体和家庭特征所引起的，由职业异质所导致的配置差异比例分别占到 9.09% 和 14.07%，因此，我们运用多层线性模型分解这部分差异是十分有必要和有意义的。从 ICC 值中，我们也可以比较出职业异质对家务时间配置差异的影响程度方面，男性劳动者比女性劳动者更为强烈，或者说职业的不同更容易导致城镇男性劳动者的家务时间配置发生更大的变异。

（二）完整模型

根据理论分析和多次模型拟合，在男女劳动者中设置的水平 2 职业特征变量有所不同，尽管这样可能不利于两者之间进行直接的比较，但从另一个角度来看反而显示出了职业对家务时间配置的影响所具有的性别差别效应。结果可见表 4.3.7 和表 4.3.8：

表 4.3.7　城镇家庭劳动力家务时间配置多层线性模型回归的固定效应

Fixed Effect	Coefficient		T-ratio	
	female	male	female	male
For INTRCPT1，B0				
INTRCPT2，G00	4.9459 ***	4.3783 ***	128.741	95.317
VARBIAS，G01	0.0001 **		3.118	
EDUC10R，G02		0.2915 *		1.966
LNAVINDINC，G03		− 0.4500 **		− 2.416

续表

Fixed Effect	Coefficient		T-ratio	
	female	male	female	male
For AGE slope, B1				
INTRCPT2, G10	0.0150	− 0.0013	1.512	− 0.104
For SQAGE slope, B2				
INTRCPT2, G20	− 0.0001	0.0001	− 1.061	0.321
For EDUC10 slope, B3				
INTRCPT2, G30	− 0.3014 ***	0.0022	− 3.488	0.055
EDUC10R, G31	0.7152 ***		4.255	
LNAVINDINC, G32		0.3585 *		1.942
For INCSHARE slope, B4				
INTRCPT2, G40	0.4751 **	− 0.0177	3.361	− 0.306
VARBIAS, G41	− 0.0003 **		3.425	
EDUC10R, G42	− 0.5645 **		− 2.632	
LNAVINDINC, G43		0.3298 *		1.952
For MARRI slope, B5				
INTRCPT2, G50	0.1265 ***	0.0297	2.934	0.495
For HHSIZE slope, B6				
INTRCPT2, G60	0.0870 **	− 0.0154	2.269	− 0.265
For SQHHSIZE slope, B7				
INTRCPT2, G70	− 0.0102 **	0.0019	− 2.403	0.291
For EMPLOYED slope, B8				
INTRCPT2, G80	− 0.3234 ***	− 0.3346 ***	− 5.221	− 2.796
For LNLEISUR slope, B9				
INTRCPT2, G90	− 1.7536	0.1197	− 1.526	1.294
LNAVINDINC, G91	0.1933 *		1.961	
EDUC10R, G92		0.6302 *		1.960
For SOUTH slope, B10				
INTRCPT2, G100	− 0.1280 ***	0.0005	− 5.040	0.015

注：* 、** 、*** 分别表示10%、5%和1%的显著性水平。

表 4.3.8　　城镇家庭劳动力家务时间配置多层线性模型回归的随机效应

Random Effect	Variance Component		df		Chi-square		P-value	
	f	m	f	m	f	m	f	m
INTRCPT，U0	0.0045	0.0150	8	8	24.9028	33.1193	0.002	0.000
EDUC10R slope，U3	0.0070	0.0018	8	9	13.8829	6.1370	0.084	>.500
INCSHARE slope，U4	0.0136	0.0031	7	9	10.6421	4.8320	0.154	>.500
LNLEISUR slope，U9	0.0280	0.0357	8	9	15.1687	16.4187	0.055	0.058
Level-1，R	0.1856	0.2284						

我们在分析估计结果时，还需要特别要注意以下几个问题：

一是由于计量经济模型中因变量取自然对数形式，因此各自变量的回归系数的含义取决于自变量的形式，如果自变量取水平值，那么该自变量的回归估计系数表示当自变量变化 1 单位时因变量自然对数值的变化，回归系数也可称为因变量对自变量的半弹性，从数值上来看，将该回归估计系数乘以 100 近似等于因变量变化的百分数，而如果自变量也取自然对数形式，那么自变量的回归估计系数就表示因变量对自变量的弹性。

二是在多层线性模型中将水平 1 模型中各自变量进行所谓的测量中心化（Measurement Centering）问题，因为在多层线性模型分析中，通常要关注水平 1 模型中截距和斜率的变异，因此赋予水平 1 模型随机回归系数，特别是水平 1 模型中的随机截距有意义的解释，这在多层线性模型分析中是非常重要的，而测量中心化就是要赋予自变量一个有意义的零值，这不仅适用于连续变量，同时也可用于虚拟变量。通常测量中心化有两种方法，即总均数中心化（Grand-Mean Centering）和组均数中心化（Group-Mean Centering），前者是指以总体平均值为参照进行测量中心化处理，后者是围绕组平均值进行中心化处理，而采用不同的中心化方法，水平 1 模型的截距就具有了不同的含义。进行测量总均数中心化后，模型在统计学意义上等效于使用原始测量的模型，这是因为在总均数中心化过程中，从一个变量的个体观察值中减去的是一个常数（即该变量的总均数），这种测量值的转换并不改变模型拟合、模型的预测值和残差，而每一个回归系数估计值的改变，只是增加了一个常数，当然使用总均数中心化变量和原始测量值变量的模型的截距和随机斜率是可以相互转换的。我们在模型拟合中不仅对因变量采取了自然对数形式，而且还对水平 1 模型中的自变量进行了总均数中心化处理，因此，在评估回归结果时截距和回归系数的含义就有所变动。

三是关于多层线性模型运算结果的技术特征问题，即有关系数和方差成分的最后估计结果数值，特别是水平 2 模型中各变量的参数估计结果，即使在统计上仍然达到了显著性的要求，但通常其数值都非常小，这很有可能是由于不同层变量的测量单位不同而导致，而且该参数值是表示水平 2 变量每变化一个单位，在其他变量恒定的情况下，在水平 1 模型上相应的回归斜率或弹性就变化"该水平 2 模型中变量的系数值"个单位，基于此，本书的报告结果保留了小数点后面 4 位小数，这与大多数用 HLM 进行分析的研究报告形式是一致的。

职业影响城镇家庭男性和女性劳动者家务时间配置的作用机制与途径是相当复杂的，我们把这种影响效应分成固定效应（见表 4.3.7）和随机效应（见表 4.3.8），前者反映的是引入到多层线性模型中的水平 1 模型与水平 2 模型的自变量对于家务时间配置的影响效应，而后者则表示的是多层线性模型中的这些自变量所未能解释的配置差异。在结果表中，所有水平 1 模型中自变量的截距项的回归系数表示的是劳动者的个人、家庭及家庭外部环境等因素对其家务时间配置的影响效应，而其余的水平 2 模型中自变量的回归系数表示的是职业特征对于上述水平 1 模型中自变量影响家务时间配置效应所产生的结构性调整。

1. 职业对劳动者平均家务时间配置的影响

在表 4.3.7 中，可以看出城镇家庭男女成年劳动者的平均家务劳动时间配置也存在性别不平等的现象，女性和男性劳动者的平均家务时间的自然对数值分别为 4.9459 和 4.3783，将自然对数值转换为绝对值后两者的差别还是存在较大的差距的，而且这一结果在统计上高度显著（分别都在 1% 水平上显著）。

对于女性劳动者来说，市场工作时间越富有弹性将使得其配置的平均家务劳动时间更多，尽管该效应十分微小（系数为 0.0001），但仍达到了统计学上 5% 的显著性水平（证实假设 A3），说明市场工作时间的灵活性将为投入更多的家务劳动时间创造更为有利的条件，当然在此我们也应该注意内生性问题，也就是说女性劳动者有可能是为了更方便地从事家务劳动而选择了时间约束性较小的市场工作。

　　而对于男性劳动者来说，在平均受教育程度更高的职业中就职，则其在家务劳动中投入的平均时间也更多（系数值为 0.2915），一个可能的解释是受教育程度越高的男性劳动者越具有性别平等意识或者更有能力有效地提高家务劳动生产效率，该效应在 10% 水平上显著（部分证实假设 A4）。同样对于男性劳动者来说，其所从事的职业平均收入水平越高，将导致其平均家务劳动时间投入的减少（系数值为 −0.4500），而且这一结果在 5% 水平上显著（证实假设 A2），可能是由于从事家务劳动的机会成本提高而减少投入时间或者是增加了对闲暇的需求，也有可能是收入水平的提高使其更有能力寻找诸如雇佣服务、现代化家用电器、购买时间密集型市场商品来替代家庭生产。

　　上述回归结果，结合前面 ICC_f（9.09%）和 ICC_m（14.07%）的比例，再一次证实了假设 A1。尽管我们在计量经济模型水平 2 中没有对男女劳动者采用相同的变量来代表不同的职业特征，多层线性模型回归的结果对于假设的证实严格来讲是不够完全的，但我们仍然有理由认为异质职业对于男女两性劳动者平均家务劳动时间配置中的影响效应程度是有区别的，也就是说职业对家庭内部分工和家务时间配置的影响存在差异化的性别效应。

　　2. 个人、家庭及家庭外部环境属性对家务时间配置的影响

　　我们发现一个十分有趣的现象：在城镇家庭中女性劳动者所投入的家务劳动时间随着其年龄的增加而增加（年龄系数为正），但其增加的速度随着年龄的增加而减缓（年龄平方的系数为负）。相反，城镇家庭中的男性劳动者其所投入的家务时间随着年龄的增加而减少（年龄系数为正），但其减少的速度随着年龄的增加而减缓（年龄平方的系数为正）。男女劳动者投入的家务时间随其年龄变化的趋势呈现出 U 形和倒 U 形的抛物线形状，而且女性劳动者随着年龄增加而增加投入家务时间的速率与男性劳动者随着年龄增加而减少投入家务时间的速率恰好相等，但方向相反。该结果表明在家庭内部的家务分工存在性别替代现象，但不幸的是，无论男性劳动者还是女性劳动者其年龄及年龄平方项的回归系数均没有达到通常统计学所要求的显著性水平。

　　对于城镇家庭中受教育程度在高中及以上水平的女性劳动者来说，其相对于受教育程度在高中以下的女性劳动者所投入的家务时间出现了显著

地减少（回归系数为 -0.3014，且在 1% 水平上高度显著），这一结果可能是接受了更多教育的女性劳动者在市场工作中投入了更多的时间从而挤占了家务时间所引起的，也可能是其更加偏好于闲暇，或者是教育提高了女性劳动者的家庭内部生产效率，从而节约了家务时间所导致的。但是教育对于男性劳动者所产生的效应相对于女性要弱得多（系数值为0.0022），这种微弱的正向效应，可以理解为教育有助于男性树立更为平等的性别分工意识，在普遍的以女性为主导的家庭生产中略微多地分担部分家务活动，但这种效应在统计回归上没有达到显著性水平的要求。

与所预料的完全相反，城镇家庭中的女性劳动者随着其收入占家庭总收入的比重提高而显著地增加了家务劳动时间（在 5% 水平上显著）。这一结果虽然与现实中女性并没有因为劳动参与率的提高而减轻家务负担的事实相符，但其在家庭收入中的贡献与家务劳动投入呈正向关系只能说明，在当前的家庭内部生产中，传统的男女分工模式依然占据统治地位或者是女性劳动者在家庭内部生产中依然占有压倒性的相对优势，同时也说明了女性劳动者对家庭的收入贡献并没有改善其在家庭内部分工中的不利境况，传统文化和社会习俗依然对家庭内部的生产和消费决策机制发挥着重要的影响。男性劳动者对家庭收入的贡献有助于其减少家务时间的投入，但这一效应程度较小且不具有显著性。

已婚劳动者相对于未婚或离婚、丧偶者，在家务劳动中投入的时间更多，尤其是女性劳动者增加的幅度更大更为显著，这可能与家庭规模和结构的变动从而导致家庭内部生产范围扩张和家庭内部分工重置有关。但家庭规模的扩大所产生的家务劳动的规模经济效应对男性劳动者并不显著，对于女性劳动者甚至表现为规模不经济，只不过这种规模不经济的效应的速率是趋缓的，这可能与家庭人口结构有关，因为家庭规模的变动通常是结婚（前已述及已婚女性劳动者比未婚者家务负担显著增加）或者是由于家庭新增了婴幼儿人口，显然承担抚养义务的通常还是女性劳动者，而且婴幼儿所带来的边际家务负担显然要远大于成人，如果家庭再新增人口则对于女性劳动者来说同样表现出规模经济效应，也就是说随着家庭人口规模的进一步扩张，女性劳动者的边际家务负担率的增速趋于下降；城镇家庭在职的成年劳动者，无论是男性还是女性劳动者，相对于无业或待业者所投入的家务时间都是显著减少的，这再一次有力地佐证了市场工作对劳动者从事家务劳动具有刚性约束效应。劳动者的闲暇时间对其从事家务劳动的影响则较为复杂，具体来说女性劳动者的闲暇时间与家务劳动时间呈现出明显的替代性，而男性劳动者的闲暇时间与其家务劳动时间却是微弱互补的，说明男性劳动者的闲暇与家务时间投入两者并不冲突，或者说市场工作对男性劳动者的时间配置约束程度更高，但这一效应在统计上并未显示出显著性。南方地区的女性劳动者所承担的家务劳动负担要明显地轻于北方地区的女性劳动者，显然这与我国南方和北方地区的气候条件、传统文化和社会环境有关，但区域差异对于男性劳动者配置家务时间的影响却并不明显。

3. 职业对个人、家庭及家庭外部环境影响家务时间配置的结构性调整

多层线性模型（HLM）分析的重点和核心是组间异质性对于解释变量效应的结构性调整问题，因此各职业组的不同特征对于劳动者家务时间配置的影响就表现为不同职业对个人、家庭及家庭外部环境影响家务时间配置的结构性调整方面。

前面我们已经分析了教育对于劳动者家务时间配置的影响，即高中及以上受教育程度的女性劳动者相比于高中以下受教育程度的女性劳动者，其所投入的家务时间显著减少，而男性劳动者受教育程度的提高却使其增加了家务时间的投入，但是增加的幅度较小也并不明显。在表 4.3.7 中女性劳动者水平 1 模型变量 EDUC10（教育程度是否高中以上）项下，水平 2 模型中的 EDUC10R 系数为正（0.7152）并且在 1% 水平上显著，表明女性劳动者从事的职业中平均受教育程度的提高会导致其更多地投入家务时间，也就是说对劳动者受教育程度要求更高的职业会削弱女性劳动者的教育对家务时间配置的影响效应，一种可能的解释是在平均受教育程度较高的职业中工作的女性劳动者，在其家庭中的内部分工性别歧视程度较为轻微，从而弱化了教育促进性别平等的作用。而男性劳动者更高的职业收入水平有利于其在家务劳动中投入更多的时间，也就是说能够起到强化教育对家务劳动时间配置的影响效应的作用（水平 2 模型中的系数值为0.3585，与水平 1 模型中的系数方向一致），这实际上也反映了职业或行业是影响当前我国城镇职工收入差距的主要原因，同时也表明了市场工作时间的刚性（职业收入水平并不依赖于投入更多的劳动时间，与家务时间并不冲突）。

在水平 1 模型变量 INCSHARE（个人收入占家庭总收入比重）项

下，女性劳动者的收入占家庭总收入的比重与其投入家务劳动的时间正相关，表明女性劳动者对家庭收入贡献的提高并未使其减轻家务劳动的负担，而大量的研究结果表明这两者之间是负相关的（贝乔力·艾尔维茨和丹尼尔·迈尔斯，2003；彼特曼等，2001；艾伦·帕克曼，2004；阿里尼扎和沃尔特，2004；齐良书，2005）。对此，除了前面的解释之外还必须指出两点：第一，本书研究的因变量是家务时间的绝对值而不是家务劳动负担率这个相对比例，这与前述大多数研究是不同的；第二，家务劳动的经济性质还与经济发展阶段有关，在发达经济中家务劳动是典型的劣质品，但在转型经济阶段特别是从温饱向小康生活过渡时期，投入更多的家务时间可能恰恰是家庭生活品质提升的表现，或者说是逐步摆脱为家庭提供更为精致的家庭产品所受到的时间约束的一种体现。而且对于女性劳动者来说，其对家庭的收入贡献与投入的家务时间在不同特征的职业间还是存在相当明显的差异的：一方面女性劳动者从事工作时间弹性越大、灵活性更高的职业越能够显著地削弱其对家庭收入贡献与家务时间投入的正向联系（系数为 -0.0003，在5%水平上显著），尽管系数值十分微小，但仍表明女性劳动者的收入与其从事的职业有着紧密的联系，选择市场工作时间约束性越强的职业更能够提高女性劳动者的收入水平，反过来讲则是女性劳动者为了兼顾家庭生产而放弃了更高收入的职业（未能证实假设 B1，但职业工作时间弹性对于弱化女性劳动者对家庭收入贡献与其家务时间投入的影响的作用成立）；另一方面，女性劳动者所从事的职业平均受教育程度越高，则会显著地减少其家务时间的投入水平，而且对于削弱对家庭收入贡献与家务时间配置的正向关系的效应十分强烈，其系数值达到 -0.5645 并在5%水平上显著，这再一次证实了教育具有减轻妇女家务负担的作用（不能证实假设 B2，但部分地印证了假设 A4）。对于城镇家庭的男性劳动者来说，其对家庭收入的贡献越大越有助于减少家务时间的投入水平，但这种效应随着其职业收入水平的提高而有所弱化（系数值为 0.3298，在1%水平上显著），这再一次反映了职业是影响当前我国城镇职工的收入水平的重要因素，收入水平并不依赖于投入更多的市场工作时间，因此市场工作时间并未与其家务时间投入形成直接的冲突，同时也再一次表明了城镇劳动力的市场工作时间具有较强的刚性，这与城镇劳动力主要就职于城市正规部门，劳动作息制度较为规范有着密切的联系。

　　劳动者的闲暇与家务时间投入的关系存在性别差异，具体来说女性劳动者的闲暇与其家务时间投入是相互替代的（替代弹性为 -1.7536），而男性劳动者的闲暇与其家务时间投入是微弱互补的（弹性值为 0.1197），尽管这种效应没有达到统计上的显著性水平，但在不同的职业仍然对这种效应产生了显著的影响：一方面对于女性劳动者来说，从事更高收入水平的职业显著地弱化了闲暇对家务时间投入的替代效应（系数值为 0.1933，并在 10% 水平上显著），这一结果表明随着女性收入水平的提升使其更有能力协调闲暇时间与家务时间配置的矛盾性，也就是说并不需要或者较少地牺牲闲暇来增加家务时间，其原因在于随着收入的提高使其增强了购买雇佣服务和替代家务劳动的市场商品的能力（证实假设 B3）；另一方面，对于城镇家庭中的男性劳动者来说，从事的职业中平均受教育程度越高越有助于强化闲暇时间与家务时间投入的互补性（系数值为 0.6302，并在 10% 水平上显著），这再一次印证了假设 A4，说明教育能够促进男性劳动者在家庭生产中的性别平等意识，更有意愿或更自觉地牺牲部分闲暇活动来从事家务劳动。

　　4. 随机效应

　　在随机效应表中，我们发现城镇家庭劳动力家务时间配置的截距项的随机效应仍然十分显著（P 值分别为 0.002 和 0.000），表明仍需要进一步深入挖掘和寻找劳动者的其他职业特征来解释它们的变差，也就是说除了本书研究中所采用的职业异质特征之外还存在职业的其他特征因素，对城镇家庭的男女劳动者所投入的平均家务时间产生了影响。职业对劳动者的教育程度所产生的家务时间配置影响的结构性调整，除了女性劳动者仍显示出边缘性的显著水平外（P 值为 0.084），在职业层面上的变异已经得到了很好的解释，无须再进一步寻找另外的解释因素。此外，职业对闲暇影响劳动者家务时间配置的结构性调整效应，无论是男性劳动者还是女性劳动者，均仍显示出一定的显著性（P 值分别为 0.055 和 0.058），这一结果意味着尚有职业的其他特征扰动了闲暇对城镇劳动者家务时间配置的作用机制，还需要对此问题在后续研究中加以更进一步的探索。

三　结论

　　本节我们根据中国健康与营养调查（CHNS）2009 年提供的数据信

息，将城镇家庭中的成年男性和女性劳动力按职业划分成了 12 种和 10 种职业类型，发现城镇劳动力在职业分布和家务时间配置上，均存在较大的非平衡性，尤其是在家庭内部生产分工中，女性劳动力仍然是家务劳动的主要承担者。利用多层线性模型分析方法，我们选取了平均收入、高中以上学历比例和工作时间变异的方差三个指标来表征异质职业，得到了以下结论：

1. 异质职业是影响城镇劳动力家务分工和时间配置的重要因素，职业对男性劳动者家务时间投入的影响程度要大于女性劳动者。从 ICC 值来看，由于职业差别所导致的城镇劳动者家务时间配置差异占比，男性劳动者为 14.07%，而女性劳动者则为 9.09%。这一结果同时也表明，职业对于男性劳动者从事家务劳动所形成的约束程度要强于女性劳动者，由于通常男性成年劳动力的职业收入是家庭经济的主要来源，"男主外女主内"的家庭分工模式无疑是比较有效率的，具有一定的经济合理性。

2. 职业对劳动者家务时间配置的影响存在差异化的性别效应。职业对劳动者家务时间配置的影响体现在两个层面，一方面异质职业影响了劳动者的平均家务时间投入水平，另一方面则是职业通过结构性地调整劳动者特征因素影响家务时间投入的作用机制所形成的。具体来说，职业工作时间的灵活性有利于女性劳动者投入更多的家务时间，从事平均受教育程度较高职业的男性劳动者分担了更多的家务劳动，而职业收入水平的提高有助于男性劳动者减轻家务负担。教育使得家庭内部的家务分工更为平等，从事平均受教育程度更高职业的女性劳动者较少受到家庭分工的性别歧视，而职业收入水平的提高有助于男性劳动者投入更多的家务时间。女性劳动者为了兼顾家务劳动而选择工作时间更为灵活的职业，从事平均受教育程度较高职业则有助于其减轻家务负担，而男性劳动者的职业收入水平并不依赖于增加市场工作时间，从而与投入更多的家务劳动不相冲突。女性劳动者的职业收入水平越高越有能力协调闲暇与家务时间配置的矛盾，而从事平均受教育程度更高职业的男性劳动者则更愿意牺牲闲暇以分担家务劳动。

3. 与大多数研究成果的结论不同，劳动者个人对家庭收入的贡献并未使其减少家务时间的投入，尤其是对于女性劳动者而言，个人对家庭收入的贡献与其家务时间配置是显著互补的。一种可能的解释是，家务劳动的经济属性取决于不同的经济发展水平，尤其是对于转型经济国家而言，在经历温饱向小康生活过渡的阶段中，收入水平的提高正是实现其追求生活品质目标而投入更多家务时间的一个必要条件，也就是说在不同的经济发展阶段，家务劳动在经济学意义上的劣质品属性未必总是成立的。

当然，在职业对劳动者投入家务时间的影响机制中，不同职业的其他特征对于劳动者家务时间投入的随机效应，仍有待于进一步的挖掘和探索。

第四节　职业对农村劳动力家务时间配置的影响

一　初步统计结果

（一）职业分组、家务时间及样本量

农村家庭的成人男性和女性劳动者的职业分组情况及家务时间见表4.4.1，从表4.4.1的统计结果来看，首先，农村家庭女性劳动者投入的家务劳动时间平均比男性劳动者要多97.11分钟，超过男性劳动者平均投入的家务时间两倍以上，显示在农村家庭内部的家务劳动分工更为不均等；其次，从农村家庭男女劳动者的职业分布来看，农民、渔民或者猎人仍是农村劳动力最主要的职业类型，但劳动力流动和从事非农工作的趋势也十分明显，尤其是农村男性劳动力参与非农劳动的比例更高；最后，和城镇家庭样本中的情形类似，被调查的农村劳动力中仍有大量记录为失业或缺失的信息，基于同样的原因，我们仍将其列为一组，与其他职业组进行对照。

表 4.4.1　　　　　　　　　农村家庭职业分组

职业分组	家务时间均值（分钟）		样本数	
	女性	男性	女性	男性
1. 失业者	187.16	86.29	511	195
2. 高级专业技术工作者	171.43	57.07	7	15
3. 一般专业技术工作者	140.74	64.63	21	16
4. 管理者、行政官员或经理	135.78	71.13	8	30
5. 办公室一般工作人员	151.12	83.6	14	15

续表

职业分组	家务时间均值（分钟）		样本数	
	女性	男性	女性	男性
6. 农民、渔民或猎人	162.06	69.63	800	693
7. 技术工人或熟练工人	132.34	56.29	24	95
8. 非技术工人或熟练工人	128.39	59.06	69	140
9. 军官、警官、士兵或警察				
10. 司机		54.83		69
11. 服务行业人员	147.55	64.58	123	86
12. 其他	125.38	66.48	29	63
N	165.92	68.81	1606	1417

（二）职业的异质性特征

农村家庭调查样本中的职业异质特征，我们仍通过 Varbias、Educ10r 和 Lnavindinc 这三个指标予以反映：

从表 4.4.2 中可以看出，农村劳动力不同职业的工作时间弹性比城镇家庭劳动者有更大的变异性，女性和男性劳动者市场工作时间的方差值最大的甚至达到了 2643.334 和 2283.693；从事不同职业的男性和女性劳动者的受教育年限，同样也呈现出较大的非均等性，女性和男性劳动者高中以上比例最高的职业都是一般专业技术工作者，比例分别为 0.810 和 0.813，而这一比例最低的则都是农民渔民猎人职业，分别为 0.035 和 0.097；而且，不同职业的劳动者同样存在较大的收入差别，尽管平均职业收入取自然对数以后，Lnavindinc 值都较为接近，但是从绝对值来看，不同职业间的收入差别还是十分显著的。

表 4.4.2　　　　　　　　　　不同职业的特征值

职业分组	Varbias		Educ10r		Lnavindinc	
	女性	男性	女性	男性	女性	男性
1. 失业者	453.863	609.360	0.114	0.246	9.100	9.525
2. 高级专业技术工作者	1350.490	1951.129	0.571	0.733	9.513	9.929
3. 一般专业技术工作者	321.313	417.734	0.810	0.813	9.519	9.965
4. 管理者、行政官员或经理	993.750	872.556	0.500	0.333	11.180	10.591

续表

职业分组	Varbias		Educ10r		Lnavindinc	
	女性	男性	女性	男性	女性	男性
5. 办公室一般工作人员	225.016	211.627	0.357	0.533	9.440	9.835
6. 农民、渔民或猎人	1393.019	1814.544	0.035	0.097	9.300	9.529
7. 技术工人或熟练工人	368.415	1161.056	0.208	0.168	9.504	10.078
8. 非技术工人或熟练工人	406.581	1101.513	0.116	0.157	9.821	9.881
9. 军官、警官、士兵或警察						
10. 司机		836.115		0.101		10.457
11. 服务行业人员	1973.123	2283.693	0.187	0.163	9.878	9.698
12. 其他	2643.334	1447.753	0.138	0.190	10.251	10.382

（三）计量模型中各变量的描述性统计

表 4.4.3 农村女性劳动者各变量描述性统计

变量名 Level-1	N	MEAN	SD	MINIMUM	MAXIMUM
Lnhhwtime	1606	5.02	0.45	3.91	6.17
Age	1606	43.74	10.81	18.72	60.97
Sqage	1606	2030.05	907.49	350.44	3717.34
Educ10	1606	0.10	0.30	0.00	1.00
Incshare	1606	0.29	0.47	-6.11	13.02
Marri	1606	0.91	0.28	0.00	1.00
Hhsize	1606	4.19	1.66	1.00	13.00
Sqhhsize	1606	20.29	17.21	1.00	169.00
Employed	1606	0.68	0.47	0.00	1.00
Lnleisur	1606	8.36	0.26	5.89	9.39
South	1606	0.54	0.50	0.00	1.00
Level-2					
Varbias	10	1012.89	818.79	225.02	2643.33
Educ10r	10	0.30	0.25	0.04	0.81
Lnavindinc	10	9.75	0.60	9.10	11.18

从表4.4.3和表4.4.4的对比可以看出，农村家庭中女性劳动者的家务时间要远远高于男性劳动者，两者所占的平均比例分别为70.69%和29.31%，尽管平均投入的家务时间在绝对值上农村家庭男性和女性劳动者比城镇家庭男性和女性劳动者都减少了，但男女劳动者之间在配置比例上却更加不均等。调查样本显示，高中以上学历的比例，男性劳动者为16%，而女性劳动者则只有10%，和城镇家庭劳动者相比相去甚远，可见在劳动者受教育程度方面城乡之间存在较明显的差别。相应的个人收入占家庭总收入的比重，男性劳动者平均为35%，而女性劳动者则平均只有29%，显示在个人对家庭收入的贡献方面，男性劳动者相对于女性劳动者显得更为重要，当然对于农村家庭中的某些家庭收入做出明确的归属可能会存在一定的困难，但从中也可以看出农村家庭中的次要劳动力其经济依附性要比城镇家庭更为严重。而在失业者比例方面，基于前面已述及的原因，这个比值仍显得过高，但就男女成年劳动力相比而言，我们仍可以看出在就业比例上男性劳动者仍比女性劳动者占有一定的优势。在闲暇时间方面的对比中，男性劳动者仍比女性劳动者享有更多的闲暇时间，但两者之间的差距和城镇家庭相比更为收敛，也就是说农村男性和女性劳动者在闲暇时间配置方面相比于城镇劳动力更为接近。

表 4.4.4　　　　　　　　　农村男性劳动者各变量描述性统计

变量名 Level-1	N	MEAN	SD	MINIMUM	MAXIMUM
Lnhhwtime	1417	4.09	0.58	2.30	5.63
Age	1417	42.65	10.80	18.04	60.75
Sqage	1417	1935.74	894.36	325.44	3690.56
Educ10	1417	0.16	0.37	0.00	1.00
Incshare	1417	0.35	0.51	-12.02	2.64
Marri	1417	0.86	0.35	0.00	1.00
Hhsize	1417	4.11	1.59	1.00	11.00
Sqhhsize	1417	19.45	15.92	1.00	121.00
Employed	1417	0.86	0.34	0.00	1.00
Lnleisur	1417	8.38	0.29	5.89	9.80
South	1417	0.54	0.50	0.00	1.00
Level-2					

续表

变量名 Level-1	N	MEAN	SD	MINIMUM	MAXIMUM
Varbias	11	1155. 19	659. 10	211. 63	2283. 69
Educ10r	11	0. 32	0. 26	0. 10	0. 81
Lnavindinc	11	9. 99	0. 36	9. 53	10. 59

　　此外，从职业分组来看，女性劳动者平均的工作时间弹性要小于男性劳动者，工作时间的方差分别为 1012. 89 和 1155. 19，和城镇样本中的劳动者相比，农村劳动力不论男性还是女性，其工作时间的弹性更强，但在男女两性对比上，却与城镇家庭刚好相反，显示农村女性劳动者的市场工作"时间约束"程度比男性劳动者更强。分职业的平均受教育程度上，男性劳动者也要高于女性劳动者，各职业中平均的高中以上学历比例分别为 0. 32 和 0. 30。最后，在统计结果中显示，男性劳动者各职业的平均收入水平也要高于女性劳动者，收入取自然对数后两者之比为 9. 99：9. 75，两者之间的绝对差距还是十分显著的。

二　计量结果与分析

（一）空模型
Level-1 model

$$Lnhhwtime = B0 + R \tag{4.4.1}$$

Level-2 model

$$B0 = G00 + U0 \tag{4.4.2}$$

　　我们将农村家庭的男性和女性劳动者数据输入空模型（4.4.1）（4.4.2）后，结果如表 4. 4. 5 和表 4. 4. 6 所示：

表 4. 4. 5　　　　　　　　农村女性劳动者空模型结果

Fixed Effect	Coefficient	Robust Standard Error	T-ratio	Approx. d. f.	P-value
For INTRCPT1 B0 INTRCPT2 G00	4. 916	0. 045	109. 167	9	0. 000
Random Effect	Standard deviation	Variance Component	df	Chi-square	P-value
INTRCPT1，U0	0. 125	0. 016	9	167. 849	0. 000
Level-1，R	0. 439	0. 193			

表 4. 4. 6　　　　　　　　　　农村男性劳动者空模型结果

Fixed Effect	Coefficient	Robust Standard Error	T-ratio	Approx. d. f.	P-value
For INTRCPT1 B0 INTRCPT2 G00	4. 078	0. 045	90. 673	10	0. 000
Random Effect	Standard deviation	Variance Component	df	Chi-square	P-value
INTRCPT1，U0	0. 132	0. 018	10	58. 457	0. 000
Level-1，R	0. 574	0. 329			

从表 4. 4. 5 和表 4. 4. 6 可以看出，农村家庭女性和男性劳动者的家务劳动时间取自然对数的截距平均值为 4. 916 和 4. 078。而在方差成分中我们看到，女性和男性劳动者的组内方差分别为 0. 016 和 0. 018，组间方差分别为 0. 193 和 0. 329，卡方值分别为 167. 849 和 58. 457，在 9 个和 10 个自由度下其 P 值远远接近于 0，表明不同职业间的家务时间配置差异无论对于女性还是对于男性劳动者都十分显著。此外，根据方差成分表的分布数据，我们可以分别计算女性和男性劳动者家务时间配置的组内相关系数 ICC（Intra-class correlation coefficient）：

$$ICC_f = \frac{U0}{U0 + R} = \frac{0.016}{0.016 + 0.193} \times 100\% = 7.66\% \qquad (4.4.3)$$

$$ICC_m = \frac{U0}{U0 + R} = \frac{0.018}{0.018 + 0.329} \times 100\% = 5.19\% \qquad (4.4.4)$$

式 4. 4. 3 和式 4. 4. 4 表明，农村家庭中的女性和男性劳动者其家务时间（自然对数形式）的配置差异中有 92. 34% 和 94. 81% 由其个体和家庭及环境等因素引起的，由职业异质导致其配置差异的比例只分别占到 7. 66% 和 5. 19%，也就是说职业引致的差异占家务时间配置整体差异的比例分别为 7. 66% 和 5. 19%，显示农村女性劳动者的家务时间配置相比于男性更容易受到职业的影响，但这种影响程度无论是女性还是男性劳动者都比城镇家庭要小得多。

（二）完整模型

根据理论分析和经过多次的模型拟合，我们将农村家庭数据输入完整模型 4. 2. 1 和 4. 2. 2，运行结果如表 4. 4. 7 和表 4. 4. 8 所示：

表 4. 4. 7　　　农村家庭家务时间配置多层线性回归的固定效应

Fixed Effect	Coefficient		T-ratio	
	female	male	female	male
For INTRCPT1，B0				
INTRCPT2，G00	6. 9863 ***	4. 1090 ***	15. 132	105. 086
VARBIAS，G01	0. 0001 *		1. 988	
EDUC10R，G02		0. 3042		1. 550
LNAVINDINC，G03	− 0. 2176 ***		− 4. 347	
For AGE slope，B1				
INTRCPT2，G10	0. 0238 ***	0. 0212 *	2. 765	1. 847
For SQAGE slope，B2				
INTRCPT2，G20	− 0. 0002 **	− 0. 0002 *	− 2. 417	− 1. 812
For EDUC10 slope，B3				
INTRCPT2，G30	− 0. 0105	0. 0439	− 0. 264	0. 801
LNAVINDINC，G31		0. 1250 *		1. 918
For INCSHARE slope，B4				
INTRCPT2，G40	0. 0865 *	− 0. 0749	1. 793	− 0. 869
VARBIAS，G41	− 0. 0001 *		− 1. 874	
EDUC10R，G42		− 0. 3978 *		− 1. 902
For MARRI slope，B5				
INTRCPT2，G50	0. 0292	− 0. 0940 *	0. 644	− 1. 702
For HHSIZE slope，B6				
INTRCPT2，G60	0. 0312	0. 0243	1. 169	0. 584
For SQHHSIZE slope，B7				
INTRCPT2，G70	− 0. 0042 *	− 0. 0052	− 1. 619	− 1. 278
For EMPLOYED slope，B8				
INTRCPT2，G80	− 0. 1666 ***	− 0. 2986 ***	− 4. 188	− 3. 144
For LNLEISUR slope，B9				
INTRCPT2，G90	− 2. 0371	− 0. 0847	− 1. 341	− 1. 179
LNAVINDINC，G91	0. 2212 *		1. 959	
VARBIAS，G92		0. 0001 *		1. 922
For SOUTH slope，B10				
INTRCPT2，G100	− 0. 0751 ***	− 0. 0086	− 3. 244	− 0. 261

注：* 、** 、*** 分别表示 10% 、5% 和 1% 的显著性水平。

1. 职业对劳动者平均家务时间配置的影响

在表 4. 4. 7 中，我们发现农村男女劳动者配置的平均家务劳动时间的截距值分别为 4. 1090 和 6. 9863，而且在统计上十分显著（均达到了 1% 的显著性水平），这一结果表明农村女性劳动者所投入的家务时间要明显地多于男性劳动者，在农村家庭内部的家务分工比城镇家庭更加不均等。

从职业对农村劳动者平均家务时间配置的影响来说，女性劳动者从事市场工作时间更为灵活的职业，将使其增加平均家务时间的投入（系数值为 0. 0001，在 10% 水平上显著），表明市场工作对于劳动者从事家务劳动确实具有 "时间约束"（证实假设 A3），而女性职业收入水平的提高则有助于其减轻家务劳动负担，减少家务时间投入（系数值为 - 0. 2176，且在 1% 水平上高度显著），这一结果表明职业收入水平的提高有助于缓解劳动者购买家务劳动替代商品、闲暇等的预算约束，同时女性劳动者职业收入水平的提升也提高了其从事家务劳动的机会成本，就家庭内部分工而言，女性劳动者在市场工作中竞争力的提高也缩小了与家庭内部主要劳动力（丈夫）之间的获取市场报酬的能力差距，因此而减少家务时间投入的家庭分工模式具有其经济合理性（证实假设 A2）。而农村家庭男性劳动力从事平均受教育程度更高（高中或以上学历占比更高）的职业，则使其增加了家务时间的投入水平，再次体现了教育具有促进家庭家务分工平等化的作用，但这一结果没有达到通常统计上所要求的显著性水平（未能证实假设 A4）。

表 4. 4. 8　　　农村家庭家务时间配置多层线性回归的随机效应

Random Effect	Variance Component		df		Chi-square		P-value	
	f	m	f	m	f	m	f	m
INTRCPT, U0	0. 0001	0. 0063	7	9	5. 4655	25. 0348	>. 500	0. 003
EDUC10R slope, U3		0. 0004		9		2. 2726		>. 500
INCSHARE slope, U4	0. 0001	0. 0001	8	9	1. 3191	3. 8321	>. 500	>. 500
LNLEISUR slope, U9	0. 0001	0. 0055	8	9	15. 169	4. 6275	>. 500	>. 500
Level-1, R	0. 1888	0. 3273						

从以上结果及 ICC 值可以看出，职业确实影响了农村家庭内部的家务

分工和家务时间的配置（证实假设 A1），但由于多层线性模型不支持以相同的职业特征比较职业对男性和女性劳动者平均家务时间投入的效应估计，因此我们无法直接比较这种效应的性别差异程度。

2. 个人、家庭特征及家庭外部环境对劳动者家务时间配置的影响

农村男女劳动者的家务时间随着年龄的增长均呈现出倒 U 型变化趋势，而且两者的系数值较为接近（年龄的系数值分别为 0.0238 和 0.0212，年龄平方项的系数值分别为 −0.0002 和 −0.0002），表现出较强的同步性和互补性特点，只不过女性劳动者的回归系数值比男性劳动者更为显著（显著性水平分别为 1%、5% 和 10%、10%）。这一结果表明，农村家庭市场工作时间的灵活性（从表 4.4.2 可以看出 Varbias 值较大）、农业生产活动与家庭生产的场所同一性和有酬劳动的自主性为市场工作与家务劳动的转换创造了更为便利的条件。

受教育程度的提高有助于女性劳动者减少家务时间的配置（系数值为 −0.0105），但会促进男性劳动者增加家务时间的投入（系数值为 0.0439），改善农村家庭内部家务分工的性别不平等状况，这再一次表明教育具有促进劳动者性别平等意识的功能，只可惜回归系数没有达到显著性水平的要求。

和城镇家庭中的女性劳动者一样，农村女性劳动者的收入占家庭总收入的比例提高反而增加了其在家庭生产中投入的时间（系数为 0.0865），且在统计上达到了 10% 的显著性水平。但对于农村男性劳动者来说，其收入占家庭总收入比例的提高有助于减少家务时间的投入（系数为 −0.0749），但没有达到统计上的显著性要求。这一结果再次表明，女性劳动参与率的上升并没有显著地减轻其家务劳动负担，家务劳动对于农村劳动力来说也未必是劣质品。

农村已婚女性劳动者比未婚者投入的家务时间更多（系数值为 0.0292），但这一结果没有达到统计显著性水平，而农村已婚男性劳动者比未婚者则明显地减少了家务时间投入水平（系数值为 −0.0940，并在 10% 水平上显著），表明婚姻状况对于男性劳动者从事家务劳动的影响更为明显。家庭人口规模的扩张均对农村男性和女性劳动者显示出规模经济效应，对劳动者投入的家务时间呈现出倒 U 形状态，但这一效应大都没有达到统计上通常所要求的显著性要求。无论是农村男性劳动者还是女性劳动者，参与市场工作以后均显著地减少了家务时间配置（系数值分别为

-0.2986和-0.1666，且均在1%水平上显著），再次表明市场工作对于劳动者从事家务劳动具有明显的"时间约束"性。在劳动者配置闲暇时间对于其投入家务劳动的替代弹性上，农村女性劳动者比男性劳动者的弹性值更大（系数值分别为-2.0371和-0.0847），但这一结果也未能达到统计学所要求的显著性要求。南方地区的农村女性劳动者投入的家务时间比北方地区的农村女性劳动者更为明显地减少（系数值为-0.0751，且达到了1%的显著性水平），表明家务劳动存在一定的区域性差异，但这种效应在农村男性劳动者身上却没有显示出显著性。

3. 职业对个人、家庭特征及家庭外部环境影响家务时间配置的结构性调整

教育不仅影响劳动者的生产效率，同时还具有提高性别平等意识、消除或者减轻家庭内部分工性别不平等的重要功能。对于农村男性劳动者来说，职业收入水平的提高，将有效地强化教育对于家庭内部生产的这种功能（系数值为0.1250，且在10%水平上显著），这一结果表明农村男性劳动者在市场工作中的竞争优势，同样可以体现在家庭内部生产效率上的绝对优势，当然从相对优势角度而言，市场工作效率相对优势更大的劳动者以从事竞争性市场工作为主，家庭内部生产效率相对劣势更小的劳动者以从事家务劳动为主的家庭分工模式，更具有经济合理性。

前面我们已经分析了农村劳动者对家庭的收入贡献与其配置家务时间的关系，即农村女性劳动者对家庭收入贡献的提高使其增加了家务时间配置，表明了市场工作对其从事家务劳动的"时间约束"，而随着收入水平的提高同时也增加了家务时间投入水平的事实，则说明在现阶段家务劳动并非是农村女性劳动者在经济学意义上的"劣质品"，投入更多的家务时间可能正是农村家庭追求更高生活品质、享用更精致的家庭生产产品的现实反映。而对于农村男性劳动者来说，其对家庭收入贡献水平的提高而减少了家务时间的投入，则说明农村男性劳动力在家庭经济中居于主导性地位，而其提升市场报酬的主要方式则是增加市场工作时间，也就是说减少家务时间配置主要源于市场工作时间的约束。从职业对劳动者收入贡献影响家务时间投入的结构性调整效应来看，农村女性劳动者从事市场工作时间更为灵活的职业将会削弱个人收入贡献对家务时间投入的效应（系数值为-0.0001，且在10%水平上显著），表明农村女性劳动者的收入回报仍依赖于其市场工作时间的投入水平，或者也有可能是在农村家庭经济中，

女性劳动者仍然存在较为明显的经济依附性（未能证实假设 B1，但职业工作时间的灵活性弱化收入贡献影响家务时间投入的作用成立）。而对于农村男性劳动者来说，从事平均受教育程度较高的职业导致其更加减少了家务时间的投入（系数值为 -0.3978，且在 10% 水平上显著），这一结果表明，农村男性劳动者即使接受了更多的受教育年限而增进了人力资本，但在当前阶段增加投入市场工作时间仍是其提高收入水平的主要手段，特别是在农村劳动力向城市转移、农业生产向非农产业转移的大背景下，说明农村男性劳动力依然受到劳动力市场歧视，只能从事劳动强度大、危险性高、按计件或计时获取工资而缺乏收入保障的城市低端职业，加班加点延长工作时间仍然是其提高收入水平的主要手段，因此减少家务时间投入正是其降低市场回报机会成本的理性策略。

农村劳动力闲暇时间配置与家务时间投入的替代性效应表明，规范的劳动休假制度的缺失推高了农村劳动力的边际闲暇需求，更富弹性的职业工作时间形成了劳动者从事家务劳动的更强时间约束，因此其家务劳动的投入水平只能以挤占闲暇活动、压缩闲暇时间的方式加以协调。农村女性劳动者职业收入水平的提高可以有效地缓解此约束状况（系数值为 0.2212，在 10% 水平上显著，证实假设 B3），而农村男性劳动者职业工作时间的灵活性也可以微弱地改善这种状况（系数值为 0.0001，在 10% 水平上显著）。

4. 随机效应

在随机效应表中，代入相应变量后，只有农村男性劳动者平均家务时间配置的截距项的随机效应依然具有显著性（P 值为 0.003），表明我们仍需要进一步深入挖掘和寻找其他职业特征来捕捉职业对农村劳动者平均家务时间配置产生变异性的作用效应。而其他的农村劳动者职业特征变量的随机效应都在模型中得到了充分地解释（P 值均大于 0.5），意味着农村女性劳动者的平均家务时间投入水平、农村女性和男性劳动者的教育和收入占家庭总收入比例、闲暇变量，在职业层面上的变异已经无须再进一步寻找另外的职业特征因素来说明了。

三　结论

本节我们将农村家庭中的成年男性和女性劳动力按职业分别分成了 11 种和 10 种职业类型，在家务劳动时间的配置上，女性和男性劳动者的配置比例约为 70.69% 和 29.31%，显示农村家庭内部的家务分工比城镇家庭更为不均等，同时不同职业的劳动者所投入的家务时间也存在明显的差异。利用多层线性模型的分解技术，我们主要的发现如下：

1. 职业是影响农村劳动力家务时间配置的因素之一，但其影响程度相对较小。异质职业对农村男女劳动力影响家务时间配置差异的解释比例，从 ICC 值来看分别只占到 5.19% 和 7.66%，这一结果表明除了职业因素之外，仍然有其他的农村家庭特征导致了劳动者家务时间配置的差异。尽管本书的研究未对此作更进一步的探索，但我们仍可以推测农村地区的传统生活习俗、价值观念和社会保障等制度性或历史文化传承方面的因素在其中发挥着重要作用。

2. 农村家庭的收入水平依然依赖于增加市场工作时间，即使在农村劳动力向城市转移、农业生产向非农劳动职业转变的经济转型阶段，这种状况也未得到有效的改善。其中的一个重要原因是在二元经济结构下的城乡劳动力市场分层所造成的城乡劳动力职业分割问题，农村转移劳动力位于城市劳动岗位的底层，从事简单的加工和低附加值劳动，致使其工资性收入水平的提高只能通过增加劳动时间投入的方式取得，从而形成了从事家务劳动的更强"时间约束"。

3. 教育同样在农村家庭中发挥着提升劳动者性别平等意识和促进家庭内部分工平等的作用，但较低的生活水平和更富弹性的市场工作时间在一定程度上抑制了教育的这种功能。也就是说即便具备一定人力资本的农村转移劳动力，也未能实现与城镇职工"同工同酬"，在就业的劳动岗位上无法取得合理的教育回报，带有城市地方保护性质的户籍制度所形成的职业分割，致使大部分农村转移劳动力无法获得进入社会保障更为健全、工资报酬较高、劳动休假制度较为规范的城市正规部门的就业机会，而在非正规部门中获取更多的职业报酬只能依赖于增加市场工作时间。

第五节　职业对城乡劳动力家务时间配置的效应比较

一　职业影响城乡劳动力家务时间配置差异的背景分析

城乡二元结构下劳动力市场分层所造成的城乡劳动力职业分割问题，是我们在比较职业对城乡劳动力家务时间配置的效应时不能忽视的前提。

劳动力市场分割（Labour Market Segmentation，LMS）理论认为，制度和社会性因素对劳动力市场报酬和就业产生了重要影响，劳动力市场被分割为双元结构，即一级市场的就业具有工资较高、工作条件优越、劳动休假制度规范、就业稳定、安全性好、作业管理过程规范、个人有较多升迁机会等特征，而在二级市场或称之为次级市场的工作则往往工资低、工作条件差、就业不稳定、工作时间被任意调整或延长、管理方式武断且粗暴、个人毫无升迁机会等特征（皮埃尔，1970）。中国正在经历从计划经济向市场经济转轨的过程，劳动力市场本身尚不完善或者正处于发育过程之中，当农村劳动力大规模向城市转移，而分割城乡劳动力市场的户籍制度还未发生彻底的改革时，作为劳动力市场上的后来者，农村转移劳动力在城市劳动力市场上就面临着双重歧视：职业工作岗位获得上受到"进入"歧视，在工资决定上同工不同酬（王美艳，2005）。

　　有学者认为户籍制度是造成我国劳动力市场城乡分割的主要原因（蔡昉、都阳、王美艳，2002），劳动者按户口被划分成城镇居民和农民，在劳动力市场上特别是在城市劳动力市场上这两类劳动者得到了不同的待遇。尽管在较为发达的劳动力市场上，行业间也会有持续的工资差异（克鲁格和萨默斯，1988；狄斯肯斯和凯斯，1987），但职业分割和市场歧视的双重歧视不仅使得农村转移劳动力受到较为严重的工资歧视（王和周，1999；奈特和李，2006；丁守海，2006；孟和张，2001；王美艳，2003；邓曲恒，2007；郭凤鸣、张世伟，2011），更为重要的影响则在于使其大大减少了进入城市正规部门就业的机会（多罗什，1999；孟，2000；姚先国、赖普清，2004；王美艳，2005；严善平，2007；陆益龙，2008；原新、韩靓，2009），甚至认为户籍制度造成了中国的"社会空间等级"（social spatial hierarchy）现象（陈铁军和马克·塞尔顿，1994）。被称为农民工的绝大多数农村转移劳动力集中在劳动密集型企业的低技术、低工资的岗位上，在一线生产岗位上从事着"无增长、无积累、无发展、不体面"的"纯劳动"（谢国雄，1997；李强，2004），在实行泰罗制科学管理的企业中，以"弹性专业化"和"精益生产"为特征的后福特主义生产体系中，生产链被细分为各个环节，普通工人只需要独立地完成其中的一个，只要纯熟灵巧、专注而不出错地重复动作，而不必掌握整个生产流程和技术，不需要多少知识和经验，"速度即技能"（谢富胜，2007）。

　　因此，农村转移劳动力的非农劳动收入的增长极大地依赖于其工作时间的延长，比如曾德冬（2008）的研究发现，武汉市流动人口每周劳动小时数对其收入具有正影响且显著性最强，而受教育年限对收入只有微弱的正向影响。按照我国现行的有关规定，体力劳动的强度可以划分为4级，Ⅰ级体力劳动是指8小时工作日平均耗能值为3558.8千焦耳/人，劳动时间率约为61%，即净劳动时间为293分钟，相当于轻体力劳动；Ⅱ级体力劳动是指8小时工作日平均耗能值为5560.1千焦耳/人，劳动时间率约为67%，即净劳动时间为320分钟，相当于中等强度劳动；Ⅲ级体力劳动是指8小时工作日平均耗能值为7310.2千焦耳/人，劳动时间率约为73%，即净劳动时间为350分钟，相当于重强度劳动；Ⅳ级体力劳动是指8小时工作日平均耗能值为11304.4千焦耳/人，劳动时间率约为77%，即净劳动时间为370分钟，相当于"很重"强度的体力劳动。杜毅（2009）的一项调查则显示，农民工每月工作10—22天的占8.4%，22—26天的占24.4%，26—29天的占23.7%，30天无任何休假的高达43.5%，每天工作8—10小时的占45.4%，10—12小时的占19.3，12小时以上的占6.2%，总体上每天工作时间超过8小时的占70.9%，已超出法定劳动时间，休息权严重受到侵害，与城镇居民相比，农村转移劳动力还需要支付更多的生活成本，承受更大的职业风险。

其次，我们必须引起注意的一个问题是劳动者的劳动供给与工资决定之间的关系，特别是处于城市次级劳动力市场上的农民工的劳动供给问题。李维斯（1954）指出，在二元经济背景下，对农村剩余劳动力支付维持生活的最低工资就可以获得无限的劳动供给。国内许多学者在关注我国农村劳动力向城市转移的同时，分析了低收入者特别是农民工群体的劳动供给问题（郭继强，2005；2006；2007；罗小兰，2007；聂丹，2007），认为在最低生存约束下农民工的劳动供给是一条向右下倾斜的曲线，形成所谓的"城乡双锁定"工资决定机制。本书在第三章中也考虑到了低收入者特别是农村劳动力在生存压力下，市场劳动供给背离经典经济学劳动供给向右上倾斜的劳动供给曲线的情形，认为劳动者随着工资率的降低可能反而增加市场工作时间，从而将极大地挤占和压缩家务时间，大大减少家务劳动的时间投入。

最后还要指出的是在户籍制度下的隐性福利问题，虽然现有制度允许农民向城市流动，但与户籍相联系的一系列体制性障碍尚未消除，使得农民向农民工转变的同时并未能使其实现真正的市民化。户籍制度是以户口登记与管理为基础的一项社会管理制度，但隐含在其中与户籍相关的就业、教育、社会保障等福利使其具有了强大的社会经济功能，它不仅为城市居民与农民两个群体贴上了身份标签，更将两者在社会分配体系中延伸和分割成"体制内"和"体制外"的差别（陆益龙，2004；刘传江、程建林，2009）。因此，农民和农民工在城市偏向发展的财政政策体制下，基于隐含在户籍下的相关社会福利保障的缺失，将极大地影响其市场劳动供给决策，只能通过自身的努力为自己及家庭实施自我保险，从而形成对其从事家务劳动、配置家务时间的约束。

二　职业对城乡劳动力家务时间配置的效应比较

从表4.3.1和表4.4.1中，我们发现城镇劳动力的职业分布相对较为平均，男性和女性劳动者均未出现高度集中于某种职业的现象，但是农村劳动力的职业分布状况显示出与城镇劳动力完全不同的特点，农民、渔民或猎人仍是绝大多数农村劳动力最主要的职业类型，即便包含登记为失业或就业信息不明的职业组，男性与女性劳动力从事该职业的人数依然占其样本总人数的比例分别达到48.91%和49.81%。而且从事非农生产的农村转移劳动力也大多集中于工人和服务行业人员等城市低端职业类型，处于二级或次级劳动力市场之中，可以说城乡劳动力市场的职业分割性特征还是十分明显的。

从城乡劳动力家务时间配置对比来看，城镇劳动力所投入的平均家务时间均要高于农村劳动力，特别是城镇男性劳动者的平均家务时间比农村男性劳动者要高出32.18%，而且在家庭内部家务分工上，农村家庭家务时间配置的性别不平等程度要远高于城镇家庭，这不仅与城乡家庭的经济状况、男女劳动者家务劳动生产效率差距、传统文化、社会习俗和社会福利保障差距等因素有关，更与劳动者的职业特点有着极其密切的联系。比如在传统的农业生产劳动中，由于对重体力等方面的要求，主要的务农劳动力需求还是以男性为主，这也间接地导致了农村地区家务劳动的分工更加倾向于女性劳动者，在农村家庭内部的家务分工有着更为严重的性别不平等现象。而在城镇地区，以第二产业和第三产业为主的产业分布结构，客观上对于劳动力在性别上的要求差异并不十分突出，甚至在部分工作岗位上，比如秘书、文员、教育、医疗等领域，女性劳动者可能更具有竞争力，与此相应的家庭内部的家务劳动分工，在一定程度上弱化了性别上的这种差距，男女劳动力家务负担率相对要均衡的多。

职业对城乡劳动力家务时间配置的影响效应差异，我们可以从以下几个方面来加以比较：

第一，异质职业对城镇劳动力家务时间配置的影响程度要大于农村劳动力。

按不同职业分组的城镇男女劳动力家务时间配置的 ICC 值分别为 14.07% 和 9.09%，而农村男女劳动力家务时间配置的 ICC 值分别为 5.19% 和 7.66%，表明职业对劳动者家务时间配置的影响占家务时间配置差异的比例上，无论是男性劳动者还是女性劳动者，城镇家庭都要大于农村家庭（证实假设 C1）。这一结果一方面表明从事农业生产的农村劳动力在劳动纪律和组织管理方面拥有更大的自主性，生产经营场所的特点使其进行市场工作与家务劳动的空间转换更为便利，因此市场工作对其从事家务劳动的"时间约束"是软性的；另一方面，由于大部分农村转移劳动力处于城市二级或次级劳动力市场之中，相比于主要在城市一级劳动力市场就业的城镇居民来说，劳动休假制度更不规范、工作时间经常性被调整被延长，极大地压缩了通过职业的调整来改善或放松市场工作对从事家务劳动的"时间约束"的空间。

第二，收入、社会福利保障差距是影响城乡劳动力的闲暇和家务时间配置决策差异的重要因素，其中异质职业的结构性调整同样因城乡差别而不同。

改革开放以来，由政策和历史原因所导致的城乡收入差距从最低的 1988 年的 1.72∶1 扩大到 2008 年的 3.21∶1，而如果再把城市居民所享有的各种隐性福利补贴诸如城市最低生活保障、养老与失业保险和公费医疗等项目折算成收入，城乡居民的收入差距将达到 6∶1（杨晓华，2011）。由收入水平和隐含于户籍制度下的社会福利保障差距，同样体现在城乡劳动者的闲暇和家务时间配置决策之中，具体来说：在市场工作时间既定的前提下，闲暇时间对于城乡女性劳动者均显示出替代性，尽管在统计上城市女性劳动者更为显著（系数值为 -1.7536，在 10% 水平上显著），但农村女性劳动者的替代弹性更大（系数值为 -2.0371，未达到显著性水平）。闲暇时间配置对于城镇男性劳动者投入家务时间具有互补性（系数值为 0.1197），而对于农村男性劳动者来说却是弱替代的（系数值为 -0.0847），尽管两者均未达到显著性水平的要求，但从中我们可以看出收入差距和社会福利保障差距是影响当前我国城乡劳动力配置闲暇和家务时间的重要因素。

　　无论是城镇女性劳动者还是农村女性劳动者，从事收入水平更高的职业均将显著地弱化闲暇对家务时间的替代效应（系数值分别为 0.1933 和 0.2212，均在 10% 水平上显著），这一结果表明收入水平的提高均能有效地缓解女性劳动者享受闲暇和从事家务劳动之间的冲突性（未能证实假设 C3）。对于城镇女性劳动者来说，随着收入水平的提高也增强了其购买雇佣服务、时间密集型商品的能力，而对于农村女性劳动者来说开展重叠性活动也是在兼顾家务劳动的同时享受闲暇的有效方式（所谓重叠性活动是指闲暇活动与家务劳动的同时进行，比如塞伯和塞巴托力夫（1990）进行的一项调查发现，有许多农村妇女是在听收音机或者与亲戚、朋友进行交流等活动的同时开展家务活动的。当然重叠性活动容易模糊闲暇与家务劳动的界限，特别是在调查信息中，被调查者往往将这种重叠性活动视为闲暇而非工作，因此有可能导致对闲暇时间的高估问题）。

　　城镇男性劳动力闲暇与家务时间的互补性表明，由于大部分劳动者在城市一级劳动力市场就业，能够相对严格地执行国家劳动作息和休假制度，八小时之外的时间使其有足够的空间来协调闲暇与从事家务劳动的矛盾，甚至在追求更高品质的家庭生产产品的同时，将家务劳动视为一种业余爱好，而从事平均受教育程度更高的职业将进一步强化这种效应，再次说明教育能够使劳动者更乐意为家庭作出自身闲暇的牺牲，替代其他家庭成员分担更多的家庭责任。而农村男性劳动力作为家庭经济的支柱，担负着更为沉重的家庭经济责任，在实行农业生产家庭承包责任制下，劳动者只能通过付出更多的劳动时间以获取相对较多的经济回报，即使摆脱了农业生产活动，也只能在城市二级或次级劳动力市场中从事劳动密集型工作，劳动休假制度的不规范反而使其通过加班加点，延长工作时间以获取更多报酬创造了条件。社会福利保障的缺失和收入水平的低下，甚至面临生存约束的境况下，劳动者只能在低工资下增加劳动供给水平，为自己和家庭实施自我保险。闲暇与家庭时间相互替代的效应表明，市场工作时间极大地挤占了闲暇空间，推高了农村男性劳动者的边际闲暇需求，因此在市场性工作之余只能压缩家务劳动的时间，从事市场工作时间更为灵活的职业能够微弱的缓解闲暇对家务劳动的替代性（系数值为 0.0001，在 10% 水平上显著），再次印证了这一点。

第三，城乡劳动者对家庭收入的贡献与其投入的家务时间存在明显的性别效应差异，从事平均受教育程度更高职业的农村男性劳动者减少家务时间的效应较为明显。

尽管我们在模型设定中并未反映女性劳动者对家庭的收入贡献与其家务负担比例的关系，难以考察个人在家庭收入中的比重对其家务负担的影响，但从对家庭的收入贡献与其家务时间的绝对投入量正相关性可以看出，随着女性劳动者（包括城镇和农村家庭）个人对家庭收入贡献水平的提高，相应地增加了家务劳动的时间配置（未能证实假设 C2）。这一结果预示着，在当前我国经济发展阶段，城乡家庭在现有的经济收入水平状况下，家务劳动可能并不具有经济学意义上的"劣质品"属性，也就是说家务时间配置的增加可能正是适应城乡家庭追求更高生活品质、享用更精致家庭产品的需要，而且随着收入水平的提高，城乡家庭内部生产的范围可能也是在扩大的。当然，我们也不能排除在家庭内部各成员之间，特别是女性劳动者所具有的"利他主义"精神在家庭分工中所发挥的作用。

对于男性劳动者来说，个人对家庭收入贡献的提高，导致其减少了家务时间的投入水平，尤其是农村男性劳动者减少的幅度更大一些，表明男性劳动力尤其是农村男性劳动力仍然是家庭收入的主要支柱，相对于城镇家庭而言，农村女性劳动力在家庭经济中的依附性要更强一些。特别需要指出的是，农村男性劳动力从事平均受教育程度更高的职业并未使其增加投入更多的家务时间，并未体现我们前面多次强调的教育具有促进性别平等意识、提高男性劳动者家务时间投入水平的作用，一种可能的解释是，农村男性劳动者当前增加收入的途径依然是粗放式地增加劳动时间，教育在农业生产劳动中未能有效地发挥出提升农业生产效率的作用，而在城市的下层劳动力市场中（非正规部门），由于中西部农村可以源源不断地提供廉价劳动力，致使农村转移劳动力的人力资本往往得不到适当的评价（严善平，2006）。

职业对城乡劳动力平均家务时间配置和劳动者特征影响家务时间配置效应的结构性调整其他方面，除了显著性水平不同之外，在城镇劳动力与农村劳动力之余的作用机制基本相近，前面对此已具体说明，此处不再重复。

第六节　本章小结

本章实证研究的主要目的是要检验职业是否对城乡劳动力家务时间配置产生了显著的影响，并对该效应在城乡家庭之间进行对比。我们采用了由中国健康与营养调查（CHNS）2009年提供的数据，并根据数据特点和研究的需要，运用多层线性模型（HLM）方法进行实证检验。初步统计结果显示，城镇家庭的男性和女性劳动力所投入的家务时间均要多于农村家庭，而在农村家庭中家务分工的性别不平等比城镇家庭更为严重，我们的研究得到了如下主要结论：

首先，在城镇家庭中：

（1）异质职业是影响城镇劳动力家务分工和时间配置的重要因素，职业对男性劳动者家务时间投入的影响程度要大于女性劳动者。

（2）职业对劳动者家务时间配置的影响存在差异化的性别效应。

（3）与大多数研究成果的结论不同，劳动者个人对家庭收入的贡献并未使其减少家务时间的投入，尤其是对于女性劳动者而言，个人对家庭收入的贡献与其家务时间配置是显著互补的。

其次，在农村家庭中：

（1）职业是影响农村劳动力家务时间配置的因素之一，但其影响程度相对较小。

（2）农村家庭的收入水平依然依赖于增加市场工作时间，即使在农村劳动力向城市转移、农业生产向非农劳动职业转变的经济转型阶段，这种状况也未得到有效的改善。

（3）教育同样在农村家庭中发挥着提升劳动者性别平等意识和促进家庭内部分工平等的作用，但较低的生活水平和更富弹性的市场工作时间在一定程度上抑制了教育的这种功能。

最后，在对劳动者家务时间配置进行城乡对比时，我们必须对我国当前的二元经济结构特征引起足够的重视，劳动者的行为决策必然受到宏观经济、社会背景的制约，特别是劳动力市场上城乡劳动力的职业分割、低收入者的劳动供给行为和隐含于户籍制度下的社会福利保障问题，是我们理解城乡劳动力家务时间配置的先决条件。在对城乡劳动力家务时间配置的比较中，我们得到了如下结论：

第一，异质职业对城镇劳动力家务时间配置的影响程度要大于农村劳动力。

第二，收入、社会福利保障差距是影响城乡劳动力的闲暇和家务时间配置决策差异的重要因素，其中异质职业的结构性调整同样因城乡差别而不同。

第三，城乡劳动者对家庭收入的贡献与其投入的家务时间存在明显的性别效应差异，从事平均受教育程度更高职业的农村男性劳动者减少家务时间的效应较为明显。

城乡劳动力在职业分布上的差别是城乡差别在劳动力市场上的集中反映，但是在我国长期实行城乡二元的经济社会政策背景下，城乡差别的内涵远不止此。以户籍制度为载体的城乡家庭成员，在事实上无论是收入、社会福利保障、公共品供给等方面，还是与此密切相关的受教育程度、传统文化意识、性别意识等方面均存在较为明显的差距，而这些差别最终将影响到家庭内部生产的范围和家务劳动分工决策。因此，我们完全有必要全面地来比较和剖析，城乡差别对于城乡劳动力家务时间配置决策的综合影响，比较这种影响在性别分工上的结构性差异。

第五章

城乡差别对家务时间配置的影响和比较

第一节　概　　述

一　研究目标

基于当前我国城乡劳动力市场的分层结构特征，本书第四章利用多层线性模型技术，分析和比较了职业差别对城乡家庭内部分工和家务劳动时间配置的影响和结构性调整，这为我们进一步剖析时间配置所造成的城乡家庭及其成员的福利效应提供了切入的一个视角。中国是一个城乡分割的经济，在长期实行城乡分割的制度和政策之后，分割的劳动力市场以及其他城乡差别因素共同作用，使得城乡之间存在巨大的社会经济发展上的差距，这包括收入差距、社会保障的差距和公共服务的差距等（李实，2007），而这些差距显然对于城乡家庭进行内部分工和家务劳动时间配置均将产生重要的影响。

城乡差距及其通过时间配置的效应，最终必然直接或间接地表现为城乡居民之间福祉（well-being）上的差异，因此包括职业在内的城乡差别，究竟对于城乡家庭的内部分工和家务劳动时间配置产生了怎样的影响，对于两者所发挥的效应有何差异，这是本章研究的主要目标。而要全面地揭示这种差异，则需要运用适当的分解技术，基于此，本书采用了在差异分解方法中最为基础也是最为经典的 Oaxaca-Blinder 分解方法。

二　工具和方法

Oaxaca-Blinder 分解方法是工资差异分解方法的最基础也是最经典的均值分解方法，该分解将组群之间工资均值差异分解为由个体特征差异造成的可解释部分和由特征回报差异带来的不可解释部分，并把不可解释部分归因于歧视，因此，工资差异的均值分解方法常用于测试歧视的大小程度。

尽管本章的研究目标与工资差异问题并无直接的关系，但是循着相同的思路，我们仍然可以将城乡家庭中的男性和女性劳动者的家务劳动时间配置差异分为两个部分：一是由劳动者的特征因素的不同所造成的差异部分，即由劳动者的个人、家庭以及家庭外部环境特征造成的对其家务劳动时间配置的不同效应，这是可以由特征变化所带来可以解释的差异部分；二是由其特征效应差异所带来的不可解释的差异部分，显然这不可解释部分应该归因于包括职业差别在内的城乡差别，而这正是我们所需要揭示的部分。

如前所述，Oaxaca-Blinder 分解方法最初是应用于解释异质劳动者，比如不同性别、不同种族劳动者的工资回报差异，并以此来揭示市场工资歧视程度大小的均值分解方法，因此下面我们以男性和女性劳动者的工资差异为例，简要地说明其主要内容和方法：

Oaxaca-Blinder 分解方法是要从数量上估计市场对女性工人歧视的平均程度以及各因素对男女工资差异的影响程度，若记组群 H 和 L 在劳动力市场上的均衡工资分别为 w_H 和 w_L，这两个组群代表个体特征的变量矩阵设为 X_H 和 X_L，相应的回归系数向量或称为工资结构分别为 β_H 和 β_L，则这两个组群的半对数形式的工资估计方程分别为 $\ln w_H = X_H\beta_H + \mu_H$ 和 $\ln w_L = X_L\beta_L + \mu_L$（以 Mincer 工资决定方程为基础），记这两个组群的子样本个体特征向量的平均值分别为 $\underline{X_H}$ 和 $\underline{X_L}$，根据 OLS 残差为零的性质，这两个组群的工资均值之差可分解为式 5.1.1：

$$\ln \underline{X_H} - \ln \underline{X_L} = \underline{X_H}\beta_H - \underline{X_L}\beta_L \tag{5.1.1}$$

Oaxaca 承接了 Becker（1957）所定义的市场歧视系数并进行变形后，提出了歧视系数（discrimination coefficient，D）：

$$D = \frac{\dfrac{w_H}{w_L} - \left(\dfrac{w_H}{w_L}\right)^0}{\left(\dfrac{w_H}{w_L}\right)^0} \tag{5.1.2}$$

其中，$\left(\dfrac{w_H}{w_L}\right)^0$ 表示无歧视时的均衡工资比，而被观察到的现实工资往往是存在歧视时的工资，而无歧视时的工资则需要我们根据既有实际样本的信息加以估计和逼近，无歧视工资也是我们进行工资差异均值分解和推断歧视程度的逻辑基点，我们还可以将式5.1.2写成对数形式5.1.3：

$$\ln \underline{X_H} - \ln \underline{X_L} = \ln\left(\frac{w_H}{w_L}\right)^0 + \ln(D+1) \tag{5.1.3}$$

如果我们将组群 H 的实际工资结构当作无歧视时的劳动力市场工资结构，则无歧视状态下组群 H 和 L 均衡工资比的对数为 $\ln\left(\dfrac{w_H}{w_L}\right)^0 = (\underline{X_H} - \underline{X_L})\beta_H$，从而可将5.1.3式分解为：

$$\ln \underline{X_H} - \ln \underline{X_L} = (\underline{X_H} - \underline{X_L})\beta_H + \underline{X_L}(\beta_H - \beta_L) \tag{5.1.4}$$

5.1.4式等式右边第一项表示即使不存在歧视组群 H 和 L 之间也存在的工资差异，即由组群 H 和 L 之间的个体特征差别引起的工资差异；第二项是由组群 H 和 L 之间的工资结构差别引起的工资差异，或者说是存在歧视和不存在歧视两种状态下组群 H 和 L 之间工资差异之差额，Oaxaca 称之为歧视，显然他将不能解释的工资差异部分都归因于歧视了。

我们在运用 Oaxaca-Blinder 方法来分解城乡差别对城乡家庭劳动者家务劳动时间配置差异时，还必须注意两个问题，一是选择哪个组群作为参照基准，也就是所谓的指数基准问题，显然选择不同组群作为基准会得到不一致的分解结果；二是 OLS 回归中的截距问题，在 Oaxaca 提出的分解方法中没有考虑截距问题或者说是假设截距为零，Blinder 方法则考虑了截距问题，尽管我们现在通常将两种方法全称为 Oaxaca-Blinder 分解法，但细究起来，两者之间还是存在一些细微的区别，我们在后面的实际应用中就需要十分注意这两个问题。

第二节 城乡差别对家庭家务时间配置效应的分解

一 城乡家庭家务时间配置差异

与第四章的内容保持一致，本章仍采用 CHNS2009 年的调查数据进行实证研究，从中可以看出，城镇家庭和农村家庭的劳动者无论是在家务劳动时间配置的绝对值上，还是在家庭内部的配置比例上均存在较大的差异，为了将这种差异的结构更加直观地体现出来，我们列在表5.2.1中：

表 5.2.1　　　　　　　　　　城乡家庭家务时间配置比较

职业分组	城镇家庭		农村家庭	
	女性	男性	女性	男性
家务时间（均值）（分钟/天）	177.49	90.95	165.92	68.81
城乡家庭家务时间差距（分钟/天）	+11.57	+22.14		
女性比男性增加配置的比例	+86.54		+97.11	
劳动者占家庭家务时间比例	66.12%	33.88%	70.69%	29.31%
男女劳动者的比例差距	+32.24%		+41.37%	
城乡家庭家务比例差距（%）	−4.57%	+4.57%		

在表 5.2.1 中，从劳动者配置家务劳动时间的绝对值来看，城镇家庭的女性劳动者和男性劳动者投入的家务时间都要多于农村家庭的劳动者，分别要多出 11.57 分钟/天和 22.14 分钟/天，因而在家庭总家务时间投入上，城镇家庭要比农村家庭多 33.71 分钟/天。但这并不能说明城镇家庭比农村家庭更偏好于家务劳动，更不能否定家务劳动经济学的"低档品"的属性，因为家务劳动时间的投入还取决于家庭内部生产的规模和深度以及从事家务劳动的条件，第四章职业的约束就是这方面的一个例证。

从家庭家务劳动时间配置的结构上来看，无论是城镇家庭还是农村家庭都是女性劳动者比男性劳动者多投入家务劳动时间，分别要多 86.54 分钟/天和 97.11 分钟/天，从而使得女性和男性劳动者在各自家庭中所占的家务劳动时间比例分别为 66.12%：33.88% 和 70.69%：29.31%，因此城乡家庭内部均存在比较严重的家务劳动性别分工不平等的情形。而且这种不平等程度在农村家庭中比城镇家庭更为不平衡，农村家庭女性劳动者比男性劳动者多投入 41.37%，而城镇家庭女性劳动者只比男性劳动者多投入 32.34%，也就是说，在比例上，城镇家庭女性劳动者要比农村家庭女性劳动者少投入 4.57 个百分点，而城镇家庭男性劳动者比农村家庭男性劳动者多投入了 4.57 个百分点。

家务劳动时间在城乡家庭中的配置总差异，部分地可以由影响家庭内部分工和家务劳动时间配置的特征因素，比如年龄、教育、婚姻状况、家庭规模和传统文化的地区性差异等因素来解释，而剩余部分差异则是由于当前我国城乡差距，比如城乡间的收入、公共服务设施、社会福利保障程度以及性别平等意识等城乡差别所导致的，因此，我们下面借助于

Oaxaca-Blinder 方法来分解这部分差异。

二 Oaxaca-Blinder 分解步骤

按照 Oaxaca-Blinder 分解的基本思想和原理，为了揭示城乡差别对于城乡家庭内部分工和家务劳动时间配置的影响效应，首先以 U（urban）和 R（rural）分别代表城镇家庭和农村家庭，以 m 和 f 分别表示男性和女性劳动者，假设其家务时间配置由式 5.2.1 决定：

$$\ln hhwtime_j^i = \beta_{0j}^i + X_j^i \beta_j^i + \mu_j^i \quad i = m, f; j = U, R; \qquad (5.2.1)$$

式 5.2.1 中 $hhwtime$ 表示家务劳动时间，整个模型以半对数形式表示；β_0 是模型中的截距项，X 则表示样本所有影响其家务劳动时间配置的因素的向量集合。β 为式 5.2.1 待估的诸因素的向量集合所对应的各回归系数向量集合，μ 为模型中的随机误差项，并假定其服从标准正态分布，则当各因素的向量集合分别取其均值时，随机误差项的期望值为零。

其次，在 Oaxaca-Blinder 分解中，需要指定一个参照基准，可以以城镇家庭为参照基准，也可以以农村家庭为参照基准，选择不同的参照基准其分解结果也有所不同。在此，我们选择以城镇家庭作为参照基准，主要是考虑我国当前正处于工业化和城镇化的进程之中，大规模的农村劳动力流向城市并融入城市，实现市民化是经济发展的必然趋势，因此，选择城镇家庭作为参照基准，可以用来逼近和测度农村家庭与城镇家庭（即参照基准）之间的距离和进度。这样，城乡劳动者家务时间配置的均值差距就可以分解成式 5.5.2：

$$\ln hhwtime_R^i - \ln hhwtime_U^i = (X_R^i - X_U^i)\beta_U^i + (\beta_{0R}^i - \beta_{0U}^i) + (\beta_R^i - \beta_U^i)X_R^i \quad i = m, f; \qquad (5.2.2)$$

式 5.2.2 等式左边（$\ln hhwtime_R^i - \ln hhwtime_U^i$）是城乡家庭劳动者所投入的均值家务劳动时间（取自然对数后）的总差异，而等式右边第一项 $(X_R^i - X_U^i)\beta_U^i$ 表示的是城乡劳动者由于个人、家庭及家庭外部环境等特征因素均值所引起的可解释的家务时间配置差异，等式右边第二项 $(\beta_{0R}^i - \beta_{0U}^i)$ 和第三项 $(\beta_R^i - \beta_U^i)X_R^i$ 则表示去除上述可解释的差异后的剩余差异部分，也就是说，是由于难以度量的城乡差别所导致的城乡家庭劳动者家务时间配置的差异部分，其中自然也包括了本书第四章中所特别指出的职业差别等因素。

而要分解出上述差异，我们必须获得式5.2.2中各特征变量的参数估计值。Oaxaca-Blinder分解的基本假定是经典线性回归（OLS），因此，下面我们按照普通最小二乘法的步骤求解各特征变量的系数估计值。

三　家务时间配置的 OLS 估计

（一）计量经济模型设定

$$\ln hhwtime_j^i = \beta_0 + \beta_1 \times (age) + \beta_2 \times (sqage) + \beta_3 \times (educ10)$$
$$+ \beta_4 \times (incshare) + \beta_5 \times (marri) + \beta_6 \times (hhsize)$$
$$+ \beta_7 \times (sqhhsize) + \beta_8 \times (employed) + \beta_9 \times (\ln leisur)$$
$$+ \beta_{10} \times (south) + \mu_j^i \qquad\qquad (5.2.3)$$

式5.2.3中各变量的含义同第四章，详见表4.2.1。在自变量中，我们选取了年龄、教育程度、是否已婚变量和闲暇时间的对数，用来表示被调查者对商品—闲暇的偏好程度以及家务劳动生产率，同时用年龄的平方来捕捉非线性效应，而受教育程度以是否超过10年作为工具变量，是为了最大限度地回避多重共线问题，因为大量的研究表明，受教育年限与收入、年龄、是否失业等变量间存在较为密切的联系。个人收入占家庭总收入的比重和现在是否就业两个变量用来表示家庭内部的家务劳动分工状况，在市场工作完全弹性的前提下，个人收入显然是其从事家务劳动的机会成本，而失业的成人相反在家务劳动机会成本方面则几乎可以忽略不计。我们以家庭人口规模及其平方项来衡量家务劳动的规模效应，而调查者是否处于南方地区则用来表示社会传统文化对家务劳动配置的影响，毕竟在我国的南方和北方地区，人们关于性别意识、男女平等的价值观可能存在较大的差别，可用以表示家庭所处的社会环境对家务分工的影响。

（二）各变量的描述性统计值

城乡家庭劳动者的各变量描述性统计值见表5.2.2和表5.2.3：

表 5.2.2　　　　　　　　　城乡家庭女性劳动者各变量描述性统计

变量名	MEAN		SD	
	城镇	农村	城镇	农村
Lnhhwtime	5.07	5.02	0.47	0.45
Age	44.54	43.74	10.95	10.81
Sqage	2103.21	2030.05	927.14	907.49

续表

变量名	MEAN		SD	
	城镇	农村	城镇	农村
Educ10	0.44	0.10	0.50	0.30
Incshare	0.29	0.29	0.27	0.47
Marri	0.87	0.91	0.34	0.28
Hhsize	3.49	4.19	1.27	1.66
Sqhhsize	13.79	20.29	11.21	17.21
Employed	0.52	0.68	0.50	0.47
Lnleisur	8.43	8.36	0.26	0.26
South	0.56	0.54	0.50	0.50
N	1342	1606	1342	1606

在表 5.2.2 中，城镇家庭的女性劳动者投入的家务劳动时间要多于农村家庭的女性劳动者，由于因变量日均家务劳动时间取自然对数值，尽管两者差额很小（0.05），但仍表示有着较大的差距，尤其是在每天的生产生活之中。

从个人的特征、家庭及家庭外部环境来看，解释变量中城镇女性劳动者的平均受教育程度要远高于农村女性，表明城乡间存在较大的教育水平差距，而且城镇家庭女性劳动者的闲暇也要比农村家庭女性劳动者更多。在家庭规模上，农村家庭则要比城镇家庭平均多 0.7 人。令人费解的是，城镇家庭女性劳动者的平均就业比例比农村家庭女性劳动者低 0.16 个百分点，一个可能的解释是与调查样本的选取有关，也可能与受访者对待调查的态度或者是对自己隐私的保护意识相关，但不论如何，作为一个虚拟变量除了显著性有所降低外仍可以反映出某种效应上的比较。

表 5.2.3　　　　城乡家庭男性劳动者各变量描述性统计

变量名	MEAN		SD	
	城镇	农村	城镇	农村
Lnhhwtime	4.34	4.09	0.51	0.58
Age	44.56	42.65	10.97	10.80
Sqage	2106.02	1935.74	923.25	894.36
Educ10	0.58	0.16	0.49	0.37

变量名	MEAN		SD	
	城镇	农村	城镇	农村
Incshare	0.41	0.35	0.35	0.51
Marri	0.84	0.86	0.37	0.35
Hhsize	3.46	4.11	1.28	1.59
Sqhhsize	13.63	19.45	10.86	15.92
Employed	0.73	0.86	0.44	0.34
Lnleisur	8.48	8.38	0.26	0.29
South	0.55	0.54	0.50	0.50
N	969	1417	969	1417

在表5.2.3中，城镇家庭的男性劳动者投入的日均家务劳动时间的自然对数值要大于农村家庭的男性劳动者0.25，显示两者的差距十分明显。在解释变量中，城镇家庭的男性劳动者在受教育程度、对家庭收入的贡献、闲暇时间方面均要大于农村家庭男性劳动者。与前述相同的原因，在家庭规模和平均就业水平方面，则是农村家庭高于城镇家庭的男性劳动者。

（三）OLS回归结果

5.2.3式的OLS回归结果如表5.2.4所示：

表5.2.4　　　　　　家务时间配置的OLS回归结果

	女　性		男　性	
	农村	城镇	农村	城镇
INTRCPT	4.3322 *** (10.111)	3.9988 *** (8.210)	3.8343 *** (6.848)	3.1114 *** (4.704)
Age	0.0227 *** (2.622)	0.0128 (1.272)	0.0241 ** (2.102)	−0.0006 (−0.042)
Sqage	−0.0002 ** (−2.171)	−0.0001 (−0.753)	−0.0003 * (−1.953)	0.0001 (0.328)
Educ10	−0.0401 * (−1.932)	0.0144 (0.529)	0.0218 * (1.903)	0.0156 ** (2.444)
Incshare	0.0114 (0.457)	0.0026 (0.049)	0.0076 (0.236)	−0.0087 (−0.155)
Marri	0.0344 (0.756)	0.1309 *** (2.987)	−0.1031 * (−1.863)	0.0190 (0.309)

续表

	女 性		男 性	
	农村	城镇	农村	城镇
Hhsize	0.0324 (1.204)	0.0782 ** (2.005)	0.0239 (0.571)	-0.0257 (-0.431)
Sqhhsize	-0.0040 (-1.572)	-0.0095 ** (-2.196)	-0.0051 (-1.247)	0.0024 (0.360)
Employed	-0.1810 *** (-7.152)	-0.2208 *** (-7.104)	-0.2661 *** (-5.579)	-0.2653 *** (-6.012)
Lnleisur	0.0267 (0.590)	0.0731 (1.472)	0.0065 * (1.916)	0.1667 ** (2.515)
South	-0.0778 *** (-3.344)	-0.1268 *** (-4.916)	-0.0125 (-0.380)	0.0135 (0.391)
N	1606	1342	1417	969

注：回归系数的 * 、 ** 、 *** 分别代表10%、5%、1%的显著性水平，括号内为 T 统计值。

从回归结果来看，劳动者的截距项均表现为高度显著，这意味着家务劳动时间配置的机制是极为复杂的，仍有许多模型外的因素在其中起着重要而显著的作用。

年龄因素对于农村家庭来说，无论是女性劳动者还是男性劳动者都将随着年龄的增长而显著地增加家务劳动时间，但增加的速度则随着年龄的增长而减缓。此种效应同样存在于城镇家庭的女性劳动者之中，但没有达到统计学上通常所要求的显著性水平，而对于城镇家庭中的男性劳动者甚至出现了截然相反的效应，也就是说其家务劳动时间随着年龄的增长而递减，但递减的速度随着年龄的增长而呈减缓的趋势，但同样不具有显著性。

教育在城乡家庭内部的效应也有较大的差别，高中及以上学历的男性劳动者投入的家务劳动时间显著地比高中以下劳动者更多，但高中及以上学历的受教育程度对于农村女性劳动者具有负效应且呈微弱的显著性，而对于城镇女性劳动者却呈正向关系但并不显著。

个人在家庭总收入中的贡献对于家务劳动时间不具有显著效应。成婚对于城镇女性劳动者具有显著的正效应，对于男性劳动者具有显著的负效应，但对于农村女性劳动者和城镇男性劳动者的正效应均不具有显著性。家庭规模扩大对于家务劳动时间配置的规模经济效应只对城镇女性劳动者呈现出显著性，甚至对于城镇家庭的男性劳动者所表现出来的却是规模不经济效应。就业状况十分显著地影响着劳动者家务劳动时间的投入，无论是城镇家庭还是农村家庭，无论是男性劳动者还是女性劳动者，在职的劳动者所投入的家务劳动时间均要显著地少于失业或在家待业的劳动者。闲暇时间与家务劳动时间存在替代性，尤其是在男性劳动者中更为显著。女性劳动者显然对于地区性因素更为敏感，尤其是在南方地区的女性劳动者家务时间投入比北方地区的更少，但南方地区的男性劳动者随着城乡的不同其效应方向也不同，但都未显示出显著性。

四   Oaxaca-Blinder 分解结果

（一）城乡家庭女性劳动者家务时间配置差异的 Oaxaca-Blinder 分解结果

由表 5.2.4 中 OLS 回归得到的各解释变量系数值，结合各解释变量的均值，以城镇家庭作为参照标准，就可以用来计算引起城乡家庭女性劳动者日均家务劳动时间自然对数值条件均值差异的结构性分布状况，其 Oaxaca-Blinder 分解的结果列在表 5.2.5 中：

表 5.2.5   城乡女性家务时间配置的 Oaxaca-Blinder 分解结果

	$(\overline{X_R^f} - \overline{X_U^f})\beta_U^f$	百分比	$(\beta_{0R}^f - \beta_{0U}^f)$ 和 $(\beta_R^f - \beta_U^f)\overline{X_R^f}$	百分比
INTRCPT			0.3334	-572.8918
Age	-0.0102	17.5381	0.4332	-744.4067
Sqage	0.0064	-11.0620	-0.2700	463.9118
Educ10	-0.0049	8.3861	-0.0054	9.3514
Incshare	-0.0000	0.0000	0.0026	-4.4312
Marri	0.0052	-8.9972	-0.0878	150.8411
Hhsize	0.0547	-94.0165	-0.1919	329.7357
Sqhhsize	-0.0616	105.7646	0.1102	-189.3385
Employed	-0.0353	60.6928	0.0270	-46.4725
Lnleisur	-0.0051	8.7888	-0.3878	666.3868
South	0.0025	-4.3582	0.0265	-45.4574
合计	-0.0482	82.7366	-0.0100	17.2634

表 5.2.5 表明，城乡家庭女性劳动者日均家务劳动时间自然对数值条件均值差异为 -0.0582，其中有 82.7366% 是由可解释的年龄、教育等特

征差异所引起，不可解释的城乡差距所导致的差异比例为 17. 2634%。在可解释差异部分中，有 11. 7481%（－94. 0165% ＋105. 7646%）是由于城乡家庭规模的差别所引起的，而就业与否的差异所导致的家务时间配置差异占到了总差异的 60. 6928%，显示就业状况是该部分差异中的最主要因素。此外，各有 8% 左右的这部分差异是由于年龄（6. 4761%）、教育（8. 3861%）、婚姻状况（－8. 9972%）、闲暇（8. 7888%）这些特征差异所造成的。

其他不可解释的城乡差别因素所造成的差异占到了总差异的 17. 2634%，城乡差别直接导致的差异几乎达到了总差异的近 6 倍（－572. 8918%），城乡差别通过对解释变量效应的结构性调整所引起的差异中，分别通过年龄（－281. 4949%）、婚姻状况（150. 8411%）、家庭规模（130. 3972%）和闲暇（666. 3868%），而由于城乡差别从而造成教育（9. 3514%）、个人对家庭收入贡献（－4. 4312%）、就业状况（－46. 4725%）和地区性因素（－45. 4574%）对家务劳动时间配置所产生的差异相对较小。

（二）城乡家庭男性劳动者家务时间配置差异的 Oaxaca-Blinder 分解结果

由表 5. 2. 4 中 OLS 回归得到的各解释变量系数值，结合各解释变量的均值，以城镇家庭作为参照标准，就可以用来计算引起城乡家庭男性劳动者日均家务劳动时间自然对数值条件均值差异的结构性分布状况，其 Oaxaca-Blinder 分解的结果列在表 5. 2. 6 中。表 5. 2. 6 表明，城乡家庭男性劳动者日均家务劳动时间自然对数值条件均值差异为 － 0. 2966，其中有 22. 5657% 是由可解释的年龄、教育等特征差异所引起，不可解释的城乡差距所导致的差异比例为 77. 4343%。在可解释差异部分中，除了就业状况差异有 11. 6283%、闲暇的替代弹性差异有 5. 6208% 的影响之外，其余的解释变量差异所产生的影响效应都较小。

其他不可解释的城乡差别因素所造成的差异占到了总差异的 77. 4343%，城乡差别直接导致的差异相当于总差异的近 2. 5 倍（－243. 7448%），城乡差别通过对解释变量效应的结构性调整所引起的差异中，分别通过年龄（－140. 4451）、婚姻状况（35. 4238%）、家庭规模（－19. 1837）和闲暇（452. 6839%），而通过对其他因素的影响所产生的差异都相对较小。

表 5.2.6　　　城乡男性家务时间配置的 Oaxaca-Blinder 分解结果

	$(\overline{X_R^m} - \overline{X_U^m})\beta_U^m$	百分比	$(\beta_{0R}^m - \beta_{0U}^m)$ 和 $(\beta_R^m - \beta_U^m)\overline{X_R^m}$	百分比
INTRCPT			0.7229	-243.7448
Age	0.0011	-0.3600	1.0502	-354.0698
Sqage	-0.0085	2.8705	-0.6040	203.6247
Educ10	-0.0066	2.2157	0.0010	-0.3338
Incshare	0.0005	-0.1756	0.0057	-1.9196
Marri	0.0004	-0.1283	-0.1051	35.4238
Hhsize	-0.0167	5.6396	0.2038	-68.7268
Sqhhsize	0.0142	-4.7957	-0.1469	49.5431
Employed	-0.0345	11.6283	-0.0007	0.2294
Lnleisur	-0.0167	5.6208	-1.3427	452.6839
South	-0.0001	0.0455	-0.0140	4.7242
合计	-0.0669	22.5657	-0.2297	77.4343

第三节　城乡差别对家庭家务时间配置影响的比较

一　城乡差别对女性劳动者家务时间配置影响比较

城乡差别对于女性劳动者家务劳动时间配置的净影响差异占全部差异的 17.2634%，而这部分效应又可以分成两大部分：一是式 5.2.3 模型中未能被解释的平均差异，也就是由城乡差别所造成的截距项差距；二是城乡差别通过调整式 5.2.3 中各解释变量的效应结构所形成的差异。

模型中未能被解释的平均差异值为 0.3334，占日均家务时间配置自然对数值的条件均值差异 -0.0582 的 -572.8918%，接近总差异的 6 倍左右。也就是说，城乡差别中的其他因素比如城乡社会福利差距、生活环境差异、公共服务设施差别、家庭内部生产的范围和深度差异等，对于农村女性劳动者来说日均要比城镇妇女多投入家务劳动时间。

城乡差别对于年龄在家务时间配置效应的结构性调整也是十分突出的，达到了总差异值的近 3 倍（-281.4949%），其中对年龄项效应的调整为 -744.4067%，对年龄平方项效应的调整为 463.9118%，也就是说，随着年龄的增长，农村男性劳动者要比城镇男性劳动者多投入家务时间，而且投入时间的加速度要更大一些，表现在图形上抛物线形状更为陡峭。这一情形说明农村家庭的女性劳动者随着年龄的增长其从事家务劳动的波动性比城镇家庭女性劳动者更大，一个可能的原因是农村家庭的家务劳动分工更加不均等，随着妇女年龄的增长，家务劳动的增量部分主要是由女性劳动者承担的从而导致了比城镇妇女更大的波动性。但在另一些方面，由于城乡差别导致了农村妇女比城镇妇女减少配置了家务劳动时间，而且这种效应超过了前面的效应幅度，从而使得总体上农村妇女比城镇妇女投入的家务劳动时间更少一些，这方面的主要因素包括婚姻状况、家庭规模和闲暇对家务时间的替代弹性等方面。这些效应表明，农村家庭成婚以后通常与丈夫父母共同居住生活可以相对节约家务时间，同样的效应还体现在农村家庭新增人口的边际家务需求和边际闲暇需求比城镇妇女更小而使得家务劳动时间配置有所减少。

二　城乡差别对男性劳动者家务时间配置影响比较

城乡家庭男性劳动者日均配置的家务劳动时间自然对数值的条件均值差距达到了 -0.2966，其中只有 22.5657% 是由于城乡男性劳动者的特征差异所引起的，绝大部分差异也就是说占 77.4343% 的差异是由于城乡差别所造成的。与妇女的情形类似，模型中没有表示的城乡差别因素导致男性劳动者家务时间配置的差异同样也可以分为两部分：一是由城乡差别所引起的平均差别；二是由城乡差别对于解释变量效应值的结构性调整所带来的配置差异。

城乡差别所造成的男性劳动者家务劳动时间配置的平均差异值为 0.7229，约占全部总差异的 -243.7448%，也就是说城乡差别直接引起农村男性劳动者比城镇家庭男性劳动者更多地配置了家务时间，而且该效应值是全部净差异的近 2.5 倍。与农村女性劳动者一样，城乡差距特别是公共服务设施、社会福利保障等方面的差距是造成此效应的主要原因。

另外，城乡差别也通过影响模型中解释变量对家务劳动时间配置效应进行了结构性调整，其中农村家庭男性劳动者相比于城镇家庭投入的家务劳动时间波动幅度更大，随着年龄的增长而增加了家务劳动时间的投入，但增加投入的速度下降幅度也要更大，同样地，家庭规模的变动对于农村男性劳动者也具有类似的效应调整。以上两个因素是使农村男性劳动者比城镇家庭增加配置家务劳动时间的主要方面，而婚姻状况及闲暇对家务劳动的替代率则是使其减少配置家务劳动时间的重要因素，而且其效应超过了前者的正效应而最终导致农村男性比城镇男性投入的家务劳动时间更少一些。特别是农村男性劳动者的闲暇时间对家务劳动时间的替代弹性值，达到了 -1.3427，占全部总差异值的近 5 倍（452.6839%），显示出其具有更大的边际闲暇需求。

三 城乡差别对家庭家务时间配置影响比较

首先，无论是女性还是男性劳动者，城乡差别对于其家务劳动时间的配置都有着极为显著的影响，这种影响是从平均家务时间配置和对特征因素效应进行结构性调整两个方面分别发挥作用，并最终导致了农村家庭男女劳动者的日均家务劳动投入时间绝对值均要少于城镇家庭。

其次，无论是女性还是男性劳动者，城乡差别对于特征因素效应的结构性调整主要体现在以下四个方面：年龄、婚姻状况、家庭规模和闲暇。但就调整方向来看，还是存在一定的差别，其中农村家庭劳动者的年龄均使其相对于城镇家庭增加了家务劳动时间的投入，而婚姻状况和闲暇均使其相对于城镇家庭减少了家务劳动时间配置。此外，家庭规模对于农村家庭的男性和女性劳动者存在截然相反的结构性调整效应，家庭规模的扩大使得农村男性劳动者相对于城镇家庭更多地投入了家务劳动，而使农村女性劳动者相对于城镇家庭更多地减少了家务劳动时间的投入。从总体效应来看，在城乡差别通过劳动者特征因素产生的结构性调整效应上，对农村女性劳动者的相对影响程度要大于男性，但城乡差别的总体效应占总差异的比例上，农村男性劳动者所占的比重要更大一些（比例分别为77.4343%和17.2634%）。

最后，本章利用 Oaxaca-Blinder 分解技术对于城乡家庭劳动者家务劳动时间配置的差异所进行的分解、比较结果，不仅是对城乡差别在其中作用机制的探索（不可解释的平均影响和对特征因素影响效应的结构性调整），同时也再一次证实了本书第三、第四章职业差别视角分析的可行性和必要性，虽然是不充分的，毕竟职业差别只是城乡差别中的重要组成部分但不是全部，更加全面、科学地研究仍需进一步挖掘和深入。

第四节 本章小结

本书第四章实证检验了职业差别对于城乡劳动者家务劳动时间配置的

影响效应，本章则是对城乡差别在家庭内部生产中影响效应的探索和比较，因此从思路逻辑上来说，是从职业因素的特殊视角转向城乡差别的一般性综合分析。而要实现此目标，本章采用了 Oaxaca-Blinder 均值分解技术，同时为了与第四章保持一致，仍然以 CHNS 中的 2009 年调查信息作为研究对象。

　　农村家庭的成年劳动者均比城镇家庭成年劳动者所投入的家务劳动时间绝对值更少，但在家庭内部分工结构上，农村女性劳动者所承担的家务劳动比例要比城镇女性劳动者高 4.57%，相应地，农村男性劳动者则要比城镇男性劳动者减少 4.57%。这一现象表明，城乡差别无论在平均家务劳动投入上，还是在对劳动者特征因素效应方面均发挥着结构性调整作用。具体来说，由于农村家庭在收入、社会福利制度、公共服务设施等方面相对落后于城镇家庭，从而导致了更重的平均家务劳动负担，但城乡差别通过对劳动者特征因素影响的结构性调整，相对于城镇家庭又减少了家务劳动时间的配置，而且后者的影响程度比前者更大，从而在总体上所投入的家务劳动时间比城镇家庭更少，同时加剧了农村家庭内部家务分工更趋于不均等。

　　城乡差别对于家务劳动时间配置的影响，可以分为平均效应和对劳动者特征因素影响的结构性调整两个方面，尤其是主要集中在年龄、婚姻状况、家庭规模和闲暇等因素的结构调整方面。相对来说，城乡差别对于农村女性劳动者的家务劳动影响要大于男性，但在总体效应上，农村男性劳动者的城乡差别的总体效应占总差异的比例要高于女性。

　　本章的研究表明城乡差别在城乡家庭内部家务劳动时间配置中的作用是十分显著的，第四章已经从职业差别的视角对此进行了探索，无疑是一个十分有意义的尝试，但要全面地剖析该效应还是不完全的，仍需进一步挖掘和深入。

　　自改革开放以来，我国的宏观经济社会环境发生了巨大的变化，特别是在城乡劳动力市场的发育和完善、农村劳动力的大规模转移和社会福利保障制度建设等方面均有重大的调整和变化，因此研究制度变迁下的城乡劳动力家务时间配置的动态演进并揭示其变化趋势，是十分有必要的。

第六章

城乡劳动力家务时间配置的动态变化

第一节　经济发展下的家庭内部决策

家庭内部分工和家务时间配置是家庭内部决策中的重要内容，但其复杂性也是不言而喻的，劳动者的行为决策不仅受到家庭及个人经济性因素的影响，而且价值观念、传统文化等非经济性因素在其中也起着十分重要的作用，因此劳动者配置家务时间不仅取决于个人及其家庭特征，同时也与其家庭所处外部环境有着直接或间接的密切联系。自改革开放以来，随着社会经济的持续、快速发展，城镇居民可支配收入和农村居民人均纯收入等均有大幅度的实质性提高，但两者之间的收入差距并没有因为农村劳动力大规模向城市转移而缩小，但随着城乡家庭劳动者之间在生活、工作、文化等方面的交流日益密切，城乡家庭的传统文化、价值观念和生活习俗等已经或正在发生着剧烈的变化，因此在此背景下来探讨家庭内部决策的动态变化是十分有现实意义的。

在外部制度环境上，特别是以户籍制度为代表的制度改革①，部分省份与大中城市在这方面的改革力度也在不断加大，但户籍制度尽管在限制乡—城劳动力流动方面的功能有所减弱，但从户籍制度改革的结果来看，只为极少部分对城市建设做出特殊贡献的农民工解决了落户问题，而对于绝大部分进城务工的农村转移劳动力来说，仍无法达到落户的门槛准入要求，因此把户籍迁入城市的农民工占比仍然很低。因此，农村转移劳动力基于户籍所形成的对自身身份定位的心理惯性，决定了他们的迁移预期只

---

① 以 2004 年国务院办公厅颁发《关于进一步做好改善农民进城就业环境工作的通知》为标志。

能是暂时性的或流动的，原有户籍制度所塑造的农民工的生活预期和生活目标，并没有因为户籍制度的少许改革而发生实质性的变化（刘传江、程建林，2009）。因此，与户籍制度紧密相连的体制性障碍，对农民工歧视和权利剥夺的种种制度安排依然将农民工排斥在城市资源配置体系之外，农村劳动力大规模向城市转移，只是使其工作方式发生了变化，离真正实现市民化尚有不小的距离。

因此，在此背景之下，城乡家庭的内部决策机制也必然随之进行相应地调整，我们在考察城乡家庭劳动力家务时间配置的动态演进趋势时，尤其需要注意以下几个方面的问题：

一　城乡收入差距

收入差距是我国二元结构经济社会特征下城乡差别的重要表现，城镇人均可支配收入与农村人均纯收入之间一直存在较大的差距，而且这种差距并没有随着改革开放政策的实施而缩小，甚至有研究认为从1988年至今，城乡收入差距不仅没有缩小反而是在不断扩大的，并且扩大趋势正在迅速上升。到目前为止，我国农村居民人均现金收入的实际增长率依然低于城市居民可支配收入的增幅，因此，这使得城乡之间的贫富差距有进一步扩大的危险（杨晓华，2011）。

表6.1.1转引自国家统计局《中国民政统计年鉴2012》：

表6.1.1　中国历年城乡居民家庭人均收入和消费支出统计（1978—2011年）

年份	城镇居民可支配收入	城镇居民家庭		农民纯收入	农村居民家庭	
		人均生活消费支出	恩格尔系数		人均生活消费支出	恩格尔系数
1978	343	311	57.5	134	116	67.7
1979				161	135	64
1980	478	412	56.9	191	162	61.8
1981	458	457	56.7	223	191	59.8
1982	495	471	58.6	270	220	60.6
1983	526	506	59.2	310	248	59.4
1984	608	559	58	355	274	59.3
1985	739	673	52.2	398	317	57.8
1986	900	799	52.4	424	357	56.5

续表

年份	城镇居民可支配收入	城镇居民家庭		农民纯收入	农村居民家庭	
		人均生活消费支出	恩格尔系数		人均生活消费支出	恩格尔系数
1987	1002	884	53.5	463	398	55.8
1988	1181	1104	51.4	545	477	54
1989	1376	1211	54.5	602	535	54.8
1990	1510	1279	54.2	686	585	58.8
1991	1701	1454	53.8	709	620	57.6
1992	2027	1672	53	784	659	57.6
1993	2577	2111	50.3	922	770	58.1
1994	3496	2851	50	1221	1017	58.9
1995	4283	3538	51	1578	1310	58.6
1996	4839	3919	48.8	1926	1572	56.3
1997	5160	4186	46.6	2090	1617	55.1
1998	5425	4332	44.7	2162	1590	53.4
1999	5854	4616	42.1	2210	1577	52.6
2000	6280	4998	39.4	2253	1670	49.1
2001	6860	5309	38.2	2366	1741	47.7
2002	7703	6030	37.7	2476	1834	46.2
2003	8472	6511	37.1	2622	1943	45.6
2004	9422	7182	37.7	2936	2185	47.2
2005	10493	7943	36.7	3255	2555	45.5
2006	11759	8697	35.8	3587	2829	43
2007	13786	9997	36.3	4140	3224	43.1
2008	15781	11243	37.9	4761	3661	43.7
2009	17175	11265	36.5	5153	3993	41
2010	19109	13471	35.7	5919	4382	41.1
2011	21810	15161	36.3	6977	5221	40.4

当然,一般来说,在市场竞争的条件下,由于劳动者自身资源禀赋的差异而必然会存在一定的收入差距,甚至有可能会导致出现贫富两极分化的结果。当前我国采用市场经济为主的多种所有制混合的制度,初始条件下的分配在城乡间是极为不平等的,同样的在初始分配之外,通过政府利

用国家基本职能，即转移支付对收入进行再分配，这一过程在城乡之间也存在极大的不平衡。这种城市优先发展的宏观经济政策，事实上使得农村资源在源源不断地向城市输送资金，在城市迅速发展的同时，也加快了城市向农村汲取资源的步伐，导致了农村经济资源的进一步匮乏。此外，社会等级制度的格局也是城乡间收入差距扩大的重要原因。中国的社会资源和经济资源一般是按照等级序列的高低排列的，国民基本权利、生存条件以及发展的空间都深深地依赖于这种社会等级制度，比如以户籍制度为载体所决定的生产资料占用制度、就业用工制度、医疗制度、社会保障制度等。当城市出现困难之时，国家通过各种手段或者货币政策的倾斜，首先要保证城市和国家工业的发展，农村就成了相对的牺牲者和贡献者。从20世纪90年代看来，由于国有企业的改革，有大批城市失业下岗，所以各个城市大都采用了辞退农民工，以及设置限制条件以保护城市居民的生活。劳动力市场上的这种城乡二元的分割性，使得城乡劳动力在就业机会、工作待遇以及晋升机会等方面均有着不小的差距。

我国的劳动力市场正处于发育和不断完善进程之中，二元性的经济社会结构特征尚未得到完全消除，与之相应的城乡劳动力市场则明显地呈现出分割性特征，与户籍相连的职业分割，使得大部分农村转移劳动力只能在城市二级劳动力市场上寻找就业机会。劳动力市场分层是导致城乡劳动力收入差距持续扩大的主要原因，比如一项研究表明在我国当前经济中存在显著的行业收入差距，以电力、自来水、石油天然气开采、证券业、银行业、航空、电信、烟草制造、铁路等为代表的垄断行业，其职工的平均收入要远远高于一些如服务业、农业、纺织业等基础行业，前者行业的职工年薪能达到10万元以上，后者行业的职工年平均工资却低于2万元（杨晓华，2011）。不仅如此，前者行业的职工工资增长幅度和增长速度均要高于后者行业的职工工资，因此，增长速度上的差异必然将进一步拉大两者之间的收入差距。

而且城乡居民之间的收入差距，除了与职业相关的工资性收入差距之外，还与隐性的福利性收入差距以及财产性收入差距有着十分密切的联系。特别是在我国二元性经济社会体制下的金融制度安排下，城乡金融资源配置存在较为严重的失衡现象，得自于此的财产性收入自然也会进一步加剧两者家庭之间的收入差距。随着宏观经济形势的变化和时间的推移，城乡家庭间的收入差距也呈现出阶段性的波动，尤其是当经济处于不同的时期，这种收入差距也表现出一定的周期性特征。根据经典的经济增长理论，人们得自于不同来源的收入都是与经济增长趋势顺周期波动的，比如在经济高涨时期，各个阶层的收入都随之上升，同样的道理，当经济处于衰退时期时，各个阶层的收入也都随之下降。但这种间歇性波动的收入上升或者下降，其变动的幅度并不必然完全相同，这样自然就会引起人们收入分配的周期性变化。从实践经验来看，人们的工资性收入在整个经济周期中的波动幅度相对较小，而财产性收入的波幅则相对较大，同时当经济处于上升时期，出于追逐利润的目的，往往使得投资利息和资本分红收益的增长速度远远超过劳动者工资性报酬的增长速度，这样就导致了不同阶层收入分配的进一步恶化和有效需求的不足。反之，在经济下行或者是经济增速减缓时期，由于企业利润的大幅下降，企业资产值的下跌又会逐步降低利息和折旧成本支出，而工资所具有的黏性特征，使得工资性收入的下降速度会低于利息和利润等资本性收入的下降速度，因此，各个阶层的收入分配差距在经济衰退时期又会逐步得到改善，从而引导经济重新进入新一轮的增长周期。因而，城乡收入差距扩大或者缩小、城乡收入分配状况的改善或者恶化会随着宏观经济形势和经济结构调整而发生波动。

二　经济结构的调整

克拉克定理认为，随着社会经济的不断发展，一个国家的劳动力构成会由农林水产等第一产业部门占优势而逐渐向工业及制造业等第二产业部门、服务业等第三产业部门占优势转变。随着改革开放政策的不断深入，我国的市场经济得到了快速的发展，三次产业结构比例也已从 1990 年的 27.1%、41.6% 和 31.3% 转变为 2008 年的 11.3%、48.6% 和 40.1%，劳动力就业结构也发生了巨大的变动。因此，伴随着职业、行业结构的变化，我国城乡劳动力家务时间配置也将呈现出相应的结构性调整。

经济发展的历史同时也是经济结构变化的过程，一个国家整体经济中的就业结构同时必然受到促使产业结构发生变化的诸多因素的影响而不断发生变化。经济形势左右着劳动者，特别是农村劳动者从事农业生产，或者退守家庭从事家务劳动为主，或者减少家务付出而投身于市场工作，也正是因为这个原因，面临更大职业风险的农村劳动力也常被认为是对就业结构及经济状况的变动反应极为敏感的、相对不稳定的劳动力供给源，尤其是农村女性劳动者被认为是为增加家庭收入而加入劳动力的"家庭辅助性劳动力"、断断续续往返于劳动力市场和非劳动力市场之间的"边缘劳动力"（丁红卫，2007）。

三　家庭外部环境变迁

自从改革开放以来，随着中国社会经济的持续、快速发展，城乡居民的劳动参与率发生了很大的变化，尤其是农村劳动力源源不断地跨区域、跨行业、大规模的转移，城乡劳动者之间在生活、工作、文化等方面的交流日益密切，社会意识、传统观念和生活习俗等已经或正在发生着剧烈的变化。这种社会经济结构的发展引致家庭生活的变化，将会明显地体现在家庭内部的家务劳动分配方面。比如科万指出："如果你是个生活在1800年前的家庭主妇，你要做饭、烘烤足够的食物，而你的丈夫则要做大量的准备工作，例如劈柴、谷子脱壳、将谷物弄碎；同时，你的孩子还需要照顾。"直到19世纪中期的工业革命，才使得许多重体力劳动转移出家庭，在当时的主导意识形态下，男人主要从事家庭外面的市场工作，而妇女的活动空间则是家庭。在20世纪后半叶，随着妇女劳动参与率的增加，妇女的家务劳动负担才有所降低。

此外，社会福利保障制度的变迁、家政业的发展以及家务劳动现代化（家用电器或机械化装备工具等）程度的提高等，甚至可能引发支配人们日常生活的准则发生转变，进而急剧促进家庭生活的变化。

改革开放30多年来，我国的经济、社会等各个领域均发生了或正在发生着剧烈而广泛的变革，但二元性的经济社会结构特征尚未得到彻底消除，因此，在此背景下考察我国城乡劳动者家务时间配置的动态变化，不仅有着十分鲜明的中国特色，而且对于全面、客观地评估经济改革的成效同样具有十分重要的参考价值。而要准确地揭示城乡劳动者家务时间配置的动态演进趋势和规律，需要我们采用大样本的数据信息和恰当的计量工具与方法。

第二节　数据与计量工具和方法

一　数据来源

本章实证研究的数据依然来自中国健康与营养调查（China Health and

Nutrition Survey，CHNS），根据研究的需要，我们选取了 CHNS 面板调查数据集中的时间调查子集，数据涵盖了 1989 年、1991 年、1993 年、1997年、2000 年、2004 年、2006 年和 2009 年的共计 8 次记录。调查范围覆盖了中国 9 个省、自治区的城镇和农村地区，涉及 22945 个成人样本和49089 条信息。从时间跨度、样本范围及分布等各方面均具有相当的代表性，为研究我国从 1989—2009 年 20 年城乡劳动者家务时间配置的动态变化提供了良好的微观数据支持。

二 纵向数据特征及传统分析方法的局限性

纵向数据（Longitudinal Data）是指对同一个对象进行多次重复调查所获得的数据，或者也可以称为跟踪调查数据，我们也可以把这类重复调查的数据看作具有分级结构的多层数据，因为重复性的调查是嵌套于个体对象之中的，因此，每个个体均可被视为一组或一级单位，个体的某些特征便代表了组的特性。纵向数据有以下几个明显的特征：一是研究对象内的观察值之间会存在相关，因为在对每一个研究对象进行反复地收集数据，故该研究对象的某些特征值是固定不变的；二是在纵向数据中有两种可能的变异来源，包括被研究对象个体特征的变异和研究被对象个体间的变异，而且这些变异可能会随着时间的推移而发生某些改变；三是纵向数据通常是不完整的，因为某些被研究对象会由于各种原因而"失访"，比如从后续的调查样本中被剔除，或者由于某些特殊的原因错过调查机会等，均会造成某次调查信息的缺失，这样被研究对象的调查次数和相邻调查时间的间隔就有可能会有所不同（王济川等，2008）。

传统的计量统计方法比如普通最小二乘法（OLS）等，在对纵向数据进行分析时存在较为明显的局限性，表现在以下几个方面：第一，OLS 的假设如正态分布、观察对象相互独立、同方差性等，难以在纵向数据中全部得到满足；第二，OLS 模型的截距和斜率估计值为固定系数，也就是说，OLS 所研究的是所有个体的平均结果值和在整个研究期间内的平均变化率，因而不能分析代表数据信息发展趋势的个体特征和变异。其他如单元重复测量 ANOVA 分析和多元重复测量 ANOVA 分析等方法，假设模型有一个独特的复合对称残差方差/协方差结构，并且假定不同时间点上的残差方差相同且协方差为常数，这样的假设在多数纵向数据中是不太可能成立的。

三　工具与方法：成长模型（Growth Model）

我们要研究城乡劳动者从 1989—2009 年期间的家务时间配置变异，需要对研究对象进行重复性调查，因此，我们可以把研究对象在不同时点的每次调查看作是水平 1 单位，研究对象本身则可以看作是水平 2 单位，劳动者的城乡差别可以看作是水平 3 单位，这样就可以应用多层模型来加以分析了，而应用于纵向数据的多层模型则被称为成长模型（Growth Model）。

与传统的普通计量分析方法相比较，我们采用的成长模型具有以下主要的优点：第一，在研究对象的调查信息有所缺失的条件下，也就是说纵向数据本身不完整的情形下，成长模型可以利用最大似然或限制性最大似然方法，利用全部其他可以利用的数据进行模型估计，因此我们在分析时就不需要人为地剔除那些带有缺失调查值的研究对象，也不需要为了弥补而人工输入缺失值，这样就可以最大限度地保证大样本性；第二，成长模型能够较为灵活地处理研究对象重复性调查次数不相等和调查时间间隔不相等的问题；第三，成长模型既不要求各个研究对象的调查值相互独立，也不受如复合对称等限制性假设的制约，而且我们既可以分析研究对象本身的个体变异，也可以分析研究对象个体间的变异，或者同时从以上两个方面来分析纵向数据；最后，成长模型可以非常容易地在模型中纳入时间变化协变量，如在重复调查数据中，个体水平的协变量如性别、种族等是时间恒定的协变量，不随时间变化而变化，但随机调查时研究对象的婚姻状况、经济收入、行为及健康状况等则可能是随时间发生变化的协变量。

总之，与传统的统计分析方法相比较，成长模型更加灵活也更加适合用于分析纵向数据。因此，我们在揭示并比较城乡劳动者在 1989—2009 年的 20 年间其家务时间配置的动态调整变化时，就可以将被调查对象的 8 次调查数据列为一个标准的纵向数据，运用多层分析技术中的成长模型方法将是一个较为理想的选择。

第三节　计量经济实证模型：结果、比较和分析

用于分析纵向数据的成长模型其原理与本书第四章中的多层线性模型是相同的，我们在此构造一个三层成长模型来分析城乡劳动者在近 20 年

间家务时间配置的演变趋势，下面我们分步骤来进行模型估计和结果分析。

一 计量模型设定

Level-1 model：

$$\ln hhwtime = P0 + P1 \times (Time) + P2 \times (Sqtime) + E \tag{6.3.1}$$

Level-2 model：

$$P0 = B00 + B01 \times (Gender) + B02 \times (Educ) + B03 \times (Sqeduc) + B04 \times (South) + R0$$

$$P1 = B10 + B11 \times (Gender) + B12 \times (Educ) + B13 \times (Sqeduc) + B14 \times (South)$$

$$P2 = B20 + B21 \times (Gender) + B22 \times (Educ) + B23 \times (Sqeduc) + B24 \times (South) \tag{6.3.2}$$

Level-3 model：

$$B00 = G000 + G001 \times (Invpnt) + U00$$

$$B01 = G010$$

$$B02 = G020$$

$$B03 = G030$$

$$B04 = G040$$

$$B10 = G100$$

$$B11 = G110$$

$$B12 = G120$$

$$B13 = G130$$

$$B14 = G140$$

$$B20 = G200 + G201 \times (Invpnt)$$

$$B21 = G210$$

$$B22 = G220 + G221 \times (Invpnt)$$

$$B23 = G230 + G231 \times (Invpnt)$$

$$B24 = G240 + G241 \times (Invpnt) \tag{6.3.3}$$

模型说明：

（一）各变量含义的简要说明见表 6.3.1：

表 6.3.1　　　　　　　　　成长模型各变量简要说明

变量名	含　义	单　位
lnhhwtime	成人家务劳动时间取自然对数	
Time	调查序号	次
Sqtime	调查序号的平方	
Gender	性别：男 =1，女 =0	
Educ	受教育年限	年
Sqeduc	受教育年限的平方	
South	是否南方地区：是 =1，否 =0	
Invpnt	调查点：城市点 =1，农村点 =0	
P0	水平 1 模型截距项	
P1、P2	水平 1 模型变量待估系数	
E	水平 1 模型随机误差项	
B00、B10、B20	水平 2 模型截距项	
B01—B24	水平 2 模型变量待估系数	
R0	水平 2 模型随机误差项	
G000—G240	水平 3 模型截距项	
G001—G241	水平 3 模型变量待估系数	%
U00	水平 3 模型随机误差项	

（二）模型设定说明

我们在水平 1 模型中，因变量仍取劳动者家务时间的自然对数，是因为大多数的调查微观数据中往往存在异方差性或偏态性问题，根据伍德里奇（2003）的建议，取对数形式虽然不可能完全消除这两方面的问题，但至少可以使之有所缓和，而且取对数通常会缩小变量的取值范围，在某些情况下还相当可观，从而使得估计值对因变量或自变量的异常（或极端）观测不是那么敏感。

图 6.3.1 是根据 1989—2009 年 8 次调查数据[①]，全体样本对象家务时间对数的均值所绘制的分布图，从图示中我们可以看出城乡劳动者人均家

---

① 8 次调查年份分别是 1989 年、1991 年、1993 年、1997 年、2000 年、2004 年、2006 年和 2009 年。

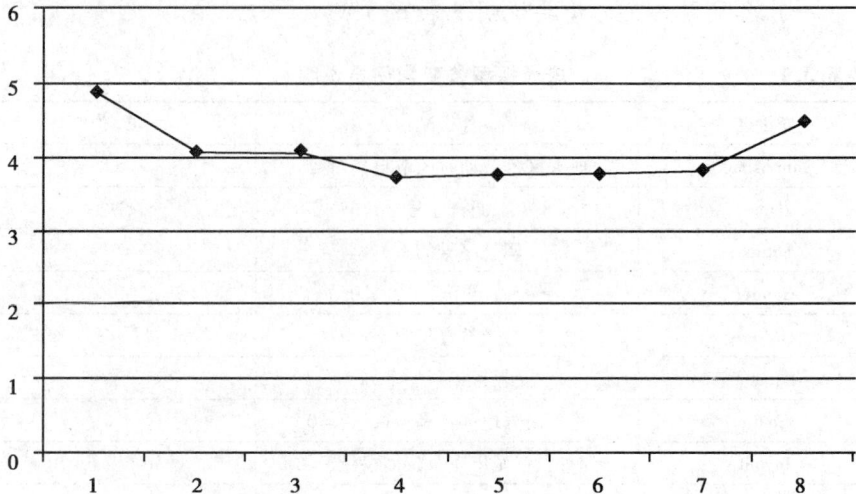

图 6.3.1　城乡劳动者历年家务时间对数的均值分布（1989—2009 年）

务时间对数的分布随调查时间的变化而出现了非线性变化的态势，大致上呈现为 U 形，因此我们选择了二次方成长模型。

但高次方多项式成长模型的一个重要问题是线性、平方项之间可能存在相关或者共线性问题。海德克尔和吉本斯（2006）指出，具有 3 个时点的二项式成长模型，其线性时间分值（即 time = 0、1、2）和时间平方分值（即 time 平方 = 0、1、4）之间几乎完全相关，而如果将时间分值减去其均值，或者说将时间尺度的中心点定在观察期的中点，则 time 和 time 平方项之间的共线性问题便可完全去除。在本节中，我们将 1989—2009 年间的 8 次调查依次记为 1—8，则其均值为 4.5，每次中心化后的值分别为 −3.5、−2.5、−1.5、−0.5、0.5、1.5、2.5 和 3.5，time 平方项则分别为 12.25、6.25、2.25、0.25、0.25、2.25、6.25 和 12.25，经过对时间的中心化处理后，不仅可以使我们能从不同角度解释模型截距，而且有效地避免了共线性问题。

在成长模型中，水平 2 的解释变量是不随时间变化而变化的研究对象个体特征值，因此我们在数据中选择了性别、受教育年限、受教育年限的平方和地域（是否是南方地区）四个特征值。我们的研究对象为全体成年劳动者，因此其受教育年限通常不大会发生较大的变动，而采用受教育年限的平方项形式主要是为了捕捉教育对劳动者家务时间配置随着时间变动的变化率所产生的非线性效果。

水平 3 模型中，我们只设了一个特征变量——调查点（城市点 = 1，农村点 = 0），主要是用来考察和比较在城市和农村生活的成年劳动者随着时间变化其家务时间配置的演进趋势。当然，在城市调查点中可能也有从农村流动到城市的农村转移劳动力，但这部分样本量应该是相对较少的，原因在于农村转移劳动力由于城乡分割的户籍制度往往不能真正彻底地实现市民化，因此其在城市的定居点往往是不固定的，因此从样本的采集地点来加以区分，我们基本上可以视同为城乡对比。

（三）变量的描述性统计

从表 6.3.2 样本信息中，可以看出在调查中随机缺失的现象十分严重，也就是说不是所有的被调查者信息都包含在每一次调查中，因此，样本对象的数据是不完整的，但在成长模型中我们可采用最大似然或限制性最大似然方法，利用全部可以利用的数据进行模型估计，而不需要剔除那些带有缺失观察值的调查数据信息，也不需要主观性地弥补缺失信息，并能够处理各被调查者重复调查次数不相等的问题，从而保证大样本的统计性质，提高模型估计的稳健性。此外，全部被调查者中男女性别比例基本相当，男性约占 48%，南方地区的劳动者占 59%，略多于北方，调查点则以农村为主（城市调查点占 34%）。

表 6.3.2　　　　　　　　　成长模型中各变量的描述性统计

Level-1 model	N	MEAN	SD	MINIMUM	MAXIMUM
lnhhwtime	49089	4.11	1.33	0.01	7.52
Time	78761	− 0.24	2.27	− 3.50	3.50
Sqtime	78761	5.21	4.73	0.25	12.25
Level-2 model					
Gender	22945	0.48	0.50	0.00	1.00
Educ	22945	5.63	4.18	0.00	18.00
Sqeduc	22945	49.23	54.19	0.00	324.00
South	22945	0.59	0.49	0.00	1.00
Level-3 model					
Invpnt	22945	0.34	0.47	0.00	1.00

二　计量结果与分析

（一）空模型

Level-1 model：

$$\text{ln}hhwtime = P0 + E \tag{6.3.4}$$

Level-2 model：

$$P0 = B00 + R0 \tag{6.3.5}$$

Level-3 model：

$$B00 = G000 + U00 \tag{6.3.6}$$

空模型的运行结果见表 6.3.3。在成长模型中，我们通常假设水平 1 中的误差（即 E）服从均值为零，方差为 σ^2 的正态分布，$P0$ 代表平均结果。在水平 2 模型中，$B00$ 代表所有城乡成年劳动者家务时间配置的平均值，而 $R0$ 代表随机误差项，我们对其相应的假设是 $R0 \sim N(0, \tau_{00})$。相似地，在水平模型第三层中，$G000$ 代表城乡劳动者的平均结果，$U00$ 是随机项，其相应的假设是 $U00 \sim N(0, \tau_{000})$。

表 6.3.3　　　　　　　　　　　　空模型结果

Fixed Effect	Coefficient	Robust Standard Error	T-ratio	Approx. d. f.	P-value
For INTRCPT1，P0 For INTRCPT2，B00 INTRCPT3，G000	4.0557	0.0074	551.569	22944	0.000
Random Effect	Standard Deviation	Variance Component	df	Chi-square	P-value
INTRCPT1，R0	0.4248	0.1804		Too few df to compute	
Level-1，E	1.1925	1.4222			
INTRCPT1/ INTRCPT2，U00	0.4168	0.1737	17792	22929.34	0.000

将上述三层成长模型的方程组合起来，可以下式表示：

$$\text{ln}hhwtime = G000 + U00 + R0 + E \tag{6.3.7}$$

而结果的方差则表述如下：

$$Var(\text{ln}hhwtime) = \tau_{000} + \tau_{00} + \sigma^2 \tag{6.3.8}$$

方差成分 τ_{000} 是指整个样本中城市点和农村点的平均数据的变异，而 τ_{00} 是水平 2 中的城乡成年劳动者个体特征值的平均变异，σ^2 是水平 1 的误差方差，也就是模型无法解释的其他因素所引起的劳动者家务时间配置差异。这样，我们就可以根据以上空模型运行结果来计算跨级相关系数（ICC），由第二层个体劳动者特征所导致的家务时间配置差异所解释的总体方差的比例，可以由公式（6.3.9）来计算得到：

$$ICC_2 = \frac{\tau_{00}}{(\tau_{000} + \tau_{00} + \sigma^2)} = \frac{0.1804}{(0.1737 + 0.1804 + 1.4222)} = 10.16\%$$

$$(6.3.9)$$

由第三层城乡差别所解释的总体方差的比例，则由式（6.3.10）给出：

$$ICC_3 = \frac{\tau_{00}}{(\tau_{000} + \tau_{00} + \sigma^2)} = \frac{0.1737}{(0.1737 + 0.1804 + 1.4222)} = 9.78\%$$

$$(6.3.10)$$

也就是说，随着经济发展和调查时间的推移，城乡劳动者家务劳动时间配置的总体变异中，有约 10.16% 是由其个体特征差异所引起的，而有约 9.78% 则是由城乡差别所导致的。

（二）完整的成长模型

我们在第三章所构建的经济理论模型的基础之上，结合多次的模型拟合和统计学检验，得到了完整的成长模型也即水平 1 模型式（6.3.1）、水平 2 模型式（6.3.2）和水平 3 模型式（6.3.3），最终运行结果如表 6.3.4 和表 6.3.5 所示：

表 6.3.4　　　　　　　　　成长模型的固定效应表

Fixed Effect	Coefficient	Approx. d. f.	T-ratio
For INTRCPT1，P0			
For INTRCPT2，B00			
INTRCPT3，G000	3.6238 ***	22943	155.844
INVPNT，G001	0.3183 ***	22943	15.533
For GENDER，B01			
INTRCPT3，G010	− 0.7878 ***	22940	− 36.212
For EDUC，B02			
INTRCPT3，G020	0.0631 ***	22940	9.512
For SQEDUC，B03			
INTRCPT3，G030	− 0.0018 ***	22940	− 3.336
For SOUTH，B04			
INTRCPT3，G040	− 0.0746 ***	22940	− 3.756
For TIME slope，P1			
For INTRCPT2，B10			

续表

Fixed Effect	Coefficient	Approx. d. f.	T-ratio
INTRCPT3，G100	-0.0532 ***	49069	-10.054
For GENDER，B11			
INTRCPT3，G110	-0.0318 ***	49069	-6.162
For EDUC，B12			
INTRCPT3，G120	0.0038 **	49069	2.354
For SQEDUC，B13			
INTRCPT3，G130	-0.0002	49069	-1.631
For SOUTH，B14			
INTRCPT3，G140	-0.0038	49069	-0.793
For SQTIME slope，P2			
For INTRCPT2，B20			
INTRCPT3，G200	0.1050 ***	49069	37.441
INVPNT，G201	-0.0273 ***	49069	-6.476
For GENDER，B21			
INTRCPT3，G210	-0.0053 **	49069	-2.048
For EDUC，B22			
INTRCPT3，G220	-0.0060 ***	49069	-6.717
INVPNT，G221	0.0030 ***	49069	2.806
For SQEDUC，B23			
INTRCPT3，G230	0.0003 ***	49069	3.762
INVPNT，G231	-0.0002 ***	49069	-2.756
For SOUTH，B24			
INTRCPT3，G240	-0.0021	49069	-0.808
INVPNT，G241	0.0073 **	49069	2.344

注：*、**、*** 分别表示1%、5%和10%的显著性水平。

表 6.3.5　　　　　　　　成长模型的随机效应表

Random Effect	Variance Component	df	Chi-square	P-value
INTRCPT1，R0	0.0893	Too few df to compute		
Level-1，E	1.2580			
INTRCPT1/INTRCPT2，U00	0.1079	17791	22306.6855	0.000

1. 城乡劳动力家务时间配置的总体变化状况

从表 6.3.4 中 TIME 和 SQTIME 的截距项可以看出，随着时间的推移（从 1989—2009 年的 20 年间）我国城乡劳动者的家务时间配置呈现出从 1989 年开始下降，到大概在 1997 年到达谷底，然后再缓慢上升的 U 形变化态势，这一点在图 6.3.1 中表现得更为直观。正如前面我们多次所强调的，劳动者家务时间配置决策不仅受到国家宏观经济形势和社会制度变迁的影响，也与其微观意义上的家庭收入状况、劳动者工作状况特别是职业类型息息相关。

我国的经济改革是从农村起步的，一个典型的制度变迁是取消了原来的人民公社制度而实行农业生产家庭联产承包责任制，改变了农村劳动者的个人劳动努力激励机制，极大地激发了农民生产劳动的积极性。而随着农业生产率的不断提升，从农业生产中解放出来的农村剩余劳动力与自 20 世纪 80 年代中后期在农村地区蓬勃兴起的乡镇企业经济相结合，形成了农民从事非农生产的职业转型，因此就业机会的增加提高了农村劳动力从事家务劳动的机会成本，伴随着其后我国经济的持续强劲增长，农村劳动力投入的家务时间出现了持续的下降。以 1997 年东南亚金融危机为标志，我国的就业形势遭遇了严峻的考验，特别是出口需求的萎缩，遏制了农村劳动力向城市以出口导向为主的劳动密集型产业的转移，形成了第一波回乡潮，故在职业风险上升和预期收入下降的共同作用下，农村劳动力增加家务时间的配置以替代外购商品，以此来减轻家庭经济的压力。而随着新世纪宏观经济形势的好转，农村劳动力收入水平的提升，大大弱化了生存压力，农村家庭逐渐从温饱型向小康型生活转变，改善生活追求生活品质的意愿更为强烈，家庭生产的范围得到了有效扩张，从而要求劳动者投入更多的家务时间。

而在城市经济中，20 世纪 80 年代中后期开始的国有企业改革，国家对企业放权让利特别是承包制的实行，改变了企业的经营目标，逐渐由指令型经济向追求效益、自主经营转型，劳动者的绩效工资取代了原有的"大锅饭"固定工资，极大地调动了城市劳动者的工作积极性，因此城市劳动者由市场工作激励机制的调整而压缩家务劳动，减少家务时间投入的行为决策是不难理解的。由 20 世纪 90 年代末期东南亚金融危机和国有企业改革，特别是以减员增效为目标的国有企业改革力度的加大，致使一大批市场竞争力低下的城市职工下岗待业，收入水平的下降和职业风险的提高，无疑是其转向家庭生产缓解生活困难的现实选择，但城市劳动力家务时间投入的下降势头同样在新世纪初得到了遏制。其原因在于随着经济形势的逐渐好转，工资性收入和财产性收入水平的不断提高，以及人们对未来生活的乐观预期，特别是相对于农村家庭拥有更为健全的社会福利保障机制，城镇劳动者对家庭生活品质提出更高的要求自然也在情理之中，由此而增加其家务时间的投入水平，可以看作是生活水平提升的一个标志。当然，城市家庭的总体收入水平要高于农村家庭，而且随着家用电器的普及和城市中家政市场的培育、发展而具有更高的家务劳动社会化程度、城市生活中更为便利的基础设施，城镇劳动者在追求闲暇的同时而增加家务时间的程度相比于农村家庭可能要小得多。

2. 异质劳动力家务时间配置的动态变化

总体上劳动者平均的家务时间配置随着时间的推移呈现出 U 形态势，这一变化趋势与我国宏观经济形势的波动以及社会制度的变迁有着密切的联系，但就个体劳动者而言，其不同时期在家务劳动中投入的时间显然又和其独特的劳动者特征有关。我们选取了性别、受教育程度、区域和户籍来表征劳动者的异质性特征，从回归结果来看，劳动者的异质性对其家务时间配置的动态变化所产生的影响是比较明显的，具体来说：

男性劳动者平均投入的家务时间要显著地少于女性劳动者（系数值为 -0.7878，在 1% 水平上显著），这种家庭内部分工性别不平等的现象与已有的绝大多数调查结果是完全一致的，而且在我们的计量结果中并没有显示出随着时间的推移而改善这种状况的迹象。SQTIME 的系数值为 -0.0053，并在 5% 水平上显著，这一结果表明随着时间的推移，男性劳动者配置的家务时间要少于女性劳动者，而且 TIME 的系数值为 -0.0318 并在 1% 水平上显著，显示男性劳动者在不同时间段所投入的家务时间要比女性劳动者更具波动性、更不稳定。

劳动者受教育程度的提高有助于其投入更多的家务时间（系数值为 0.0631，并在 1% 水平上显著），但其增加配置家务时间的边际速率随着受教育年限的增加而呈回落态势（SQEDUC 的系数值为 -0.0018，在 1% 水平上显著），这一结果表明接受更多教育的劳动者更乐于承担家务责任，从这个角度而言，教育似乎有助于增强劳动者的家庭观念。但是随着时间的推移，受教育程度越高的劳动者所投入的家务时间更为减少（SQTIME 中 EDUC 的平均系数值为 -0.0060，并在 1% 水平上显著），尽管这种作用的程度是不断减弱的（SQTIME 中 SQEDUC 的平均系数值为 0.0003，且在 1% 水平上显著），而且波动幅度更大更不稳定（TIME 中 EDUC 的系数值为 0.0038，并在 5% 水平上显著），说明接受更多教育的劳动者具有更高的商品—闲暇边际替代率，当然在教育回报率较高的前提下也有可能是劳动者收入水平的提高，使其更有能力通过购买时间密集型商品或雇佣服务来替代家务劳动，当然从事家务劳动的机会成本更高可能也是其中的原因之一。

身处南方地区的劳动者平均家务时间投入要显著少于北方地区的劳动者（系数值为 -0.0746，并在 1% 水平上显著），这可能与地区气候差异有关（南方地区的温暖天气更适宜外出，而北方地区的寒冷使人们有更多的时间待在家中），也有可能是区域性的经济发展水平所引起的（相对于北方地区而言，南方地区的经济发展水平要更高一些）。但是随着时间的推移，劳动者家务时间配置的动态变化并没有显示出明显的地区性差异，在统计上均未达到通常所要求的显著性水平。

3. 城乡劳动力家务时间配置动态变化的比较

尽管随着改革的不断深入，部分省份和大中城市逐步加大了户籍制度改革的力度，放宽了农民进城落户的条件，但对于绝大多数农村转移劳动力来说，要想穿越"户籍墙"，特别是要取得以北上广为代表的特大城市的"农转非"指标还仅仅停留在理论上的可能阶段。而且，即使没有户籍制度的限制，农村生活固有的习惯、价值观念和传统文化等意识形态在短期内也较难发生重大的转变，真正实现市民化依然是一个较长期的过程。因此，我们对城乡劳动力家务时间配置的动态变化进行比较，并不仅仅局限于简单化地进行基于户籍差别的对比，同时也能够在一定程度上映射出城乡传统习俗等意识观念差异在劳动者家务时间配置决策中的作用。

从 1989—2009 年期间，城市劳动者所投入的平均家务时间均要多于农村劳动者（系数值为 0.3183，并在 1% 水平上显著），这一结果在本书第四章的表 4.3.1 和表 4.4.1 中体现得更为直观，只不过表中反映的是 2009 年的截面信息。城市劳动者比农村劳动者配置更多的家务时间，一方面反映了异质职业对家务时间投入的影响差异，也就是说城市劳动者大都在一级劳动力市场就业，劳动休假制度相对更为规范，而农业生产时间更具有弹性和自主性，为了生存和获取更多报酬的目的，农业劳动形成了对劳动者从事家务劳动更强的"时间约束"，即使对于农村转移劳动力来说，由于其主要在城市二级或次级劳动力市场就业，实行泰罗制管理的劳动密集型企业普遍地并不遵守国家法定的劳动休假制度，加班加点延长劳动时间是大多数农民工的工作常态，在劳动强度显著提高的同时并未降低市场工作对其从事家务劳动的"时间约束"程度；另一方面，这一结果也表明收入水平的提高使得劳动者更有能力追求更高的生活品质和享用更为精美的家庭生产产品，由此而扩张的家庭内部生产范围可能也是城市劳动者相比于农村劳动者投入的家务时间更多的一个重要原因。

城市劳动者相对于农村劳动者家务时间投入随着时间的推移而产生的波动更小、更趋于稳定，这反映在 INVPNT 对 SQTIME 的系数进行的结构性调整效应之中（INVPNT 对 SQTIME 的结构性调整系数方向与 SQTIME 的平均截距项相反，也就是说弱化了家务时间配置随着时间变化而变化的波动幅度，并且均达到了 1% 的显著性水平）。这一结果表明，相比于农村劳动者，城市劳动者的收入预期更加稳定，面临的职业风险也相对较小，因此能够维持相对稳定的生活方式，当然这种相对稳定性部分地也得益于城市劳动者所享有的更为健全的就业、教育、医疗、养老、最低生活保障等社会福利制度和相对更为便捷的生活基础服务设施。而对于农民和农民工而言，社会公共品供给的缺失（刘生龙、周绍杰，2011）只能依赖于劳动者个体在青壮年时期通过自身努力来进行积累，也就是说为自己和家庭实施"自我保险"，而这种自我实施的保障机制显然十分脆弱，一旦发生意外便会动摇保障基础，因此更强的风险预期和更低下的抗风险能力反映在家务时间配置上，便表现为更大的波动性和非稳态性。

最后，随着时间的推移，城市劳动者家务时间配置动态变化比农村劳动者更为平缓还体现在地区效应上（系数值为 0.0073，并在 5% 水平上显著），这可能与生产生活环境有关，毕竟农业生产更受自然气候条件的影响，但与前述作用相比，该效应的显著性有所下降。

4. 随机效应

表 6.3.5 的随机效应中，我们发现城乡劳动力家务时间配置随着时间推移而在动态变化过程中产生的变异，由于受到数据自由度过少的限制而难以估计其显著性（P 值），而且我们在考察从 1989—2009 年期间的平均家务时间配置水平时，只加入了城乡差别一个变量，但随机效应仍显示高度显著性（P 值趋于 0），表明近 20 年来我国城乡劳动者平均家务时间配置的差异中除了城乡差别之外，尚有影响该差异的其他因素有待进一步深

入挖掘。

三　结论

综上所述，我们得到了如下主要结论：

1. 自 1989—2009 年期间，我国城乡劳动力平均家务时间的动态变化呈现出 U 形态势，对家务劳动时间配置的这一动态调整是与我国经济社会制度改革、经济运行状况以及社会意识变迁等因素紧密相关的，或者说从劳动者家务时间配置的变动情形在某种程度上也可以折射出宏观经济的运行状况。

2. 劳动者对家务时间投入水平的调整，也依劳动者的异质特征而有所差别。女性劳动者仍然是家务劳动的主要承担者，男女两性劳动者家务时间投入水平的差距并没有随着时间的推移而表现出改善的迹象，而且男性劳动者配置家务时间更不稳定、更具波动性。受教育程度对劳动者配置家务时间的作用具有分化特征，一方面受教育程度的提高使劳动者更乐于承担家务劳动，另一方面受教育程度的提高使得劳动者调整家务时间投入表现出更大的波动性。身处南方地区的劳动者投入的平均家务时间要少于北方地区的劳动者，但在动态调整中没有显示出明显的区域差异。

3. 城市劳动者投入的平均家务时间要明显地少于农村劳动者，而且在动态调整中两者之间也存在显著的差别，即城市劳动者对家务时间投入水平随着时间的推移所做的调整，比农村劳动者调整幅度更小，更具稳定性。职业分割是导致城乡劳动者平均家务时间配置差异的主要原因，而二元性的经济社会结构则是引起农村劳动者在长期内家务时间投入水平发生更大波动、更不具稳定性的根源，也就是说农村劳动者相对缺乏的社会福利保障、社会公共品供给和面临更大的职业风险，使得农村劳动者更容易受到外部环境变动的冲击，从而在家务时间动态调整方面表现出更大的波动性和非稳态性。

第四节　本章小结

本章我们利用中国健康与营养调查（CHNS）提供的 1989 年、1991 年、1993 年、1997 年、2000 年、2004 年、2006 年和 2009 年共 8 次劳动者家务时间配置的面板数据信息，采用多层线性模型中的成长模型

（Growth Model）方法进行了实证研究。在 ICC 值中显示，从 1989—2009 年期间，我国城乡劳动者家务时间配置水平发生了明显的变化，而且劳动者对家务时间投入水平的动态调整随着时间的推移，也从劳动者异质特征和城乡差别表现出显著的差异性，我们的主要发现如下：

第一，从 1989—2009 年的 20 年期间内，我国城乡劳动者的家务时间配置呈现出先下降后缓慢上升的变化态势，这与我国宏观经济形势和社会制度的变迁密不可分。对农村劳动力家务时间投入产生重要影响因素是以农业生产家庭联产承包责任制取代了原先的人民公社制度，在劳动参与率上升的同时也提高了从事家务劳动的机会成本，而后的经济转型和农民可支配收入的增长使得其有能力提升生活质量而缓慢增加家务时间。而在城市经济中，以国有企业减员增效为目的的经济改革，以及随后的收入稳定增长，使得城镇劳动力的家务时间配置也呈现出类似的动态调整过程。

第二，经济结构调整和社会发展并没有改善家庭内部分工中的性别不平等现象，这是劳动力市场上性别歧视在家庭内部分工中的折射。劳动者的受教育程度越高越有可能消除或者弱化家庭分工中的性别不平等，这缘于教育促进性别平等意识的功能，也可能缘于教育对提高劳动者收入的正向效应。地区差异会影响劳动力的家务时间，但在动态调整中作用并不明显。

第三，城镇劳动力投入的平均家务时间要高于农村劳动力，这与城乡差距尤其是我国城乡间客观存在的收入差距、社会保障差距、生存压力差距、市场工作对非市场工作的"时间约束"差距等有着十分密切的联系，基于同样的原因，在家务时间的动态调整中，城镇劳动力相对于农村劳动力调整的波动幅度更小、更具有稳定性。

人们对时间配置的调整以及各种劳动负担的变化，是决定劳动者福利水平的重要方面，因此，我们考察并比较城乡劳动者家务劳动时间投入水平的动态调整，对于制定相关的社会福利政策显然具有十分重要的参考价值。

第七章

城乡劳动力家务时间配置的福利效应

第一节 时间配置与福利

一 时间配置与效用

古诺（1980）将个人可支配时间分为有酬市场工作时间、家务劳动时间和闲暇时间三部分。在西方经济学中，通常将个人的效用定义为消费与闲暇的函数，也就是说个人的效用水平取决于消费（包括商品、服务等）和闲暇时间的组合形式，闲暇与消费的物品、服务一样都是一种"正常品"甚至是种"奢侈品"，具有非饱和性。而市场工作和家务劳动则是一种的"劣质品"或"低档品"，尽管通过市场工作能够获取收入，进行家务劳动也是维持社会再生产和人力资源再生产的必要环节，但其劳动形式本身给劳动者产生的是一种负效用。因此，在假定效用函数形式保持不变的前提下，如果从个人效用水平的角度来度量福利效应，则应该从评估个人对商品和闲暇的拥有量的变化入手，尤其是在商品量（包括服务等）保持不变条件下进行比较静态解析福利变动时，可以通过在一定时间内闲暇时间流量的变动予以直观地比较。

时间作为一种重要的稀缺性资源，其配置状况将直接影响到个人的福利水平。在固定的个人可支配时间总量约束下，市场工作时间、家务劳动时间与闲暇时间之间显然存在着相互影响和相互制约的关系。如前所述，家庭是组成社会的最基本单位，个人嵌套于家庭之中，因此个人以实现家庭效用最大化为目标来配置时间资源。配置市场工作时间以获得工资，从市场上购买家庭生产所需的投入品以及家庭不能生产的消费品，配置家务劳动时间以生产维持家庭生存和发展所需的消费品，而配置闲暇时间则可以直接获得效用并恢复工作能力。因此，各种影响社会、家庭和个人的外生因素，如工资率、家庭财产、商品价格变动、家庭内部的分工、市场机制的完善程度以及社会经济体制改革等，都会引起家庭成员时间配置的变化（齐良书，2005），而这种时间配置的调整则必然影响到个人和家庭的福利状况。

因此，在其他条件不变的前提下，各项活动包括家务劳动时间配置的长短仍不失为度量家庭及个人福利变化的工具之下，因为时间配置的状况在很大程度上制约了个人及家庭的效用大小，直接关系到家庭及个人的福利水平。当然除此之外，外部环境发生变化或者是市场工作和家务活动的劳动强度、隐性的机会成本等问题也是影响个人和家庭福利，特别是健康福利这个不容忽视的重要因素。因此随着经济社会的发展，从不同活动间的时间分配和总劳动负担的变化来比较福利的变化是很有意义的（弗洛罗，1995）。

二 劳动强度与健康福利

在各项活动时间配置既定的前提下，活动的强度尤其是市场工作和家务活动的劳动强度是影响健康福利至关重要的因素。市场工作的劳动强度与职业特征紧密相关，因为职业本身决定了工作的环境、工作时间的灵活性和劳动的协作程度等，甚至工作质量的要求也决定了劳动者心理上所承受的精神压力的大小。同样地，家庭生产中的劳动强度也存在类似的性质，特别是在经济社会发展过程中，家务劳动的强度受到以下因素的影响：

1. 家庭结构与规模

尽管家务劳动并没有形成统一的质量标准，甚至出于维持生存目的的家务劳动根本就没有条件或者很少提出家务劳动的质量要求，但很显然家庭结构对于家务活动的类型和专门性具有一定的决定作用。比如在一个有年幼儿童和健康不佳的老人需要照料的家庭中，往往需要更为耐心和细致的喂养、教育和生活起居方面的照料，而无论是从生物学特征还是从家务劳动的生产效率上来说，成年女性相比于男性似乎更为适合从事这些类型的家务活动。也就是说，家庭结构决定着一个家庭的生命周期，在周期的不同阶段，对于家庭所需的商品和服务的范围有着一些直接的影响。冈扎力兹·拉扎（1988）和艾尔逊（1994）发现，当孩子年幼时，妇女更倾向于在家庭生产中花费更多的时间。弗洛罗（1992）发现用母乳喂养的妇女会花费更多的时间于家庭生产之中，当妇女更倾向于待在家里时，她们在家务劳动方面的时间花费就会显著上升。另外，在家庭分工中尤其是在较为贫困的农村地区，家庭中的老年人、儿童甚至包括亲戚和朋友等，也可能在家务劳动方面起到一定的分担作用，这一点在农村劳动力外流的家庭中更为明显，伴随着青壮年劳动力的大规模外流，留守家庭成员（老年人和儿童）明显地增加了家务劳动负担（畅红琴等，2009）。

在表5.2.2中，家务劳动的规模经济性没有全部达到统计学通常所要求的显著性要求，而且对于男性和女性的影响效应也并不一致，但家庭人口规模的扩张无疑对家务劳动产生了更多的需求，在家务时间一定的条件下必然会增强家务劳动工作强度。

2. 社会福利政策

家庭内部所生产的用于消费的商品和服务的范围，在不同的国家甚至在同一个国家的不同家庭类型中也并不是完全统一的。在农村家庭中，提供非市场交易的商品和服务的两类重要的活动是维持生存的农业生产和家务劳动，而且农村地区所面临的外部环境更为落后、公共服务设施普遍地存在供给不足的问题，因此家务劳动生产的范围也更为广泛，除了维持生存的农业生产活动外，还包括了燃料的收集、担水、准备食物以及其他许多家务杂事等。

为了满足维持家庭的生存和再生产的需要，非市场交易的商品和服务除了家庭内部生产或者通过市场购买以外，也可以由当地政府或者社区组织来提供。因此，家庭所在地的公共社会服务设施和社团组织将能够显著地影响诸如健康照料、饮用水、电力、卫生设施和垃圾分解等具有公共性的服务项目，而这些项目对于减轻家务劳动的工作强度具有明显的促进作用。

当经济结构调整中政府削减社会福利支出时，非市场商品和服务的需求与供给之间的矛盾会更加突出。正如艾尔逊（1994）指出的，20世纪80年代社会服务如健康、教育和廉租房方面的公共支出减少和社会政策的实质性缺失导致了家庭对基本商品和服务支付能力的极大下降。对于低收入家庭来说，上涨的成本和有限的对教育、健康服务和儿童照料的获得能力，意味着社会再生产和人力资本发展的基本需求，如医疗卫生，正规的技能培训和婴儿抚养等不得不依靠社区层面的组织来提供（艾尔逊，1994；贝内莉亚和弗尔曼，1992；莫塞，1991）。

3. 重叠性劳动

所谓重叠性劳动是指同时执行两项或两项以上的工作，这种重叠性工作可以是市场工作与家务劳动两者同时开展，也可以是同时进行两项或两项以上不同的家务劳动，甚至也可以是家务劳动夹杂着闲暇而进行。由于存在衡量时间利用的质量方面的困难，劳动者在执行一些重叠性活动的长度和范围（要求投入相当的精力和专注力）也许可以作为反映工作强度的指标。

有充分的证据表明，特别是妇女在长时期内开展重叠性劳动并不是一个孤立的现象。罗宾逊（1985）、席尔（1985）和霍维斯（1975）在20世纪60年代中期，70年代和80年代早期对美国的男性和女性进行了时间利用调查，他们通过比较两种记录时间利用的方法，也就是时间日记和调查问卷法，发现时间利用结果的差异在很大程度上能被重叠性劳动所解释，他们的研究结果表明在同一时间开展一项以上工作的情形，女性比男性更为普遍，特别是在承担家务杂活儿方面。

无论如何当一项活动与其他一些活动同时进行时，会提出某种程度上的体力或智能或者连续的注意力等方面的要求，这样同时执行多项活动意味着增加了工作时间的强度。尤其是在贫困家庭中的妇女，一方面在经济上迫切需要寻找有酬工作，另一方面下降的或者有限的市场购买力则要求其更多地从事重叠性活动，因此不得不放弃自我提高或者个人偏好的项目。这就解释了为什么某种类型的就业如家庭式作坊之所以在已婚妇女中盛行的原因，不管这个工作收入有多低和工作有多不安全（贝内莉亚和罗丹，1987；贝尔顿，1989；拉扎诺，1989）。另外，工作时间的长度甚至会达到生理的上限，对于那些贫困家庭来说，无奈地从事重叠性活动甚至可能给她们带来某种形式的严重疾病，比如营养性贫血症或者不得不将其年幼的子女独自留在家里。因此，当妇女出于经济需要而被迫长期从事重叠性劳动显然会导致严重的负面影响，因为在给定的时间段内大大增强了其工作的努力程度。而长期从事重叠性劳动，将会对妇女和儿童福利产生有害的效应。

4. 家务劳动市场

家用电器和雇佣服务显然不仅能够有效地减少家务劳动的时间，而且可以在很大程度上降低家务劳动的工作强度。在过去的几十年中，发达国家的许多家庭大大地增加了这方面的商品和服务的购买（斯特伯和威伯格，1980；斯科，1991），这反映在对微波炉、洗碗机、吸尘器、清洗机、清洁服务、熨烫服务和日常看护中心需求的显著提高上。当然，家用电器和雇佣服务市场的建立和发展只是降低家务劳动工作强度的一个必要条件，其充分条件则是家庭的支付能力，比如美国家庭购买和利用时间节约设备或便利服务的项目，诸如冰箱、微波炉、洗碗机、洗衣机和便利食品等，十分明显地依赖于其家庭收入（斯特伯和威伯格，1980；尼科尔斯和福克斯，1983）。而对于占总人口数 13.5% 的处于贫困线下的美国家庭和绝大多数第三世界的妇女，为实质性地减少或减轻家务劳动负担而购买时间节约的设备和市场化的家政服务显然是不现实的，她们通常只能利用家庭中的其他成员，比如年长的子女或者老人，甚至以互惠为条件的亲戚、朋友提供的帮助来部分地缓解家务劳动的压力。

三　家庭分工下的福利分析

福利经济学第一基本定理基本思想是，如果市场是竞争的，在分权型的体制下，个人不需要知道别人的偏好，只要依据自己所面临的价格决定需求或决定供给，不需要他人或计划者的帮助，在一定条件下会达到瓦尔拉斯均衡，而这种瓦尔拉斯均衡必然是一种帕累托有效的配置。但帕累托有效并不等同于社会最佳，社会最佳问题还会涉及诸如"平等""正义"等，必然会包括再分配环节。帕累托有效只是指，不能在不损害社会上某些人利益的前提下增进另一些人的利益，但在许多场合，再分配让一部分利益受损而大大提高社会大多数人的利益，也许从社会的优化来说是必要的。福利经济学的第一基本定理回避了再分配问题，实质上是回避了市场机制的一个固有的也是有害的局限：收入不公平（福利不平等）。

福利经济学第二基本定理告诉我们，如果我们想实现某种帕累托有效的配置，如果社会将该帕累托有效作为一种目标来追求，那么，该帕累托有效是否可以通过自发的、分散决策的市场机制来实现？福利经济学第二基本定理的回答是肯定的，即市场机制再加上适当地再分配，可以实现一种想要的帕累托有效配置。但在福利经济学第二基本定理中隐含了价格的功能，因为为了支持瓦尔拉斯均衡配置的产生，必须有一种瓦尔拉斯均衡价格。福利经济学第二基本定理是从另一角度对市场机制的肯定，即若想实现某种帕累托有效，可以借助于市场机制，但我们必须清醒地注意到：

（1）要加上适当的"再分配"，这个再分配可以通过交换来实现；（2）市场机制仅仅是实现想要的帕累托有效配置的一种途径，或许在现实中还存在其他实现帕累托有效配置的别的机制；（3）更为根本的是，在许许多多场合，帕累托有效并不是社会最优的标准，它回避了"公平""正义"等规范问题。

但不幸的是，家务劳动的时间配置是由家庭内部决策机制所决定的，是家庭各成员在为实现家庭效用最大化目标所进行的劳动分工与协作，而且家庭内部的这种分工是以不计酬为主要特征的，因此也就不存在家务劳动的价格和相应的市场机制。科斯定理认为，在当事人的偏好（效用函数）都为准线性的条件下，如果经济中出现了外在性，则讨价还价过程会产生一个有效的结果，而且该结果与所有权如何配置无关。但是科斯定理是以交易成本为零与自愿谈判为前提的，按照制度经济学派的观点，家庭本身也是一种可以降低交易费用的机构或制度安排，但在家庭内部分工和时间配置上，还存在一个重要的问题：公共品属性。

家庭生产的产品比如住所的洁净、子女的抚养等具有公共品特征，在一定程度上符合公共品的两个重要特征，即非排他性和非竞争性。非排他性是指如果一种物品被提供之后，没有一个家庭或个人可以被排除在消费该物品的过程之外，或者，为要排除某人消费该物品而需付出的代价是无穷大的。非竞争性是指消费上的非竞争性，即一种产品一旦被提供，其他人消费它的额外资源成本为零。在家庭内部，许多家务劳动产品显然在很大程度上符合非排他性和非竞争性的特点，可以称之为家庭范围内的公共品。因此，如果没有一种职责与效益挂钩的精巧设计，即使在家庭内部，这种公共品的提供也会发生供给不足、相互推诿等问题。市场机制在一定的条件下（信息完全对称、规模报酬不变、分散决策等）能够有效地发挥作用，并在长期的自发的交易过程中，已经实质性地演化形成了交易的一些规则与体制，然而在外部性和公共品领域，人类的交易活动并不能自发地演进出有效的规则来处理这些问题，因为人类自发的以满足个人利益或局部利益为目标的交易活动没有演进出这类规则，因此这些规则与体制仍有待于我们去设计。

第二节　城乡差别与家务劳动的福利效应

一　二元福利制度与家务劳动的福利效应

我国的福利制度是建立在以户籍制度为核心的城乡分割二元社会基础上的，因此必然被打上城乡有别的烙印，这具体表现为城市和农村二元的福利制度。新中国成立后，由于城市的居民大部分被"单位"所容纳，因此那时的福利制度在城市是企业劳动者以劳动保险为核心的社会保障体系。因为这个时期所谓的劳动保险涉及伤残、疾病、生育、养老、死亡等项目以及惠及职工直系亲属的相关待遇，而且由单位负责全部费用的交纳，所以可以将这种劳动保险制度视为一种国家的福利制度。在农村，则是以农业劳动者家庭保障为主、社会（国家与集体）救济为辅的社会保障制度。在这种制度下，农业劳动者与城市企业劳动者不同，没有达到一定年龄退休并领取退休金的制度，只要其尚具备一定的劳动能力，生产集体就仍需为他们安排力所能及的农活，并提供一定的报酬。只有当其完全丧失劳动能力后，才退出生产劳动，回到家庭，由家庭中具有生产劳动能力的成员负责其基本的生活需要。对于一些没有劳动能力又无依无靠的老人、残疾人和孤儿，则由生产集体实行五保，即保吃、保穿、保医、保葬（儿童保教）。这样，实际上就形成了城乡二元的福利制度（李迎生，2001）。

因此，这种以"单位"为特征的城乡二元性福利制度，集中地反映了城乡家庭的福利差距，而阻碍城乡福利平等化的则是以户籍制度为依托的城乡分割的劳动力市场。农村劳动力的流动仅仅是一种游离于福利之外的职业转换，更何况在这种职业转换中还存在着"同工不同酬、就业机会不平等"的劳动力就业歧视问题。但是，即使只是这种职业身份的转变，也必然影响家庭内部的决策机制调整，导致家庭内部关于家务劳动的重新分工和时间重置。而关于职业对家庭内部各成员（成年男性和女性）的影响，本书在第四章已经作了深入的分析和比较。

改革开放以来，随着市场化为导向的经济体制改革的不断深化，二元社会结构也出现了弱化和松动的迹象，二元化的福利制度也随之进行了一些调整。但是就整体而言，城市和农村二元分化的福利援助模式仍然没有根本改变，福利不是国家的施舍而是贫困者的权利，应当将福利权作为一项宪法基本权利加以保障和救济，有必要以福利权为核心重构我国福利制度（陈国刚，2009）。

二　城乡收入差距与家务时间配置的福利效应

尽管要科学全面地测算我国城乡家庭收入差距还存在许多难以克服的问题，但根据李实（2011）的估计，我国 2007 年的基尼系数约为 0.47，即使调整了高收入群体的低估和城乡消费价格指数差异后，该系数仍达到 0.48 左右，而如果将城市居民所享受到的社会福利和社会保障折算成市场价值，则基尼系数还将会上升 3—5 个百分点。基尼系数虽然反映的是全社会的收入分布状况，但这种收入分配的不平衡主要是由城乡收入差距所引起的，因此，从中可以看出城镇与农村家庭之间所存在的巨大的收入差距。

在影响家务时间配置的诸因素中，收入起着决定性的作用。首先，女性家庭成员承担着家庭维持和再生产需要的主要责任，许多商品和服务或者由家庭成员自己生产，或者通过市场购买服务，或者由政府或社区组织来提供。因此，根据家庭成员的劳动参与率，以及由此所决定的家庭收入水平或者财富状况，一般的家庭能够通过市场购买烹饪食物、干洗设备和清洁服务等作为自己开展家务劳动生产家庭所需的商品和服务的替代。在决定市场或非市场的商品和服务替代性上，家庭收入的重要性还体现在儿童照料方面，也许没有其他家务活动会像儿童照料，特别是幼小婴儿的照料那样要求占用如此多的劳动时间。与利用母亲或者年长子女照料儿童主要取决于家庭规模和家庭的成分结构不同，看护中心和雇佣服务常常成为许多中产阶级和高收入家庭的选择（雅各斯，1989）。当然这在很大程度上与家庭所在地区的商品市场、家政市场的发达和完善程度紧密相关。

其次，在应对恶化的收入分配方面，贫困家庭在家务时间配置方面所采取的策略并非是完全统一的。实际工资的下降也许会减少妇女在一些家务活动比如准备食物的时间，或者家庭会减少每天的餐数或者减少熨烫和洗涤，甚至会推迟住房的维修（艾尔逊，1994），在津巴布韦低收入城市家庭中的一项研究表明，许多家庭在生活成本日益高涨的背景下，会在购物中更多地进行讨价还价并且减少购物数量。类似的结论也来自墨西哥、厄瓜多尔和赞比亚家庭的研究之中（贝内莉亚，1992a；莫塞，1989；盖斯勒，1992）。另外，一些研究却显示随着实际收入的下降，有些家庭反而增加了家务劳动时间，因为家庭生活水平更加逼近生存的边界，贫困家庭可能反而会通过延长家务劳动时间以替代市场商品的购买支出，特别是当某些家务项目具有较强的商品—劳动替代弹性的时候尤其如此，以此策略来应对收入分配的恶化，勉强维持家庭的生存。

最后，较高的收入水平也可能要求家庭配置更多的家务时间，因为随着家庭消费能力的增强，有能力购买更多的原材料生产出更为丰富的产品以提高生活水平，而且追求更高更为精致的生活质量，也要求投入其中更多的加工时间。因此，不能简单地从家务时间配置的长短来比较城乡家庭的生活福利差距，而应该综合家务劳动的数量和质量两个方面对市场和非市场的商品和服务的生产与消费加以评估其内在的变化，因为经济结构的变化不仅通过市场商品和服务的消费来影响家庭成员的福利水平，而且反过来也受其为自己消费所生产的商品和服务的质与量的影响。

三　城乡公共服务差距与家务时间配置的福利效应

在标准的经济学分析中，有许多被人们所忽视的经济活动或者是经济活动中的某些部分，比如本书研究的对象——非市场交易的家庭内部生产活动，也就是由劳动者投入家务时间，从事家务劳动所提供的商品和服务。由于市场不完全或者市场失败，这种被忽视的、看不见的经济活动部分有可能在某些国家或地区，特别是在广大经济欠发达的发展中国家中扮演着十分必要、不可或缺的重要角色。因为家庭生产可以为家庭本身消费和使用提供大量的商品和服务，包括为了维持生存的农业、获取水和燃料、食物准备、清扫住宅、照料老幼等，以及本来应该由政府或社区免费提供的管理和服务。这些非市场化的商品和服务对于社会的再生产和人类自身的发展至关重要，而且作为家庭成员在家庭生产和市场经济之间也存在着动态的相互影响。

家庭生产的非市场的商品和服务的范围，在不同的国家甚至在同一个国家的不同家庭中并不是完全统一的。通常用于家庭维持和再生产需要的许多商品和服务，可以由家庭内部的家务分工提供，也可以通过市场购买，或者由政府或者社区组织提供。显然，政府或社区组织所提供的公共服务设施，特别是自来水、电力照明、健康保健料理、公共卫生设施和垃圾分解处理等服务的供给，将会直接或间接地影响家庭家务时间的配置范围和程度。在农村家庭中，提供非市场商品和服务的两类重要的活动是维持生存的农业生产和家务劳动。而且在外部环境更为落后和公共服务设施供给不足的农村地区，家务劳动生产的范围更为广泛，除了维持生存的农业生产活动外，还包括了燃料收集、担水、准备食物以及其他许多家务杂事等。

当经济结构调整中政府削减社会福利支出时，非市场商品和服务的需求与供给之间的矛盾会显得尤为突出。正如艾尔逊（1994）指出的，20世纪80年代社会服务如健康、教育和廉租房方面的公共支出减少和社会政策的实质性缺失导致了家庭对基本商品和服务支付能力的极大下降。而对于低收入家庭来说，上涨的成本和有限的对教育、健康服务和儿童看护的支付能力，意味着进行社会再生产和人力资本发展的基本需求如医疗卫生、正规的技能培训和婴儿抚养等不得不依靠政府或社区组织来提供。在许多例子中，不断上升的非市场商品和服务的压力已经对那些主要依赖于社区以维持生存的家庭产生了巨大的影响（艾尔逊，1994；贝内莉亚和弗尔曼，1992；莫塞，1991）。

当然公共服务及其设施的供给水平除了影响家务时间配置之外，还对家庭的收入有着极为重要的影响。刘生龙等（2011）的研究发现，在中国农村地区三大基础设施的可获得性（包括道路、通信和自来水的基础设施）对于农村居民的收入有着显著的正向影响。

四　劳动力流动与家务时间配置的福利效应

和市场工作类似的，家庭生产的非市场商品和服务，其数量和范围也在随着时间的变化而发生着变化。家务劳动的时间配置始终适应着经济和社会力量的变化而进行着相应的调整，比如经济改革的模式和就业水平的相应变化，收入、价格和社会化服务提供的变化等。而其他的影响因素则包括长期的或者短期的人口和社会变迁如劳动力流动的模式，出生率、离婚率以及影响家庭结构的社区、亲属关系和社会服务制度的变迁等。这些力量同时影响着人们的需求和家庭生产非市场商品和服务的相对成本（特别是女性的劳动时间）。

改革开放以来，经济的高速发展导致了农村劳动力的大规模外流，而随着大量的农村青壮年男性外出打工，留守家庭的成员则大多是老年人、儿童以及妇女。迁移所引起的农村家庭劳动力结构的变化，已经使学者们开始关注起留守人群的生产、生活以及劳动负担等方面的诸多问题。因农村劳动力跨区域、跨行业的大范围流动，同时也造成了许多农村家庭的社会功能趋于弱化，诸如生产、赡养、抚育、安全、情感等多个方面的功能得不到满足，尽管农村劳动力的流动带来了家庭收益的提高，提高了物质方面的满足程度，但是与此同时产生的子女教育问题、老人赡养问题以及夫妻间的感情问题等也越来越凸显。此外，农村劳动力的外流也间接地影响了原来家庭内部的分工模式，比如畅红琴等（2009）的研究表明，丈夫的外出打工显著地增加了妻子的农业劳动时间，父亲外出打工不仅使得老年女性的家务劳动负担加重，同时也引起了儿童家务劳动时间的显著增加，尤其是女孩。也就是说，农村劳动力的流动进一步加重了留守家庭成员的家务劳动负担以及日常生产劳作的负担，相应的劳动强度增加，家庭成员间情感的交流缺乏而致使感情趋淡。有研究表明，情感对人的健康具有十分重要的影响，情感的失调有可能会导致疾病率的提高，甚至严重地影响人们的身心健康，极端地可能导致人格上的扭曲，比如心理失衡、行为失控甚至犯罪的倾向。据一项调查结果表明，在青少年犯罪中留守儿童所占的比例已高达20%以上。此外，家务劳动负担的加剧所引起的儿童家务劳动时间增加，也会严重地影响留守儿童的学习成绩，甚至使有些儿童产生厌学、逃课、辍学的现象，从而导致农村家庭整体福利水平受损。

而且，在经济结构调整下伴随着市场一体化和市场规模不断的扩展，个人与个人之间交易的不断深入已经进一步强化了家庭规模和家庭结构方面的长期人口效应。比如工作的共享制度，在第三世界国家和在发达国家的某些社区已经越来越普遍，这些社会实践在菲律宾的许多农村地区和其他亚洲国家一样，都更为强调家庭角色和社区支持的范围从原来的礼物交换和紧急贷款向劳动交换和工作共享发生了明显的转变（弗洛罗和雅特布洛斯，1991）。家务杂事方面的工作共享包括了家庭中的女性成员和扩展的亲属体系，比如在墨西哥的家庭中，出现了由年长的女儿和老年女性相当普遍地替代了作为主要劳动力妇女的劳动（贝内莉亚，1992a）。

但在另一方面，城镇化、商业化和日益增长的劳动力流动性却在不断地削弱着亲属之间的联系和家庭所承担的责任，社区和家庭的传统社会契约正在逐步地被市场契约所取代。城镇化的同时也带来了离婚率的上升，而迁移则促进了个人中心化而不是扩展或者联合的家庭形式，而日益简单化的家庭结构则意味着进一步降低了家务劳动本身的替代可能性。一个显著的事实便是在发达国家和发展中国家正急剧地增加着以女性为户主的家庭，据估计这种类型的家庭比例，在 20 世纪 80 年代早期的拉美和加勒比海地区，比如在巴西达到了 14.4%，而在格林那达则达到了 45%（弗洛罗，1992）。

第三节　性别不平等与家务劳动的福利效应

一　性别不平等与家务劳动分工

在大多数国家里，非市场活动特别是家务劳动通常大部分是由家庭中的女性成员来开展的，尤其是在发展中国家更是如此。哥德斯密特·克莱蒙特（1987）通过对 36 个国家案例的研究发现，妇女在家务劳动中的贡献大概为男性的 2.5—14 倍。麦克奎尔和普京（1990）在对一些非洲和亚洲的农村家庭时间配置模式的研究中，也有类似的结论。从非市场工作时间（主要是家务劳动）与市场工作时间的比例来看，农村地区特别是贫困家庭或者政府公共基础设施供给不足地区的妇女这一比例更高，非市场劳动时间为市场劳动时间的三倍甚至更多（麦克奎尔和普京，1990；UN，1991；布维尼克和郁德尔曼，1989）。从表 4.3.1 和表 4.4.1 中同样反映出女性在家务劳动分工中配置的时间要远远多于男性劳动者，而这种不平衡的程度在农村地区更为严重，这一方面是由于城镇家庭普遍拥有更高的收入，因而有能力购买那些时间节约设备以提高家庭生产的能力或者劳动替代的市场商品和服务，而且城镇家庭的晚婚和子女数量的减少，从而导致了妇女相应地减少了家务劳动时间投入，另一方面则是由于城镇家庭成员比农村家庭通常拥有更高的受教育程度，性别平等的意识更为强烈而使得家庭内部的分工更趋于平衡。

家务劳动分工中的性别不平等现象并没有随着妇女市场工作的劳动参与率的提高而得到明显的改善。20 世纪 80 年代随着电子、服装等出口导向产业和家政业、秘书工作等服务业的发展，女性正规劳动的就业率得到了显著的提高，以及女权主义运动的兴起，却并没有显著地改善家庭内部家务劳动分工的不平衡状况（斯但丁，1989；福贝利，1994；卡加台和贝里克，1994；卡加台和奥兹勒，1995）。妇女市场工作的劳动参与率的提高并没有明显地导致其非市场生产的时间比例的减少，其原因在于决定家务劳动分工和时间配置的主要因素是家庭结构和规模、实际收入水平、非市场商品的市场替代物的可得性和支付能力，比如洗衣服务、购买食物、公共机构的健康和儿童看护服务等。一项1978年开展的对1200个马来西亚家庭的研究表明，就业妇女在家务劳动中投入的时间并不显著区别于非就业妇女，这意味着花在非市场生产中的时间并不必然随着市场工作时间投入的增加而减少，而其结果将是妇女闲暇时间必然地被大幅压缩（德·凡佐和李，1983），另一个重要的发现是与妇女在非市场生产中的投入时间呈显著负相关关系的是家庭结构如有祖母或年长的子女共同居住。

但是在发达国家，家务劳动分工中的性别不平等现象却出现了明显的缓和，在高收入国家如美国和丹麦，妇女家务劳动时间出现了急剧的下降。另外，男性的家务劳动时间却出现了上升的趋势，比如丹麦的男性增加了约9个小时（雅斯特和斯坦福德，1991）。（斯科，1991）在美国家庭的研究中，也得到了一个类似的结果，她发现尽管男性在市场工作中每年要比女性多花98个小时，但在家务劳动方面，男性每年增加了约65个小时，而女性却减少了约145个小时。

家庭内部家务劳动分工的性别不平等现象显然在发达国家与发展中国家，其平衡的程度有着较为明显的差异，而且随着经济社会的发展，在发达国家中这种不平衡的程度已经呈现出了逐步缓和的趋势。同样的情形也存在于我国城乡家庭的对比之中，收入更高、受教育程度更高的城镇家庭中女性的家务劳动负担要明显地轻于农村家庭，家务分工的不平衡程度在农村家庭更为严重，而且这种不平衡性并没有随着农村妇女劳动参与率的提高有表现出减缓的趋势。

二　重叠性劳动与工作强度

福利的问题并非仅仅与某人获得的商品和服务相关，他或她开展工作的方式也是一个决定其福利水平的重要因素。无论是为了获得报酬的市场工作还是为了维持家庭生存、实现社会再生产的家务劳动，开展工作的方式也将直接影响到劳动者及其家庭的福利水平，因为工作方式与工作强度紧密相关。尽管直接度量工作强度比时间度量难度更高，但在家务劳动中一个很重要的现象是存在所谓的重叠性劳动，因此重叠性劳动的范围和长度可以作为衡量劳动者工作强度及其福利状况的良好手段。

　　有充分的证据表明，在长时期内开展重叠性劳动（特别是妇女）并不是一个孤立的现象。罗宾逊（1985），席尔（1985）和海维斯（1975）在20世纪60年代中期、70年代和80年代早期对美国的男性和女性进行了时间利用调查，以验证重叠性劳动的存在情形，他们通过比较两种记录时间利用的方法，即时间日记和调查问卷法，认为时间利用结果的差异在很大程度上能被重叠性劳动所解释。他们同时也指出，在同一时间开展一项以上工作的发生率存在明显的性别差异，女性比男性更为普遍，特别是在承担家务杂活儿方面。

　　重叠性活动不仅仅是同时开展两项或两项以上的家务劳动，而且也包括闲暇与家务劳动的同时进行。如塞伯和塞巴托力夫（1990）的时间配置研究区分了在任何给定的时期内主要的和次要的活动类型，他们发现在St. Lucia的农村妇女不仅其所开展的绝大多数家务劳动项目是高度结合在一起的，而且她们即使开展诸如听收音机或者与亲戚、朋友进行交流等活动也是同时进行的。也就是说工作与闲暇之间并没有明确的分界，特别是在发展中国家的部分地区并未作十分细致的划分，而通常在调查中这类活动被视为闲暇而非工作，因此有可能导致了对闲暇时间的高估问题。

　　重叠性活动的另一种形式是同时从事市场工作和非市场的家务劳动，特别是在家庭手工作坊中，这种情形更为普遍（罗丹，1985；贝内莉亚，1992；本顿，1989；洛扎诺，1989；克里斯腾森，1988）。尽管从家庭手工作坊中得到的收入很低，但是灵活性是妇女之所以选择这种将市场工作与家务劳动结合起来的重叠性劳动的最重要原因。正如罗丹（1985）指出的"外出工作可能会被随意地开始、中断和再重新开始，而在家庭中开展重叠性劳动则能够同时兼顾收入和儿童看护、食物准备等家务杂活儿"。对斯里兰卡妇女从事分包手工业如腰果生产、电子、雨伞等情况的深入研究表明，她们或者是由于缺乏技能或者是出于儿童照料的考虑而从事这些可以在家庭中进行的工作（雅亚威拉，1994）。同时，她们可能会工作很长时间，有时甚至会利用家庭中的其他成员包括未成年儿童的时间。类似的结论也来自1987年对土耳其、墨西哥和西班牙制鞋业的妇女研究（凯加台和贝里克，1994；贝内莉亚和罗丹，1987；本顿，1989）。此外，妇女在家庭从事重叠性劳动的另外一个原因是她们的丈夫出于兼顾家务劳动的考虑，不允许她们离开家庭外出工作。

　　某些类型的非正式和正式部门活动也允许妇女将她们的再生产和生产

角色统一起来，比如在一项对印度德里贫民窟（伯斯蒂）的研究中，卡来卡（1982）指出30%从事街道清扫工作的贫困妇女是带着她们的孩子工作的。德·凡佐和李（1983）也发现在对马来西亚超过1200个家庭的活动调查中，有接近三分之一的妇女是带着孩子工作的，尤其是10岁或10岁以下的孩子，从事的工作则包括了编织、食品加工和女装裁制等，利用调查数据所做的回归分析显示，当妇女越缺乏儿童照料的替代时，她们边从事市场工作边带孩子的概率就会更高。

　　这些实证研究意味着重叠性劳动是妇女工作生活中的一个重要方面，然而这些活动的福利效应却并不明显。但无论如何当一项活动与其他一些活动同时进行时，会提出某种程度上的体力、智力或者持续的专注力以及更快的工作节奏等方面的要求，这样同时执行多项活动就意味着增加了工作的强度。另一方面，特别是对于那些贫困家庭来说，既在经济上迫切需要寻找有酬工作，而有限的市场购买力则要求其更多地从事重叠性劳动，因此而不得不放弃自我提高或者个人偏好的项目。这就解释了为什么某种类型的就业如家庭小作坊之所以在已婚妇女中更为盛行的原因，而不管这个工作的收入有多低和工作有多不安全（贝内莉亚和罗丹，1987；本顿，1989；洛扎诺，1989）。

　　另外，重叠性劳动的时间长度甚至可能会要求达到生理的上限，尤其是对许多贫困工作的妇女来说，无奈地从事重叠性劳动甚至可能给她们带来某些形式的严重疾病如营养性贫血症等，当她们面临十分严重的贫困和生存威胁时，这种重叠性劳动是她们不得不接受的选择。在同一时间同时执行两项活动的这种工作方式的劳动强度会对妇女的健康产生有害的效应。一些研究如罗丹（1985）对墨西哥农村家庭工人，斯特曼（1988）对德国女性工人，拉德里夫和明基尼（1985）对意大利自我雇佣的妇女和本顿（1989）对西班牙女性家庭工人的研究都显示，长时期地从事高强度的工作可能会对妇女的身体和精神健康产生负效应。拉德里夫和明基尼（1985）认为缩短的休息时间，工作的高强度和分割性对于妇女的身体和精神健康都有负面的影响。罗丹（1985）在他对墨西哥农村妇女研究中发现，日益提高的时间利用强度大大增加了家庭工人生理和心理健康的负面影响。斯特曼（1988）对德国妇女的工作研究也指出，日益提高的工作强度是导致她们压力增加的主要原因，妇女持续地强迫自己同时开展多项劳动，使其在身体和精神上有更多的耗费，妇女长期紧绷神经地把工作和家务劳动合在一起，必然会耗尽自己的精力。另一项由沃尔夫和海维曼（1983）开展的对工作的母亲时间配置的研究检验了妇女健康的决定因素和时间配置的变化对健康的影响，他们发现市场工作本身并不会导致健康问题，并且实际上可能还促进了健康，但妇女把照看儿童和家务劳动合在一起却会导致她们健康的恶化。

而且重叠性劳动不仅仅是造成生理上的伤害，并且也包括在心理上的伤害。长时期高强度的重叠性劳动，会显著地抑制人们兴趣爱好方面的热情、气质与性格的塑造、失去生活的乐趣等，特别是当家务劳动与闲暇重叠时，明显地会降低人们享受闲暇的质量。由于超强度的劳动，使人们没有专门性的时间去享受闲暇的乐趣，这样的模式周而复始地运作，则会大大增加人们的心理负担，也就是说，他们没有时间去享受自己创造的社会资源，导致自身福利的下降，或者从另一方面说，由于他们不停地周旋于工作与重叠性劳动之间，缺乏足够的闲暇时间来进行人与人之间的沟通，甚至有可能导致沟通的障碍，影响情感的宣泄，情绪压抑而极有可能产生心理的扭曲。尤其是对于较为年轻的劳动者而言，加上缺乏有效的心理疏导能力，甚至可能引发一系列的犯罪或自残行为，影响社会的稳定，"富士康员工跳楼自杀"的案例在这方面已经给了我们一定的启示。

因此，当妇女出于经济需要而被迫长期从事重叠性劳动时，由于在给定的时间段内大大增强了其工作的努力，显然会导致严重的负面福利效应，而且这种有害的效应会传染给家庭中的其他成员，甚至包括儿童。正如前面所提到的，当工业生产活动渗入家庭空间之中，特别是当妇女的时间既用于赚取收入又用于抚养孩子而产生冲突时，家庭作坊将会无偿地占用其他家庭成员的闲暇时间，也包括未成年但稍年长的儿童劳动力。在孟加拉城市贫困妇女中进行的一项调查显示，年幼的女儿大量地承担了制作纸袋的工作，线圈或者搓麻绳的工作则分配给了她们的母亲（拉姆，1989）。这样的工作模式也出现在西班牙家庭作坊式的制鞋业之中。本顿（1989）在她的研究中就曾指出近一半的家庭生产者得到了孩子的协助，他们通常从事剪线或者用胶水粘合的工作。

可见，妇女投入市场工作时间的减少也并不必然意味着其工作状态的改善，因为这在很大程度上还取决于她们减少工作时间的环境，诸如是否增加了她们的闲暇时间，是否有效地改善了她们时间配置的选择，或者是否增加了她们提升自我策略（增进人力资本）的时间投入。因此，我们必须要全面地评估经济变化对于家庭生存能力和收入安全方面的完整效应。

三　人力资本积累与选择

妇女自身相对较低的人力资本积累也许是她们在寻找市场工作中面临困境的重要原因，就业环境和自身条件的限制将她们推向家庭内部的生产活动，并投入更多的时间于其中。尽管进行家庭内部的生产活动，妇女作为生产性角色和再生产性角色之间的内在联系并不必然导致压力，但正如巴罗什和巴内特（1987）所指出的，一些雇主和政策制定者却使用了这个概念也就是说就业对于有家庭的妇女存在着负面影响，以此来开脱就业机会和报酬支付中存在的性别不平等问题。比如在菲律宾家庭中，农村妇女要寻找工资性工作十分困难，只能将其时间投入于家务劳动和维持生存的生产活动之中（弗洛罗，1992），这个也许可以用来解释非市场生产活动的程度提高和范围的扩张问题。一方面她们通过开展更大范围的庭院种植和家畜家禽饲养活动以维持家庭的生存，另一方面她们对于政府和公共社区管理如公立学校、健康护理设施等提出更高的要求。此外，他们也会进行强化非正式的劳务帮助或交换的社会网络建设，比如在厄瓜多尔的瓜亚基尔的城市贫困妇女的案例中（莫塞，1989）。

女性劳动力在就业市场上所受到的性别歧视问题，无论在城市里还是农村里都是一种较为普遍存在的社会性问题。根据 2012 年俄罗斯《消息报》的报道，世界经济论坛最新发布"2011 年全球性别差距报告"中，统计了各国男性与女性劳动力收入的对比状况，其中挪威的男性和女性劳动力收入基本持平，但是中国的男女劳动力其收入比为 1：0.65。从经济学上来讲，雇主拒用女性劳动者或者只提供给女性劳动者较低待遇的就业岗位，是为了规避女性自然附着成本来求得生存和保持竞争优势的一种理性选择，比如女性劳动者所特有的生育成本等。甚至在现实生活中，还可能出现部分单位强迫女性应聘者签订"五年不准怀孕"或"十年不准怀孕"的劳动合同等现象，这种做法固然违法，但也从侧面反映了用人单位对这种女性劳动者可能存在的生产率损失的关注。尤其是在一些有重男轻女传统意识的国家中，"男性比女性更加优秀"的意识根深蒂固，那么劳动力市场上的性别歧视现象会更加严重。再加上，传统的家庭内部分工模式中，女性劳动者往往在家庭中承担着更多的家庭责任，繁重的家务劳动和对家庭投入更多的精力，确实会在一定程度上影响劳动者在市场工作中的劳动生产率，毕竟一个人的精力总是有限的。

将主要精力投入于家庭内部生产活动之中，必然会阻碍家务劳动者特别是妇女自身人力资本的积累，更为重要的是家务劳动所具有的封闭性特征，进一步弱化了她们与外部市场和社会的联系。同时，家庭内部生产活动较低的技术性要求，也在一定程度上遏制了妇女进一步积累人力资本的欲望，更为严重的是受教育程度越高的家务劳动者，其在从事家庭生产活动中人力资本的折旧率将会更高。一种较为常见的现象是，有不少妇女特别是已婚家庭的女性成年劳动者，往往会为了兼顾家务劳动而更为注重市场工作时间的灵活性，选择与家庭所在地更为接近的工作地点，而这在事实上显然极大地限制了其就业选择的空间和范围。

无论是发达国家还是在广大发展中国家中，个人人力资本的积累程度是关系到收入和其在家庭中地位的重要因素，而且人力资本在市场工作和家庭生产中影响生产效率方面发挥着截然不同的作用。由于非市场工作性质的任务（和与之相伴随的责任）包括一些生产性工作，在家庭成员中主要是由成年女性承担的，而经济结构的调整也会影响妇女从事这些工作的重新分配和工作强度的调整，这些显然会对妇女的健康、福利以及孩子的发展等方面产生十分直接的影响。因此，无论是从经济结构调整的宏观层面，还是从影响个人福利的微观层面，都不能忽视这些影响妇女就业的机会成本、由工作强度增强导致的福利损失以及对孩子的健康影响问题，这些不仅是经济改革的社会成本，同时也是家务劳动者个人的福利和经济成本，更为重要的是这种成本具有固化和长期化的特点。

第四节　本章小结

本章是对城乡劳动力家务时间配置的福利效应的一个总结，由于缺乏直接的数据信息用以测度城乡劳动力因从事家务劳动而产生的福利损失，因此，本章主要是在参考已有国内外相关文献基础上的一个综述。

时间作为一种稀缺的资源，家庭及个人在各项生产或消费活动中的配置决策必然影响其福利水平。从效用角度上来说，在其他条件不变尤其是在家庭内部生产规模和劳动强度不变的前提下，家务劳动时间可以作为度量福利水平的工具或手段之一。而从家庭内部分工角度上来说，由于家务劳动产品在某种程度上至少在家庭内部具有公共品属性，而家务劳动又是一项典型的不计酬活动，因此，家庭内部的家务分工状况直接关系到家庭各成员特别是男女劳动者分工中的性别平等和福利均等问题。

改革开放以来，我国的城乡经济和社会面貌已经发生了巨大的变化，但二元性的经济社会特征尚未完全消除，包括社会福利制度、收入水平和公共服务设施等方面在城乡间仍存在巨大的差距，即使在农村劳动力大规模流向城市的背景下，依然在就业、医疗、教育、福利保障等方面面临不公平待遇，也就是说经济结构的调整，并未能实现城乡家庭之间真正的一体化融合式发展。而面对城乡有别的家庭外部环境及其变迁，必然促使城乡家庭相应地调整家务分工和时间配置，从而产生家务劳动调整的福利效应。

在城乡家庭内部分工中，普遍存在性别不平等的现象，绝大多数的家务劳动是由妇女承担的，尤其是在农村家庭中，而且这种分工模式并未随着妇女劳动参与率的提高而发生显著的变化。家务劳动不同于体育锻炼，家务劳动尤其是重叠性劳动的工作强度有损于妇女的健康福利，并有碍于其进行人力资本投资，从而在家庭资源支配中处于更为不利的地位而丧失了更多的选择空间。

第八章

总结与展望

一　回顾与总结

家务劳动是保证社会再生产、维持家庭生存和发展的重要方面，但这种具有封闭性、不计酬和缺乏流动性特征的家庭内部生产活动常常被社会科学研究所忽视，当然这并不意味着家务劳动因此而不具有重要的经济价值和社会意义。随着 20 世纪 70 年代西方女权主义运动的兴起，家庭内部分工性别不平等的问题才引起了众多学者的日益重视，特别是在经济学领域中以贝克尔为代表的新家庭经济学派，将家务劳动经济学研究推向了一个新的高度，研究成果层出不穷。而且，家务劳动经济学研究的活力还在于其具有鲜明的时代性特征，也就是说男性和女性劳动者之间在家庭内部的劳动分工是社会地而非生物学地决定的，这种分工模式是在不断发生变化的，男性和女性劳动者的社会角色同样也具有可变化性（弗兰克，2006）。

经济理论的生命力取决于其对客观事实的解释能力。在已有的家庭内部决策理论中，均隐含地假定了劳动者市场工作时间是连续、无限可分并与家务时间和闲暇时间可完全相互替代的，但该假设显然很难在现实中成立，而且即使成立其连续性、可分性和替代性的程度在不同职业间也会存在明显的差异性。而要研究当前我国城乡劳动力的家务时间配置问题，一个不容回避的事实是城乡二元结构的经济社会背景，特别是城乡二元劳动力市场所形成的职业分割问题。因此，我们从职业异质的视角，强调市场工作对劳动者从事家务劳动的"时间约束"，以此作为研究城乡劳动力家务时间配置的切入点，不仅符合经济学理论逻辑，同时也是对当前经济社会特征的客观反映，因而具有十分重要的现实意义。

本书在基亚波里综合理论基础上将职业异质性纳入其中，进一步发展了家务时间配置模型，认为不同职业的劳动者由于市场工作对其从事家务劳动的"时间约束"程度不同，必然影响劳动者的家务时间配置行为，包括职业的教育要求和收入差距同样是影响家庭内部决策的重要因素。为了更逼近现实，我们假定市场工作时间无弹性并纳入家务劳动市场化来模型化城镇劳动者的家务时间配置决策，而以市场工作时间完全弹性并纳入生存约束来模型化农村劳动者，特别是低收入的贫困劳动者的家务时间配置决策，同时在此基础上归纳了影响城乡劳动力家务时间配置的因素。

　　我们利用中国健康与营养调查（CHNS）2009 年提供的横截面数据，运用多层线性模型（HLM）技术，实证检验了职业对城乡劳动者家务时间配置的影响。我们的主要结论如下：（1）职业异质性是影响城镇劳动力家务时间配置的重要因素，而且对男性劳动者的影响程度要大于女性劳动者；（2）职业影响城镇劳动者家务时间配置具有性别效应差异，教育具有促进家庭内部分工平等的作用，从事受教育程度越高的职业促使男性劳动者投入更多的家务时间，而女性劳动者选择工作时间更灵活的职业，能够有效地缓解市场工作与家务劳动的冲突性；（3）城镇劳动者特别是女性劳动者，个人对家庭的收入贡献水平与其家务时间配置呈正相关性，由于模型的限制，我们无法确定个人家务劳动负担率与其收入贡献之间的关系，但随着收入水平的提升而扩张家庭内部生产范围是一个可能的解释；（4）异质职业同样是影响农村劳动力家务时间配置的重要因素，但其受影响程度要小于城镇劳动者，原因在于农村劳动力的市场工作时间更富弹性，从而形成了对其从事家务劳动更强的"时间约束"；（5）职业分割所导致的就业机会不平等和工资歧视，抑制了农村劳动者的人力资本回报率，从而弱化了教育促进家务分工平等化的功能；（6）除了隐含于户籍制度下的城乡劳动力职业分割因素之外，收入、社会福利保障的差距也是影响城乡劳动力闲暇和家务时间配置决策差异的重要因素，而且在城乡间存在不同的结构性调整效应。

　　择业机会和职业待遇歧视是城乡差别在劳动力市场上的集中体现，因此上述职业对家务时间配置的调整效应为我们呈现了城乡差别在家务分工中具有十分重要的影响，而利用 Oaxaca-Blinder 均值分解技术则可以使我们将城乡差别对家庭分工和家务时间配置的作用分解为平均效应和特征因素的结构性调整效应。分解结果显示，城乡差别使得农村女性劳动者相对于城镇女性劳动者减少了家务时间的投入，但农村男性劳动者减少的幅度更大，从而使得农村家庭比城镇家庭家务劳动的性别分工更加不平等，其中农村家庭在社会福利、公共服务设施、医疗保险等社会保障方面的缺失是一个重要原因，迫使农村劳动者只能通过压缩家务时间转化为市场工作以进行自我保险。

城乡劳动力家务时间配置决策不仅受到劳动者职业、性别等个体特征的影响，同时也与家庭外部环境变化有关，特别是受到宏观经济运行状况和经济结构调整的制约。我们利用中国健康与营养调查（CHNS）提供的1989—2009年期间的8次调查所形成的面板数据，采用多层线性模型中的成长模型（Growth Model）分解方法，分析了随着时间的推移，城乡劳动力家务时间配置的动态变化。我们的主要发现有：（1）改革开放以来，我国城乡劳动力投入的家务时间随着时间的推移而呈现出U形态势，这一变化趋势基本上与我国经济社会体制改革的进程相吻合，也在一定程度上折射出了我国宏观经济运行的波动状况；（2）随着时间的推移，城乡家庭内部家务劳动分工性别不平等的状况没有明显改善的迹象，而且教育对于劳动者家务时间的投入具有分化作用，受教育程度的提高既有促使劳动者乐于承担家庭责任的功能，但同时也增加了劳动者家务时间投入的波动性，这可能与经济社会转型进程中人们生活方式、价值观念的转变有关；（3）在长期内，城市劳动者投入的平均家务时间要明显地多于农村劳动者，而且在对家务时间的动态调整方面，城镇劳动力比农村劳动力调整的波动性更小而更具稳定性，这种家务时间配置的动态调整差异客观地反映了农村劳动力由职业分割、社会福利保障制度缺失而面临更大的职业风险，自我实施的保险机制脆弱而更容易受到外部环境变动冲击的现实情形。

劳动者家务时间的配置会影响其本人及家庭的福利水平，因为在其他条件不变的前提下，家务劳动具有经济学意义上的"劣质品"属性，家务劳动也不同于体育锻炼，家务劳动尤其是重叠性劳动的工作强度有损于妇女的健康福利，并有碍于其进行人力资本投资，从而在家庭资源支配中处于更为不利的地位而丧失了更多的选择空间。在我国，这种福利效应差异还体现在二元性的经济社会体制方面，包括社会福利制度、收入水平和公共服务设施等方面在城乡间仍存在巨大的差距，即使在农村劳动力大规模流向城市的背景下，依然在就业、医疗、教育、福利保障等方面面临不公平待遇，也就是说经济结构的调整，并未能实现城乡家庭之间真正的一体化融合式发展。而面对城乡有别的家庭外部环境及其变迁，必然促使城乡家庭相应地调整家务分工和时间配置，从而产生家务劳动调整的福利效应。

因此，我们对城乡劳动力家务时间配置问题的研究，具有十分重要的劳动者福利含义，由于劳动者家务时间配置决策是在个体特征、家庭背景以及外部宏观经济社会制度下的理性选择，因此，我们在揭示劳动者家庭内部分工和时间配置微观机制的同时，对于家庭外部环境尤其是经济社会发展背景的因素也必须予以高度的重视。本书的研究，着重在于通过调查数据信息，从静态和动态两个角度考察我国城乡劳动力的家务时间配置并予以比较，研究的结果也可以作为政府和社会公共管理部门制定相关政策的重要参考和有益借鉴。

二　政策建议

时间作为一种重要而稀缺的资源，时间配置特别是劳动者在家务劳动等非市场活动中的时间配置问题是直接关系到劳动者个人和家庭福利的重要方面。国家十二五发展规划中明确指出，要把保障和改善民生作为加快转变经济发展方式的根本出发点和落脚点，推进城乡经济社会发展一体化，实现基本公共服务和社会福利均等化目标，因此，我们的政策建议如下：

（一）努力消除城乡劳动力职业分割的制度性障碍，规范劳动用工管理制度

本书研究表明，异质职业是影响城乡劳动力家务时间配置差异的重要原因，因而必然导致城乡劳动者基于此的福利效应差异，而要实现城乡福利均等化目标，就有必要消除职业分割的制度性障碍。尽管引起劳动力市场分割的原因有很多（阿辛沸尔特，1997；阿托尼基和布兰克，1999；波加斯，1999），但在我国当前二元结构的经济社会背景下的城乡劳动力市场所形成的职业分割，主要表现为依托户籍制度作为工具的针对农村劳动力的市场歧视问题，特别是绝大多数农村转移劳动力在城市非正规部门就业，劳动休假制度不规范、工作时间被任意调整、延长和休息权被剥夺现象突出，形成了对其从事家务劳动更强的"时间约束"，更为严重的是还存在城乡劳动力就业机会和职业晋升机会不均等、同工不同酬等问题，因此，劳动力市场的分割不仅造成了效率损失，也造成了劳动者收入上的

不平等，从而严重地影响了其福利水平。

当然，职业差别是客观存在的，无法也没有必要通过政策措施加以干预，我们要消除的是基于户籍制度下针对农村劳动力的市场歧视现象，赋予农村劳动力平等竞争的就业机会，按照市场机制配置劳动力资源，保障城乡劳动者的平等地位和合法权益，从户籍制度改革入手，促进城乡劳动力市场一体化发展。

（二）进一步改善农村社会公共品供给状况，有效降低农村劳动力的职业风险

本书研究发现，城镇劳动力所投入的平均家务时间水平要明显地高于农村劳动力，我们认为这一方面是由于农村劳动者的市场工作时间弹性更大，为了获取尽可能多的市场报酬而增加了市场劳动时间投入水平，从而大大挤占了其闲暇和家务时间所致，特别是农村低收入贫困家庭的劳动者在面临生存约束下异化了经典的劳动供给曲线（呈向右下方倾斜）时更是如此；另一方面则是由于农村劳动力在住房、就业、医疗、养老等社会保障制度不健全、生活基础服务设施方面的社会公共品供给短缺和面临更大的职业风险条件下，通过延长市场劳动时间（挤占闲暇和家务时间）实施自我保险的结果，这一点在农村劳动者对家务时间配置的动态调整效应中进一步得到了印证。因此，政府和社会公共管理部门有必要进一步完善保障和改善民生的制度安排，提高农村地区生活基础服务设施方面的社会公共品供给水平（诸如水、电、公路、供暖、有线电视等基础生产性和生活性设施），提高农村和农民的社会福利保障水平。

（三）保持宏观经济稳定，大力发展教育事业，推动和发展家务劳动社会化

本书的研究表明，经济结构调整和社会发展并没有改善家庭内部分工中的性别不平等现象，这是劳动力市场上性别歧视在家庭内部分工中的折射，但是劳动者的受教育程度越高越有可能消除或者弱化家庭分工中的性别不平等，这缘于教育促进性别平等意识的功能，也可能缘于教育对提高劳动者收入的正向效应。因此，保持宏观经济的稳定可以降低劳动者应对外部环境恶化所产生的调整成本，减轻自我保险的压力，通过发展教育事业特别是农村教育，不仅可以提升劳动者的人力资本存量，同时也有助于促进家庭内部的性别分工更趋于平等化，增进家庭弱势地位尤其是长期承担高负荷家务劳动的妇女的福利水平。

同时，我们的研究还表明，劳动者个人对家庭收入贡献水平的提升并未使其减少家务时间的投入水平，尤其是对于女性劳动者来说两者更是呈现出显著的正相关性。我们对此结果的解释是，劳动参与率的提高在增加劳动者收入的同时，也使其更有能力追求更高的生活品质和更为精致的家庭生产产品，家务时间投入水平的提升恰恰是家庭经济处于更高发展阶段的重要标志，这同样也可以作为解读城镇劳动力平均家务时间投入水平普遍要高于农村劳动力现象的一个视角。随着经济的发展和人们生活水平的提升，由家庭内部生产范围的扩张而引致的家务劳动的需求也是在不断增长的，因此，在城市中大力推动和发展家务劳动社会化无疑拥有广阔的市场空间，不仅可以使得城镇家庭的内部生产活动外移于社会分工，使城镇劳动力从繁重的家务劳动负担中解脱出来，从而更加专注于市场工作而提高分工效率，而且以家政业为代表的家务劳动社会化产业的发展，也可以为农村转移劳动力特别是农村女性劳动者提供更多的就业岗位，促进城乡经济和谐发展。

三　不足与展望

相比于国外蓬勃兴起的家庭经济学研究来说，国内学者中关注家务劳动问题的还不多见（这可以从文后所附参考文献中看出来，有关家务劳动研究的中文参考资料较少），因此，本书是对我国城乡劳动力家务时间配置问题所做的一个尝试性研究。本书的研究尚有诸多不足之处，特别是以下几个方面：一是在研究职业对城乡劳动者家务时间配置的影响时，在我们的多层线性模型中还有多个变量的随机效应显示出显著性，表明有关变量的其他特征因素还有待于进一步挖掘；二是在本书的实证研究中，我们采用了劳动者家务时间的绝对值作为因变量，因此不能直接用来分析家庭内部的家务劳动分工，而探讨劳动者家务劳动负担率问题显然能够使本研究更为深入；三是本书在实证模型中没有设置代理变量来反映人们的价值观念、传统文化等社会意识形态因素对劳动者家务时间配置的影响，显然这些因素在人们进行家庭内部分工和家务时间配置决策时具有十分重要的作用，有时甚至是关键性的。

上述不足是我们进行下一步后续研究需要逐步完善的主要方面，当然家务劳动经济学还有其他许多主题值得深入探讨，比如家务劳动的经济价值评估问题就极富挑战性。此外，除了本书使用的中国健康与营养调查

（CHNS）数据外，随着诸如北京大学中国社会科学调查中心中国家庭动态跟踪调查数据（Chinese Family Panel Studies，CFPS）等时间利用调查（Time-use Survey，TUS）项目的深入开展，必将进一步推动中国的家庭经济学研究迈上一个新的台阶。

参 考 文 献

［1］贝克尔：《家庭论》，王献生、王宇译，商务印书馆 2005 年版。

［2］布朗、皮尔斯（Clair Brown and Amelia Preece）：《性别与家庭生产》，载于《新帕尔格雷夫经济学大辞典》，经济科学出版社 1996 年版。

［3］蔡昉、都阳、王美艳：《户籍制度与劳动力市场保护》，《经济研究》2002 年第 12 期。

［4］蔡昉、都阳、王美艳：《中国劳动力市场转型与发育》，商务印书馆 2005 年版。

［5］柴效武：《社会化还是现代化——家务劳动演进的路径抉择与评价》，《浙江社会科学》1999 年第 5 期。

［6］柴效武：《农户家务劳动问题探析》，《浙江万里学院学报》2002 年第 4 期。

［7］畅红琴、董晓媛：《中国农村劳动力外流对留守家庭成员时间分配的影响》，《世界经济文汇》2009 年第 4 期。

［8］畅红琴、董晓媛、Fiona MacPhail：《经济发展对中国农村家庭时间分配性别模式的影响》，《中国农村经济》2009 年第 12 期。

［9］邓曲恒：《城镇居民与流动人口的收入差异，基于 Oaxaca-Blinder 和 Quantile 方法的分解》，《中国人口科学》2007 年第 2 期。

［10］丁红卫：《经济发展与女性就业：亚洲典型国家实证研究》，中国市场出版社 2007 年版。

［11］丁守海：《农民工工资与农村劳动力转移：一项实证分析》，《中国农村经济》2006 年第 4 期。

［12］杜毅：《农民工就业现状与对策研究》，《重庆三峡学院学报》2009 年第 1 期。

［13］弗兰克：《农民经济学—农民家庭农业和农业发展》，胡景北译，上

海人民出版社 2006 年版。

[14] 郭凤鸣、张世伟：《教育和户籍歧视对城镇工和农民工工资差异的影响》，《农业经济问题》2011 年第 6 期。

[15] 郭继强：《中国城市次级劳动力市场中民工劳动供给分析——兼论向右下方倾斜的劳动供给曲线》，《中国社会科学》2005 年第 5 期。

[16] 郭继强：《低收入者工资决定模型——一个统一若干著名理论新视域的理解》，《社会科学战线》2006 年第 2 期。

[17] 郭继强：《中国农民工城乡双锁定工资决策模型》，《中国农村经济》2007 年第 10 期。

[18] 郭继强：《农民劳动供给的统一性解读》，《经济学家》2008 年第 2 期。

[19] 顾严、冯银虎：《我国行业收入分配发生两极分化了吗？——来自非参数 Kernel 密度估计的证据》，《经济评论》2008 年第 4 期。

[20] 胡军辉：《非劳动收入对家庭时间配置的影响——基本工作异质的一个视角》，《中国工业经济》2011 年第 7 期。

[21] 李强：《农民工与中国社会分层》，社会科学文献出版社 2004 年版。

[22] 李实：《中国经济发展中的一道灰色的风景线——评〈中国转轨时期劳动力流动〉》，《经济研究》2007 年第 1 期。

[23] 李秋芳：《用市场之力推动家务劳动社会化进程》，《中华女子学院学报》1994 年第 3 期。

[24] 刘生龙、周绍杰：《基础设施的可获得性与中国农村居民收入增长——基于静态和动态非平衡面板的回归结果》，《中国农村经济》2011 年第 1 期。

[25] 刘茂松：《论家庭消费性生产与家务劳动产品价值》，《消费经济》2002 年第 1 期。

[26] 刘传江、程建林：《双重"户籍墙"对农民工市民化的影响》，《经济学家》2009 年第 10 期。

[27] 陆益龙：《超越户口——解读中国户籍制度》，中国社会科学出版社 2004 年版。

[28] 陆益龙：《户口还起作用吗——户籍制度与社会分层和流动》，《中国社会科学》2008 年第 1 期。

[29] 罗小兰：《向右下倾斜的非农劳动供给曲线——来自中国健康和营

养调查的证据》，《中国农村经济》2007 年第 10 期。

[30] 林秀雄：《夫妻财产制之研究》，中国政法大学出版社 2001 年版。

[31] 聂丹：《农民工低工资率与国民福利损失的经济学分析——对经典劳动供给理论的拓展》，《财经研究》2007 年第 10 期。

[32] 王美艳,：《转轨时期的工资差异：歧视的计量分析》，《数量经济技术经济研究》2003 年第 5 期。

[33] 王美艳：《城市劳动力市场上的就业机会与工资差异》，《中国社会科学》2005 年第 5 期。

[34] 王济川、谢海义、姜宝法：《多层统计分析模型——方法与应用》，高等教育出版社 2008 年版。

[35] 王天夫、崔晓雄：《行业是如何影响收入的——基于多层线性模型的分析》，《中国社会科学》2010 年第 5 期。

[36] 王琪延：《北京市居民生活时间分配研究》，《管理世界》1997 年第 4 期。

[37] 王亚林：《城镇居民家务劳动动态考察》，《社会学研究》1991 年第 3 期。

[38] 王峰：《家务劳动的计量方法》，《能源基地建设》1998 年第 6 期。

[39] 王琪、陈喜红：《经济学视野里的家务劳动》，《湖南人文科技学院学报》2005 年第 6 期。

[40] 伍德里奇：《计量经济学导论：现代观点》，费剑平译，中国人民大学出版社会 2003 年版。

[41] 齐良书：《议价能力变化对家务劳动时间配置的影响——来自中国双收入家庭的经验证据》，《经济研究》2005 年第 9 期。

[42] 齐心、田翠琴：《中国北方农民的生活时间配置》，《江苏行政学院学报》2003 年第 3 期。

[43] 魏军：《中国行业收入差距研究综述》，《湖南文理学院学报（社会科学版)》2006 年第 6 期。

[44] 吴桂英：《家庭内部决策理论的发展和应用：文献综述》，《世界经济文汇》2002 年第 2 期。

[45] 吴易风、刘凤良、吴汉洪：《西方经济学》，中国人民大学出版社 2002 年版。

[46] 沙吉才：《中国妇女地位研究》，中国人口出版社 1998 年版。

［47］谢国雄：《纯劳动：台湾劳动体制绪论》，中央研究院社会学研究所，1997 年。

［48］谢富胜：《资本主义的劳动过程：从福特主义向后福特主义转变》，《中国人民大学学报》2007 年第 2 期。

［49］严善平：《城市劳动力市场中的人员流动及其机制》，《管理世界》2006 年第 8 期。

［50］严善平：《人力资本、制度与工资差别》，《管理世界》2007 年第 6 期。

［51］姚先国、赖普清：《中国劳资关系的城乡户口差异》，《经济研究》2004 年第 7 期。

［52］易伍林：《家务劳动社会化的社会动力》，《社会工作》2007 年第 1 期。

［53］杨晓华：《转型期我国贫富差距扩大现象分析》，《价值工程》2001 年第 26 期。

［54］原新、韩靓：《多重分割视角下外来人口就业与收入歧视分析》，《人口研究》2009 年第 1 期。

［55］曾德冬：《影响城市流动人口收入因素的实证分析——以武汉市为例》，《中南财经政法大学研究生报》2008 年第 1 期。

［56］甄美荣：《关于家务劳动的经济学研究综述》，《妇女研究论丛》2009 年第 2 期。

［57］朱梅、应若平：《农村"留守妻子"家务劳动经济价值的社会学思考》，《湖南农业大学学报》2005 年第 6 期。

［58］Agarwal, B., "Bargaining and Gender Relations, Within and Beyond the Household", Feminist Economic 3, 1997, 1: 1 – 51.

［59］Albanesi, Stefania, and Claudia Olivetti., "Home Production, Market Production and the Gender Wage Gap: Incentives and Expectations." Review of Economic Dynamics, 2009, 12 (1): 80 – 107.

［60］Alenezi. M. and Walden. M. L., "A NewLook at Husbands' and Wives' Time Allocation", The Journal of Consumer Affairs, 2004.

［61］Allen M. Parkman, "Bargaining over Housework: The Frustrating Situation of Secondary Wage Earners", American Journal of Economics and Sociology, Vol. 63, No. 4, Oct., 2004, pp. 765 – 794.

[62] Altonji, Joseph G. and Rebecca Blank, "Race and Gender in the Labor Market", In Orley Ashenfelter and David Card (eds.) Handbook of Labor Economics, Vol. 3C, 1999, pp. 3143 – 3260. Amsterdam, New York and Oxford: Elsevier Science, North-Holland.

[63] Apps PF. and Rees R, "Collective Labor Supply and Household Production", Journal of Political Economy, 1997, 105 (1): 178190.

[64] Ashenfelter, Orley, "Union Relative Wage Effects: New Evidence and a Survey of Their Implications for Wage Inflation", in Kevin F. Hallock (ed.), The Collected Essays of Orley Ashenfelter, Vol. 1, Employment, Labor Unions and Wages, 1997, pp. 79 – 108. Cheltenham, U. k. and Lyme, N. H. : Elgar; distributed by American International Distribution Corporation Williston.

[65] Aronsson. T, Daunfeldt. S. and Wikstrom. M. "Estimating Intrahousehold Allocation in a Collective Model with Household Production", Journal of Population Economics, 2001.

[66] Baker, Matthew J. , and Joyce P. Jacobsen, "Marriage, Specialization, and the Gender Division of Labor." Journal of Labor Economics, 2007, 25 (4): 763 – 93.

[67] Begoña Álvarez and Daniel Miles, "Gender Effect on Housework Allocation: Evidence from Spanish Two-Earner Couples", Journal of Population Economics, Vol. 16, No. 2, May, 2003, pp. 227 – 242.

[68] Benjamin, Dwayne. "Household Composition, Labor Markets, and Labor Demand: Testing for Separation in Agricultural Household Models." Econometrica, 1992, 60 (2): 287 – 322.

[69] Bittman M, England P, Folbre N, Matheson G, "When Gender Trumps Money: Bargaining and Time in Household Work", Joint Center for Poverty Research Working Paper, 2011, No. 221.

[70] Becker, G. S. , "A Theory of the Allocation of Time", The Economic Journal, 1965 (75).

[71] Becker, Gary, "A Theory of Social Interactions", Journal of Political Economy, 1974, (82): 1063 – 1094.

[72] Becker, Gary. , "A Treatise on the Family", Harvard University Press,

1981.

[73] Ben-Porath. y, "The F-Connection: Families, Friends and Firms and the Oragnization of Exchange", Population and Development Review, 6, 1980, pp. 1 – 30.

[74] Bielby, Denise D. and William T. Bielby, "She Works Hard for the Money: Household Responsibilities and the Allocation of Work Effort", American Journal of Sociology, 1988, 93.

[75] Blair Sampson, L. and Daniel, T. Lichter. , "Measuring the Division of Household Labor: Gender Segregation of Housework among American Couples", Journal of Family Issues, 1991, (12).

[76] Bloemen, Hans, and Elena Stancanelli. , "Modelling the Employment and Wage Outcomes of Spouses: Is She Outearning Him?" Institute for the Study of Labor Working Paper, 2008, 3455.

[77] Blood Robert, O. and Donald, M. Wolfe. , "Husbands and Wives: The Dynamics of Married Living". Free Press, 1960.

[78] Borjas. George, "The Economic Analysis of Immigration," In Orley Ashenfelter and David Card (eds.) Handbook of Labor Economics, Vol. 3A, pp. 1697 – 1757, Amsterdam, New York and Oxford: Elsevier Science, North-Holland, 1999.

[79] Cheng Tiejun & Mark Selden, "The Origins and Social Consequences of China's Hukou System", The China Quarterly, vol. 139 (Sept.), 1994, pp. 645 – 668.

[80] Chiappori. P. A, "Rational Household Labour Supply", Econometrica, 1988, 56 (1): 63 – 89.

[81] Chiappori. P. A, "Collective Labor Supply and Welfare", Journal of Political Economy 1998, 100, (3): 437 – 467

[82] Chiappori. P. A, "Introducing Household Production in Collective Models of Labor Supply", Journal of Political Economy, 1997, 105 (1): 191 – 209.

[83] Chiappori. P. A, Fortin B, Lacroix. G, "Household Labor Supply, Sharing Rule and the Mar riage Market", Paper presented at the Second CILN Conference on Labour Market Institutions and Labour Market Out-

comes: International Perspectives, 1998.

[84] Chiappori. P. A, Murat Iyigun, Yoram Weiss, "Investment in Schooling and the Marriage Market" The American Economic Review, Vol. 99, No. 5, Dec. 2009, pp. 1689 – 1713.

[85] Cohen Philip, N., "Replacing Housework in the Service Economy: Gender, Class, and Race-Ethnicity in Service Spending". Gender & Society, 1998, (12).

[86] DeJanvry, A., M. Fafchamps, and E. Sadoulet., "Peasant Household Behaviour with Missing Markets: Some Paradoxes Ex-plained." Economic Journal 101, Nov., 1991: 1400 – 17.

[87] Dickens, William T. and Lawrence F. Katz, "Int er-Industry Wage Differences and Theories of Wage Determination", NBER Working Paper Series, 1987, No. 2271.

[88] Dominique A, Flood L, Kocoglu. Y, "Intra-Household Time Allocation in France and Sweden", Center for European Labour Market Studies, Gbteborg University, 2000.

[89] Dorothy J. Solinger, "Citizenship Issues in China's Internal Migration: Comparisons with Germany and Japan", Political Science Quarterly, Vol. 114, 1999, no. 3, pp. 455 – 478.

[90] Edholm, F. Harris, O. &Young, K., "Conceptualising women. Critique of Anthropology", 1977, Vol. 3, No. 9/10.

[91] Floro, M. S, "Economic Restructuring, Gender and the Allocation of Time", World Development, 23 1995, (11): 1913 – 1929.

[92] Fortin B, and Lacroix G., "A Test of the Unitary and Collective Models of Household Labour Supply", The Economic Journal, 1997, 107: 933 – 955.

[93] Goldscheider Frances, K. and Linda, J. Waite., "New Families, No Families?", University of California Press, 1991.

[94] Gronau. R., "Home production—A Forgotten Industry", Review of Economics and Statistics, 62, 1980.

[95] Hawrylyshyn. Oli, "The Value of Household Services: A Survey of Empirical Estimates", The Review of Income and Wealth, series 22, No.

2, June, 1967, pp: 101 – 131.

[96] Hedeker, Donald R. and Gibbons, Robert D. "Longitudinal Data Analysis", John Wiley & Sons Inc, 2006.

[97] Hiller, Darlene, "Power Dependence and Division of FamilyWork", Sex Roles, 10, 1984.

[98] Ishii-Kuntz, Masako and Scott Coltrane, "Predicting the Sharing of Household Labor: Are Parenting and Housework Distinct?", Sociological, 1992, Perspectives, 35.

[99] Jacoby, H. G., "Productivity of Men and Women and the Sexual Division of Labor in Peasant Agriculture of the Peruvian Sierra", Journal of Development Economics, 37, 1992, 265 – 287.

[100] Joni Hersch and Leslie S. Stratton, "Wages, and Division of Housework Time for Employed Spouses", The American Economic Review, Vol. 84, No. 2, Papers and Proceedings of the Hundred and Sixth Annual Meeting of the American Economic Association, May, 1994, pp. 120 – 125.

[101] Jo VanEvery., "Understanding Gendered Inequality: Reconceptualizing Housework", Journal of Women's Studies International, Forum, 20 (3) 1997.

[102] Kamo, Yoshinori, "Determinants of Household Division of Labor: Resources, Power, Andidelolgy", Journal of Family Issues, (9) 1988.

[103] Knight, John & Shi Li, "Wages, Firm Profitability and Labor Market Segmentation in Urban China", China Economic Review, 16 (3), 2005.

[104] Kooreman P., Kapteyn. A. "A Disaggregated Analysis of the Allocation of Time within the Household", Journal of Political Economy, 95 (2) 1987: 223 – 249.

[105] Krista L. McGuire, Richard B. Primack, Elizabeth C. Losos, "Dramatic Improvements and Persistent Challenges for Women Ecologists", BioScience, Vol. 62, No. 2 February, 2012, pp. 189 – 196.

[106] Krueger, Alan B. and Lawrence H. Summers, "Efficiency Wages and the Inter-Industry Wage Structure", Econometrica, 56, 1988, pp. 259 – 293.

[107] Lewis, W. Arthur, "Economic Development with Unlimited Supplies of

Labour", The Manchester School of Economic and Social Studies, 22 May, 1954, 139 – 191.

[108] Lundberg, Shelly and Pollak, Robert A. "Separate Spheres Bargaining and the Marriage Market", Journal of Political Economy, 100 (6) 1993: pp. 988 – 1010.

[109] Lundberg, Shelly. and Pollak, Robert. A., 1994, "Noncooperative Bargaining Models of Marriage", American Economic Review, 84 (2): pp. 132 – 137.

[110] Lundberg, Shelly and Pollak, Robert, A. "Bargaining and Distribution in Marriage", Journal of Economic Perspectives 10 (4), 1996: pp. 139 – 158.

[111] Lopez, R. E. "Estimating Labor Supply and Production Decisions of Self-employed Farm Producers", European Economic Review, 24, 1984, 61 – 82.

[112] Makiko Fuwa and Philip, N. Cohen. "Housework and Social Policy", Journal of Social Science Research, (36), 2007.

[113] Marx, Karl. & Engels. Friedrich, "The German Ideology", C. J. Arthur, Ed., London: Lawrence and Wishart, 1970.

[114] Manser, Marilyn and Brown, Murray, 1980, "Marriage and Household Decision Making: A Bargaining Analysis", International Economic Review, 21 (1): pp. 31 – 44.

[115] McElroy, Marjorie B and Horney, Mary J. "Nash-Bargaining Household Decisions: Toward a Generalization of the Theory of Demand", International Economic Review, June 22, 1982 (2), pp. 333 – 349.

[116] McSweeney, B. G. "Collection and analysis of data on rural women's time use", Studies in Family Planning, Vol. 10, 1979, No. 11/12.

[117] Meng, Xin, "Labour Market Reform in China", Cambridge University Press, 2000.

[118] Meng, X. and Zhang, J. "The Two-Tier Labor Market in Urban China: Occupational Segregation and Wage Differentials between Urban Residents and Rural Migrants in Shanghai", Journal of Comparative Economics, 29, 2001: 485 – 504.

[119] Pirore. M. J. "The Dual Labor Market: Theory and Application", The State and the Poor, 1970.

[120] Pitt, Mark M. and Rosenzweig, Mark R., "Agricultural Prices, Food Consumption and the Health and Productivity of Farmers", in Inderjit Singh, Lynn Squire and John Strauss, eds., Agriculltulral Houlsehlold Models: Extensions and Applications (Baltimore: Johns Hopkins Press) 1986.

[121] Pollak, Robert A., "A Transaction Cost Approach to Families and Households", Journal of Economic Literature, June23 (2), 1985, pp: 581 – 680.

[122] Ravi, Kanbur. and Lawrence, Haddad., "Are Better Off Households More Unequal or Less Unequal: A Bargaining Theoretic Approach to "Kuznets Effects" at the Micro Level", Oxford Economic Papers, 1994.

[123] Roberts, Kenneth. and Michael Morris, "Fortune, Risk and Remittances: An Application of Option Theory to Participation in Village Based Migration Networks", Presented at the Annual Meeting of the Population Association of America, New Orleans, May, 1996.

[124] R. Malathy, "Education and Women's Time Allocation to Nonmarket Work in an Urban Setting in India", Economic Development and Cultural Change, Vol. 42, No. 4, Jul. 1994, pp: 743 – 760.

[125] R. Malathy, "The Value of Household Services of Women in India", Artha Vijnana, March, 1988, pp: 89 – 106.

[126] Robert E. Evenson, "The Allocation of Women's Time: An Interna-tional Comparison", Behavior Science Research, 1983, pp: 196 – 215.

[127] Samuelson, Paul A, "Social Indifference Curves", Quarterly journal of Economics, (70) 1956: 1 – 22.

[128] Schultz. T. P, "Testing the Neoclassical Model of Family Labor Supply and Fertility", The Journal of Human Resources, 1990.

[129] Skoufias, Emmanuel., "Market wages, family composition and the time allocation of children in agricultural households," Journal of Development Studies 30 (2), 1994: 335 – 360.

[130] Szebo, L., and E. A. Cebotarev, "Women's work patterns: A time al-

location study of rural families in St. Lucia", Canadian Journal of Development Studies, Vol. 11, No. 2, 1990, pp. 259 – 278.

[131] Thomas Aronsson, Sven-Olov Daunfeldt, Magnus Wikström, "Estimating Intra-household Allocation in a Collective Model with Household Production", Journal of Population Economics, Vol. 14, No. 4, Dec. 2001, pp. 569 – 584.

[132] Tobin, J. , "Estimation of Relationships with Limited Dependent Variables", Econometrica, (26), 1958.

[133] Wang, Feng and Xuejin Zou, "Inside China's Cities: Institutional Barries and Opportunities for Urban Migrants", American Economic Review Proceedings, 89 (2), 1999.

附录

非劳动收入对家庭时间配置的影响

——一个基于工作异质性的比较研究[①]

一 问题提出

家庭既是生产者又是消费者，作为生产者，家庭通过配置市场工作时间以获得工资性收入，工资性收入和非劳动收入共同构成家庭的货币预算约束；而作为消费者，家庭通过配置家务劳动时间，把从市场上购买的商品加工成可直接使用的消费品以提供效用。同时，家庭可支配时间扣除市场工作和家务劳动的剩余时间部分，构成家庭的闲暇时间，以直接获得效用并恢复工作能力。因此，如何进行家庭各项时间的配置，是实现家庭效用最大化目标和关系家庭福利的重要决策行为。

非劳动收入是影响家庭时间配置的重要因素，是家庭决策中十分重要的一个变量和约束（Becker，1965；贝克尔，2005）。Alenezi and Walden（2004）利用美国 1979—1991 年的数据，计算了非劳动收入对夫妻双方时间配置的影响，发现随着家庭非劳动收入的增加将导致夫妻双方家务劳动时间减少，丈夫市场工作时间增加，但对妻子外出工作时间却无影响。Schultz（1990）用泰国 1981 年的数据进行的实证研究结果表明，非劳动收入更高的妇女享有更多的闲暇时间。这些研究成果强调了非劳动收入在家庭内部也就是对夫妻双方时间配置中的重要作用，国内学者也基本上沿着此思路并结合中国的调查数据，探讨了我国城乡家庭内部时间配置的特

---

① 本文发表于《中国工业经济》2011 年第 7 期，感谢《中国工业经济》杂志社的大力支持。非劳动收入与劳动者的市场工作时间配置没有直接的联系，因而并不构成劳动者开展各种经济或非经济活动的时间约束，本文作为附录收录于此，是为了强调非劳动收入对劳动者时间配置特别是家务劳动和闲暇影响的特殊机制，同时也是为了进一步突显职业异质性对劳动者时间配置决策影响的重要性。

点（齐良书，2005；畅红琴等，2009）。

但是，即使是家庭内部的时间配置决策，也必然受到家庭外部环境的制约，包括性别意识形态（Blair et al.，1991；Ishii-Kuntz et al.，1992）、社会制度和社会政策（Makiko et al.，2007）、家务劳动的机械电器化和社会化程度（Cohen，1998）等因素的影响。因此，我们在考察非劳动收入对家庭时间配置的影响时，不能忽视家庭在社会和经济地位上的差异性，尽管这种差异的社会结构是在不断发生变化的（弗兰克，2006），因为这种差异决定了家庭获得经济和市场资源的能力以及工作的"时间约束"程度（Ishii-Kuntz et al.，1992；Blood et al.，1960），而这一观点也得到了众多经验主义者的实证支持（Blair et al.，1991；Gronau，1980；Goldscheider et al.，1991）。家庭的社会和经济地位集中地体现在其成员市场工作的异质性上，具体来说，就是家庭主要成员的就业单位性质及其职业特征，特别是在我国长期实行城乡分割的制度和政策的背景之下，在城乡家庭之间表现得尤为明显。这种工作的异质性特征不仅是家庭的社会和经济地位在就业机会上的反映，同时在事实上也是造成城乡差距，包括收入差距、社会保障差距和公共服务差距（李实，2007）的一个重要原因。

基于此，本书按新家庭经济学的思路建立了一个理论模型，在区分家庭主要成员市场工作异质性的前提下，将其市场工作分刚性和非刚性两种情形分别探讨了非劳动收入对家庭时间配置产生的影响，以家庭户主的就业单位性质作为工作异质性的代理变量，利用CHNS2006年的调查数据对理论结果进行了实证检验，并进一步对计量结果进行了分析和评价。

二　家庭时间配置的一个理论模型

自从Becker（1965）创立新家庭经济学理论框架以后，时间资源在家庭中的配置引起了众多学者的高度关注，在消费者理论中甚至被认为是比收入更紧的一个约束条件（Alenezi and Walden，2004）。但基于共同效用函数假定的Samuelson（1956）"一致同意"模型（consensus model）和Becker（2005）"利他主义"模型（altruist model）等单一模型（unitary model）不断受到理论与事实的挑战，被认为缺乏细致的微观基础，与西方经济学中个体决策的前提相悖。近二三十年来，以博弈论为基础的集体模型（collective model）得到了极大地发展和应用，并得到了经验事实的支持（Marrlyn Manser and Murray Brown，1980；Marjorie B. McElroy and

Mary J. Horney，1981；Ravi and Lawrence，1994；齐良书，2005）。尽管如此，单一模型仍不失为解释家庭时间配置决策的一个标准分析框架，同时，由于财产制度和数据的原因，家庭非劳动收入往往难以在夫妻双方之间做出明确的归属，而且其在夫妻博弈中所起的作用也比较复杂，两者之间的影响是双向的（Agarwal，1997），因此在理论分析中以夫妻共同收入进入模型。

基于以上的分析，为了更好地说明工作异质前提下非劳动收入在家庭时间配置中的影响，本书仍采用贝克尔（2005）和Gronau（1980）的分析框架，假定家务时间和市场商品是生产直接可消费的"商品"的投入要素，"商品"和闲暇提供效用，设家庭效用函数为 U，不考虑家庭储蓄和金融借贷的单期家庭时间配置模型为：

$$\text{Max}\, U = U(Z_1, \cdots Z_n; t_l) \tag{1}$$

$$s.t. \quad Z_i = f_i(x_i, t_{h_i}; E_i), i = 1, \cdots n \tag{2}$$

$$\sum p_i x_i = w t_w(q) + v \tag{3}$$

$$t_w(q) + t_h + t_l = t \tag{4}$$

其中，$Z_1, \cdots Z_n$ 为可直接消费的"商品"，f 为家庭生产函数，x 为家庭在市场上购买的商品，t_h 为家务劳动时间，E 则代表家庭能力、人力资本、社会和自然状态以及其他变量（贝克尔，2005）。由商品和时间两种投入品边际替代率下降，以及家务劳动时间延长导致的疲劳等原因，我们可以合理地假设 $f'_{t_h} > 0, f''_{t_h} < 0$；$p$ 为各种商品 x 的市场价格，w 为市场工作的工资率，t_w 是市场工作时间，q 代表工作异质性，v 是家庭非劳动收入；t_l 为家庭闲暇时间，而 t 为家庭可利用时间总量。

由式（1）式（2）式（3）式（4）可得出家庭各项时间的配置函数：

$$t_j = F_i(q, x_i, p_i, E_i, w, v), j = l, w, h; i = 1, \cdots n \tag{5}$$

F 为函数表达式，从约束条件可知家务劳动时间 t_h、市场工作时间 t_w 和闲暇 t_l 之间存在着两两相互影响的关系，根据式（1）最优化的一阶条件，可得：

$$\frac{MU_{t_l}}{MU_{Z_i}} = \frac{U'_{t_l}}{U'_{Z_i}} = f'_{t_{h_i}} = w \tag{6}$$

即家庭家务劳动的边际生产率必然等于闲暇与"商品"的边际替代

率，等于家务时间的影子价格——工资率。不考虑非劳动收入时的家庭时间配置决策，可用图 1 表示，$0t$ 为家庭可支配时间总量，$0G$ 为市场商品，u_1 是市场商品与闲暇效用的无差异曲线；s_1 为市场工作收入线，其斜率为工资率；f_1 为家庭家务劳动生产线，其边际生产率 $f'_{t_h} > 0, f''_{t_h} < 0$；闲暇时间 t_{l1} 和家务劳动时间 t_{h1} 从 0 点向右表示，而市场工作时间则以 t_0 为原点，从右向左表示，家庭可支配总时间为 $0t$，其中 $0t_{h1} = t_0t$。

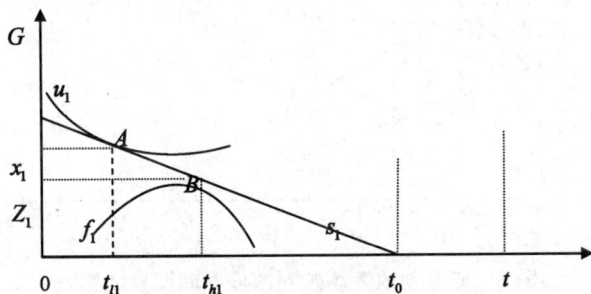

图 1　非劳动收入为零时的家庭时间配置

当家庭非劳动收入 $v = 0$ 时，根据式（6）的条件，市场工作线的斜率即工资率等于商品和闲暇无差异曲线的斜率，u_1 与 s_1 相切于 A 点，从而决定了家庭闲暇时间 $0t_{l1}$ 与市场工作时间 $t_w = t_0t_{l1}$ 以及按市场价格可购买的商品量 x_1（ $x_1 = \dfrac{wt_w}{p}$ ）；根据式（6），家庭家务劳动的边际生产率等于市场工作线斜率，f_1 与 s_1 相切于 B 点，决定了家庭家务劳动时间 t_{h1}，以及家务劳动的产品 Z_1，$Z_1 = f_1(x_1, t_{h1}; E)$；$Z_1 < x_1$，直接提供效用的商品其数量比消费掉的物品要少得多（贝克尔，2005）。

不同的市场工作类型，也即工作异质性决定了"时间约束"的程度大小，在此前提下，非劳动收入如何影响家庭时间配置的决策，下面分两种情形分别加以讨论：

1. 市场工作时间 t_w 为非刚性的情形

家务活动是一项重复的、枯燥乏味的无报酬劳动，在经济学意义上可将其视为一种"低档品"或"劣质品"，因此随着家庭收入的增加、家务劳动生产效率的提高，家庭将减少家务时间的配置，原因在于：首先，随着家庭收入的增加，使得家庭有能力在市场上购买物品密集型商品替代时间密集型商品，以节约家务劳动时间；其次，市场商品数量的增加，可以充分发挥家务劳动的规模经济效应，降低单位商品的家务时间耗费；最后，随着家庭收入的提高，家庭有能力通过家务劳动的机械电器化、社会化，降低家务劳动的强度，减少家庭生产中的时间投入。

因此，当家庭非劳动收入增加为 $v(v > 0)$ 时，家庭时间配置的变化如图 2 所示：

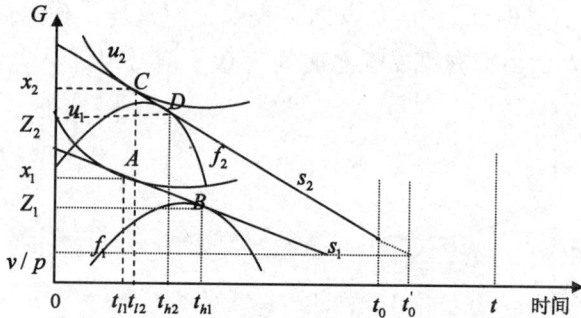

图 2　非劳动收入增加对家庭时间配置的影响

当家庭非劳动收入增加为 $v(v > 0)$ 时，家庭家务劳动生产线、商品与闲暇效用无差异曲线和市场工作收入线均向上方移动，在市场工作时间非刚性的前提下，随着收入效应的作用，家庭会放弃低效率的市场工作，从而导致市场工资率水平上升，在图 2 中表现为市场收入约束线由 s_1 向上偏转为 s_2，与代表更高生产率的家务劳动生产线 f_2 相切于 D 点，决定家务劳动时间由 $0t_{h1}$ 减少为 $0t_{h2}$。

家务时间的减少，使得 t_0 向右移到 t'_0（$t'_0t = 0t_{h2}$），也即闲暇和市场工作的时间之和增加。市场工作线 s_2 与更高的商品闲暇无差异曲线 u_2 相切于点 C，闲暇时间则由 $0t_{l1}$ 变动为 $0t_{l2}$，家庭总收入（家庭市场工作收入和非劳动收入之和）决定家庭在市场上购买商品 x_2，并经过家务劳动提供 Z_2 的可直接消费的商品量。但家庭闲暇时间的变动是不确定的，随家庭非劳动收入的增加可能增加也可能减少，因为在家庭家务时间减少的前提下，尽管闲暇和市场工作时间总和相应地增加了，但如果家庭市场工作时间增加的幅度超过家务时间减少的幅度，那么家庭闲暇时间将减少；反之家庭闲暇时间会有所增加。因此，家庭闲暇时间的变动取决于家庭市场工作时间的调整，而家庭市场工作时间的调整具有不确定性，一方面家庭非劳动收入的增加对市场工作存在收入效应，家庭可以通过减少低效率的市场工作引起工资率的增加；另一方面市场工作时间还受到商品与闲暇的替代效应以及市场工作与家务劳动的替代效应的影响。因此，市场工作时间的调整将取决于上述几种效应的综合作用。综上所述，在市场工作时间非刚性的条件下，家庭闲暇时间随非劳动收入的提高，其变动是不确定的。

2. 市场工作时间 t_w 为刚性的情形

如果市场工作时间具有刚性，家庭对市场工作时间不具有调整的余地，则 t_w 退化为一个常数，也即市场工作时间 t_w 与家务劳动时间 t_h、闲暇时间 t_l 之间不存在替代关系。那么对于一个家庭而言，总时间扣除市场工作时间部分（$t - t_w$）将在家务劳动时间和闲暇时间之间进行配置，也就是说家务时间 t_h 与闲暇时间 t_l 存在完全的替代关系。如前所述，随着家庭非劳动收入的增加，家庭将减少家务劳动这种"劣质品"的投入，减少家务时间，而减少的家务时间则完全转化为闲暇时间的增加。

非劳动收入对家庭时间配置的影响，特别是家务时间配置的非劳动收入弹性是否与理论分析相一致，需要经验研究来揭示。

三　数据与计量方法

1. 数据来源及分组

本书使用的数据来源于美国北卡罗来纳大学人口中心、美国营养和食品研究所、中国疾病控制和防治中心共同主持的 2006 年中国营养与健康调查（CHNS）[①]，所有数据资料均从 CHNS 官方网站下载获取，并根据本书的研究需要进行了必要的处理。2006 年度 CHNS 数据集的调查范围涵盖了中国 9 个省、自治区[②]的城镇和农村地区，调查时间主要集中于 2006 年 9 月、10 月，包含了城乡家庭关于时间配置及个人和家庭特征的详细信息，具有相当的代表性。

本书实证研究的目的是要检验工作异质的家庭，非劳动性收入在家庭配置家务劳动时间和闲暇时间方面存在怎样的差异，因此，选取了数据集中夫妻年龄在 65 岁以下的已婚家庭作为研究对象，剔除有缺失值的样本，共得到 1636 个家庭数据，包括 1099 个农村家庭和 537 个城镇家庭（家庭类型按户主的户籍划分，如果户主是城镇居民户口，则其家庭划为城镇家庭，如果户主是农村户口，则其家庭划为农村家庭）。

市场工作的异质性，如前所述，可以用家庭主要成员的就业单位性质

---

① 中国营养与健康调查官方网址：http://www.cpc.unc.edu/china。

② 9 个省、自治区分别为辽宁、山东、江苏、广西、黑龙江、河南、湖南、湖北和贵州。

和职业作为代理变量，以反映家庭市场工作时间的刚性程度，在此，我们将样本家庭以户主①的就业单位性质为依据划分成政府及国有集体企业、家庭联产承包农业、私营个体企业和三资企业四组。家庭主要成员（丈夫和妻子）的职业分布状况如表1所示。

表1   家庭主要成员就业单位性质②及职业分布③   单位：%

主要职业	政府及国有集体企业		家庭联产承包农业		私营、个体企业		三资企业及其他	
	丈夫	妻子	丈夫	妻子	丈夫	妻子	丈夫	妻子
高级专业技术工作者	33.11	8.90	1.09	0.00	17.16	0.75	21.85	3.33
一般专业技术工作者	0.98	7.53	0.50	0.73	1.29	1.50	1.68	5.00
管理者、行政官员、经理	26.56	10.96	0.10	0.49	13.51	9.77	27.73	11.67
办公室一般工作人员	10.82	10.96	0.12		1.06	3.01	2.52	6.67
农民、渔民、猎人	1.31	13.01	97.72	94.03	4.00	31.02	5.88	16.67
技术工人或熟练工人	6.23	7.53	0.40	0.49	13.16	4.89	6.72	15.00
非技术工人或熟练工人	9.18	10.96	0.10	1.71	20.33	13.72	8.40	16.67
军官与警官、士兵与警察、运动员、演员、演奏员	4.59	6.85	0.10	0.49	11.16	7.14	18.49	11.67
司机、服务行业人员	7.21	23.29	0.00	1.95	18.33	28.20	6.72	13.33
观测数（单位：人）	305	146	1007	821	851	532	119	60
从事第二职业比例	7.65	5.83	28.17	9.54	19.11	10.90	21.42	9.43
从事家庭小手工业和小型家庭商业比例	3.60		14.78		35.90		17.85	
农村家庭比例	34.23		97.40		60.93		54.76	

注：观测数是剔除了回答"不知道"或者没有回答该问题的被调查者后的人数。

---

① 按户主进行划分，是考虑到户主的市场工作收入较高，在家庭中相对议价能力较强，往往在家庭决策中拥有主导权。

② 就业单位性质说明：政府及国有集体企业是指政府机关、国有事业单位和研究所、国有企业、小集体（如乡镇所属）、大集体（县、市、省所属）；家庭联产承包农业；私营、个体企业；三资企业（属于外商、华侨和合资）以及其他（需另外说明的）。

③ 职业分布说明：高级专业技术工作者（医生、教授、律师、建筑师、工程师等）；一般专业技术工作者（助产士、护士、教师、编辑、摄影师等）；管理者、行政官员、经理（厂长、政府官员、处长、司局长、行政干部及村干部等）；办公室一般工作人员（秘书、办事员）；农民、渔民、猎人；技术工人或熟练工人（工段长、班组长、工艺工人等）；非技术工人或熟练工人（普通工人、伐木工等）；军官与警官、士兵与警察、运动员、演员、演奏员；司机、服务行业人员（管家、厨师、服务员、看门人、理发员、售货员、洗衣工、保育员等）。

从表 1 中可以看出，样本家庭的就业单位和职业分布呈现出以下几个特点：一是男女就业地位存在着较大差别，在高级专业技术工作者、管理者（行政官员、经理）职业的比例上，丈夫一般要高于妻子（按单位性质分别为 33.11%：8.90%、26.56%：10.96%；1.09%：0、0.10%：0.49%；17.16%：0.75%、13.51%：9.77%；21.85%：3.33%、27.73%：11.67%）；二是职业分布存在相对较为集中的现象，按单位性质划分的夫妻职业分布占前三位的职业占比分别为 70.49%、47.56%；99.31%、97.69%；55.82%、72.945；68.07%、48.34%；尤其是在家庭联产承包企业组中，这一比例甚至都超过了 95%；三是城乡差别较为明显，政府及国有集体企业和三资企业及其他组中，城镇家庭比例要远高于农村家庭，而在家庭联产承包农业组中，农村家庭占据绝对优势，私营、个体企业组中，城乡家庭的比例则相对较为接近，农村家庭占比为 60.93%，与总样本中的农村家庭比例 62.86% 基本相当；四是从事第二职业及家庭小商业的比例，政府及国有集体企业组与其他三组相比要远低得多。这一职业分布结构必然将决定家庭工作时间的刚性或"时间约束"的程度，从表 2 可以看出，政府及国有集体企业组的家庭与其他三组相比，家庭年度工作时间分别要减少 362.724 个小时、1169.465 个小时和 1132.451 个小时，标准差要小 36.71%、36.03% 和 36.11%。

2. 计量模型设定及变量说明

根据式（5）和上述家庭分组，可分别建立计量模型如下：

$$t_j = \alpha_0 + \alpha_1 w + \alpha_2 v + \alpha_3 xp + \alpha_4 E + \mu, \ j = l, h; \tag{7}$$

α_0 表示常数项，$\alpha_1 \cdots \alpha_4$ 为系数，其余各变量含义同上，μ 为随机误差项。由于家庭购买的各项商品和价格难以精确统计，故以家庭大额消费支出代替；E 是代表家庭能力、人力资本、社会和自然状态的一个综合变量，在估计模型中，我们选取了家庭未成年子女的年龄、母亲是否住在家里等变量，以反映老人和未成年儿童在家庭时间配置中的作用[①]；用家庭人口规模、夫妻是否分居和住房面积来反映家务劳动和闲暇活动的规模经济状况；以是否拥有洗衣机、冰箱和电饭煲，反映现代化和电器化在家务劳动中的作用；以是否拥有电脑、照相机、手机、VCD（DVD）、电视机来比

---

① 老人和未成年儿童可能增加家庭的家务劳动时间，也可能因承担部分力所能及的家务而减轻家庭其他成员的家务劳动负担。

较家庭闲暇活动的深度和形式上的差别；以家庭类型（城镇家庭还是农村家庭）和地区变量反映社会习俗、文化或者地域差异在家庭时间配置中的影响。

其中，家庭工作时间包括夫妻双方调查日前一个年度的主要职业、第二职业、家庭果园菜园劳动、农业劳动、饲养家禽家畜劳动、渔业劳动、家庭小手工业和小型商业劳动时间的总和，但不包括家庭未成年儿童的劳动时间，单位为：小时/年；家庭家务劳动时间包括夫妻为家庭购买食物①、为家人做饭、洗熨衣物和打扫房间的时间，单位为：分钟/天；家庭闲暇时间由夫妻每天躺在床上的时间②、看电视和 DVD 或 VCD、玩游戏（包括电脑游戏）、上网浏览或聊天、读书（报纸、杂志）、写字或画画等时间组成，同时区分了双休日与工作日的差别，单位为：分钟/天；大额消费支出包括婚礼支出（亲戚朋友结婚送礼）、本户的嫁、娶支出、送礼物或钱给子女（不是家庭成员）、送礼物或钱给父母（不是家庭成员）、教育支出（包括所有家庭成员）和其他随礼支出，考虑到各地不同的消费物价水平，所有的支出项目均以 2005 年辽宁农村地区的物价水平为基准进行了折算，使得所有的家庭消费支出可比③；家庭劳动总收入包括夫妻双方获得的工资、补贴（包括副食补贴、保健津贴、洗理费、书报费、房屋补贴和其他补贴）、奖金（包括月奖、季度奖、年终奖、节日奖和其他奖）、从集体农场、集体饲养场得到的货币收入和非货币收入（农产品、畜禽产品、水产品或其他东西，如耐用消费品等，按市场价格折算的价值）、家庭农产品、畜禽产品、水产品的销售收入（自己消费以及赠送给其他人的自己生产的水果、蔬菜、农产品、畜禽产品、水产品，则按市场价格折算成货币价值）、家庭手工业和小商业活动的收入；家庭小时工资率以家庭年度劳动总收入除以家庭工作时间计算，单位为：元/小时；家庭非劳动收入则包括夫妻双方之间能够明确区分的其他来源的现金或非现金收入、夫妻之间不能明确区分的按户计的家庭各项补助收入（独生子女补助费、煤气燃料补贴、煤火费、用电补贴）、收到的单位免费发放或低价购买的食品等商品价值、家庭现金收入［出租家庭财产所得租金，不

---

① 如果是在上下班途中为家庭购买食物，则其时间不计入在内。

② 包括晚上睡觉时间。

③ 下同，所有涉及货币表示的变量均按此方法进行了可比性调整。

包括土地（房屋、家用车辆、农用设备等）、寄宿食宿费、困难补助，残疾补助或福利金、子女（不是家庭成员）给的钱、父母（不是家庭成员）给的钱、国内外其他亲属或朋友给的钱、其他现金收入（不包括灾后救济款）]、礼品收入［子女送的礼品（不是家庭成员）、父母送的礼品（不是家庭成员）、朋友或其他亲属送的礼品、当地企业送的钱或礼品例如分红等（不包括企业工作人员的工资收入及奖金），均按当年市场价格折算成货币收入]。将全部家庭按户籍所在地区划分为东部、中部和西部①，以中部地区为参照组。限于篇幅，其他变量不再作详细说明，变量的描述性统计如表 2 所示。

表 2   **按工作异质性分组的家庭变量描述性统计**

变量名	政府及国有集体企业		家庭联产承包农业		私营、个体企业		三资企业及其他	
	均值	标准差	均值	标准差	均值	标准差	均值	标准差
家庭工作时间	3482.739	1759.63	3845.463	2780.36	4652.204	2750.81	4615.190	2754.30
被解释变量								
家务劳动时间	177.847	118.74	168.800	105.23	176.392	105.11	161.964	135.83
家庭闲暇时间	1288.716	278.87	1196.305	274.74	1186.269	246.35	1216.999	293.95
解释变量								
家庭小时工资率	8.141	10.98	5.676	10.14	7.043	22.32	7.283	16.45
家庭非劳动收入	3215.242	7200.65	1523.014	4853.60	2437.519	7930.65	2860.926	5660.06
大额消费支出	7103.550	10715.42	4170.862	7000.20	5707.784	9740.32	5647.037	6746.03
未成年子女年龄	8.917	5.22	8.897	4.85	9.742	5.11	8.417	5.61
家庭人口数	3.735	1.41	4.239	1.63	4.034	1.56	3.790	1.55
家庭住房面积	17.990	67.31	14.044	45.78	17.450	59.87	13.259	13.25
母亲是否住在家里	0.018		0.011		0.018		0.024	
夫妻是否居住在一起	0.966		0.970		0.975		0.985	
家中是否有洗衣机	0.877		0.520		0.749		0.778	
家中是否有冰箱	0.810		0.238		0.572		0.605	
家中是否有电饭煲	0.853		0.637		0.808		0.802	
家中是否有电脑	0.294		0.025		0.141		0.259	
家中是否有照相机	0.351		0.042		0.130		0.173	
家中是否有手机	0.877		0.527		0.752		0.864	

---

① 东中西部地区的划分根据国家统计局 2003 年标准，9 个省、自治区中辽宁、江苏、山东和广西属于东部地区，黑龙江、湖南、湖北和河南属于中部地区，贵州属于西部地区。

续表

变量名	政府及国有集体企业		家庭联产承包农业		私营、个体企业		三资企业及其他	
	均值	标准差	均值	标准差	均值	标准差	均值	标准差
家中是否有 VCD/DVD	0.592		0.364		0.503		0.457	
家中是否有电视机	0.991		0.898		0.979		0.975	
家庭类型	0.342		0.974		0.609		0.548	
东部地区	0.590		0.341		0.539		0.595	
西部地区	0.072		0.130		0.107		0.048	

同时，为了捕捉解释变量的非线性效果，将大额消费支出和非劳动收入两个解释变量取自然对数形式。在计量方法上，考虑到家务时间和闲暇两个被解释变量存在归并问题，也就是说这两者均为非负数，奇异值包括小于 0 的调查值应作必要的删截，如果直接采用普通最小二乘法（OLS）来估计，可能会存在偏差。一种可行的解决方案是采用最大似然法来处理此类情形（Tobin，1958），本书采用误差项服从 Extreme value 分布的 Tobit 方法进行估计。

四　计量实证结果及分析

1. 非劳动收入对家庭家务劳动时间的影响

以家庭家务时间为被解释变量，根据式（7）分组回归的结果见表 3，在控制住其他因素的影响以后，非劳动收入的提高减少了所有家庭的家务时间配置，这与 Alenezi and Walden（2004）的估计结果（非劳动收入与丈夫和妻子的家庭家务劳动时间负相关）是一致的，尽管四类分组家庭在作用程度上有所差异（四组的回归系数分别为 -4.491、-5.682、-4.286 和 -6.550），但非劳动收入与家庭家务劳动时间之间的负相关关系是统一的，且其回归系数在统计上显著（四组置信水平分别为 10%、5%、5% 和 10%）。这一结果符合本书理论模型的结论，即家务劳动是一种"劣质商品"，随着非劳动收入水平的提高，为家庭主要成员从繁重的家务劳动中解脱出来，从而为减轻家务劳动负担创造了有利条件。

结合表 2 来看，四组家庭的家务时间均值分别为 177.847 分钟/天、168.800 分钟/天、176.392 分钟/天和 161.964 分钟/天，也就是说联产承包农业和三资企业两组家庭，每天家庭家务劳动时间配置均比其他两组家庭少 8—16 分钟，但随着家庭非劳动收入的提高，其减少家务时间的效应却更强。一种可能的解释是这两组家庭从事第二职业的比例较高（丈夫和妻子分别为28.17%、9.54%；21.42%、9.43%；），非劳动收入的提高，有助于其将减少的家务时间配置于第二职业工作中去，尤其是联产承包农业家庭，由于其工作的特殊性，这种转换更为便利，因为农户的职业劳动和家务劳动基本上都在家庭范围内进行，不需要或者较少耗费上下班时间，可以随意自由地使用家中的闲散劳动力和零散时间，将家务劳动集中于受天气影响而中断农业生产的间隙完成。

其他因素中，家庭小时工资率和大额消费支出对政府及国有集体企业工作的家庭，在家务时间配置上具有负向作用，但在其他三组中却具有正向影响，表明其作用方向是不确定的，而且除了家庭联产承包农业家庭外，在统计上并不显著；夫妻居住在一起和家庭人口数与所有家庭的家务时间配置负相关，体现了家务劳动的规模效应，但只有在政府及国有集体企业组和私营个体企业组家庭在统计上是高度显著的；而未成年子女年龄、家庭住房面积两个变量对家务时间配置的作用在方向上不具有统一性；母亲住在家里能够显著地减少政府及国有集体企业组家庭的家务时间，但对家庭联产承包农业家庭呈显著的正相关关系，这与我国城乡家庭老人与子女的居住模式差异和居住目的有关；在企业单位工作的农村家庭（政府及国有集体企业组和私营个体企业组）与家庭联产承包农业组相比，家务劳动时间显著减少，表明企业化的经营管理模式，在工作时间安排方面具有较强的刚性；家用电器的使用并未使得家庭家务劳动时间呈现显著性的减少，一个可能的解释是家务劳动的电器化，主要功能在于减轻家务的劳动强度；最后，家庭家务劳动时间配置存在着较为明显的地区差异，表明社会习俗和观念、历史文化、经济发展水平等社会和自然状态差异对家务时间配置有一定的影响。

2. 非劳动收入对家庭闲暇时间的影响

以家庭闲暇时间为被解释变量，根据式（7）分组回归的结果见表3，在控制住其他因素后，从估计结果来看，家庭非劳动收入的提高能够显著地增加家庭联产承包农业组和私营个体企业组家庭的闲暇时间，但减少了政府及国有集体企业组和三资企业组家庭的闲暇时间配置，而且除了三资企业组外（可能由于该组样本量较少，而且相当一部分样本的被解释变量没有观测值，被归并为零），在统计上分别达到了10%、10%和1%的显著性水平。

表3　　　　　　　　　　　　非劳动收入对家庭时间配置的影响

变量名	政府及国有集体企业		家庭联产承包农业		私营、个体企业		三资企业及其他	
	家务时间	闲暇	家务时间	闲暇	家务时间	闲暇	家务时间	闲暇
常数项	515.045 *** (98.92)	676.544 ** (267.13)	-26.268 (96.78)	1015.022 *** (155.31)	318.157 *** (67.74)	1348.035 *** (260.13)	120.654 ** (53.16)	1735.266 *** (202.58)
家庭小时工资率	-2.779 (2.72)	2.769 (3.79)	1.997 ** (0.95)	0.109 (1.34)	0.028 (0.60)	-2.066 (1.65)	2.508 (2.34)	-22.505 *** (6.96)
家庭非劳动收入	-4.491 * (2.69)	-12.368 * (6.76)	-5.682 ** (2.39)	7.363 * (3.92)	-4.286 ** (1.92)	16.868 *** (6.05)	-6.550 * (3.34)	-14.155 (9.86)
大额消费支出①	-7.306 (5.32)	1.620 (8.66)	9.988 ** (4.42)	22.625 *** (6.24)	10.696 *** (3.35)	15.664 (10.48)	2.785 (3.85)	34.573 *** (11.89)
未成年子女年龄	5.851 *** (1.95)		9.819 *** (1.91)	4.692 (3.06)	-2.304 (1.43)	-22.277 *** (4.93)	4.793 ** (2.03)	-13.573 * (6.97)
家庭人口数	-22.4361 *** (7.78)	30.066 * (16.44)	-2.886 (6.36)	40.694 *** (9.94)	-18.875 *** (4.90)	-22.651 ** (11.40)	-2.410 (7.22)	-6.022 (14.94)
家庭住房面积	0.824 *** (0.26)	-0.205 (0.33)	0.022 (0.21)	0.010 (0.34)	-0.008 (0.14)	-1.167 *** (0.36)	0.155 (0.20)	-0.060 (0.57)
母亲是否住在家里	-267.884 *** (64.23)	-0.360 (184.73)	156.258 ** (64.66)	31.043 (114.46)	54.787 (35.78)	-270.549 *** (97.00)		
夫妻是否居住一起	-140.980 *** (50.90)	175.861 (151.92)	-17.217 (49.45)	-16.479 (76.60)	-7.235 (43.53)	-96.483 (127.11)		
家庭类型	-71.1286 *** (23.35)	35.639 (53.08)	75.370 (47.88)	-76.603 (87.12)	-49.305 *** (15.46)	-16.053 (45.58)	6.530 (21.89)	23.148 (48.50)
家中是否有洗衣机	-26.505 (42.98)		13.608 (19.63)		21.442 (19.52)		25.087 (34.76)	
家中是否有冰箱	-20.019 (28.76)		77.811 *** (22.51)		-27.226 * (15.00)		-25.324 (31.30)	
家中是否有电饭煲	25.691 (28.74)		50.159 *** (19.09)		17.718 (19.54)		23.310 (29.64)	
家中是否有电脑		2.448 (58.91)		11.270 (83.18)		26.519 (68.84)		52.995 (66.32)
家中是否有照相机		74.191 (53.48)		-122.258 ** (59.85)		-64.889 (66.68)		250.812 *** (84.78)
家中是否有手机		186.825 ** (76.00)		-59.954 * (30.68)		101.960 ** (51.92)		115.683 * (70.05)
家中有否 VCD/DVD		-5.069 (49.79)		-38.690 (30.43)		84.640 ** (41.79)		-55.633 (58.67)
家中是否有电视机		312.456 (195.04)		65.519 (52.81)		349.898 * (188.58)		-401.082 *** (130.87)
东部地区	-12.579 (22.04)	-45.135 (49.65)	-28.167 (22.89)	-43.160 (35.44)	-47.145 *** (16.10)	-285.072 *** (48.73)	-39.431 ** (18.92)	-154.502 *** (52.92)
西部地区	-69.204 * (38.77)	225.737 ** (91.53)	-50.328 * (27.89)	-68.581 (47.95)	-37.980 * (20.98)	-261.242 *** (63.11)	-6.575 (62.57)	-150.779 (120.31)
Log likelihood	-404.670	-1154.072	-2136.100	-2301.322	-1767.148	-2050.454	-193.544	-226.626

注：表中各数值为各解释变量的回归系数，括号中为标准差；*、**、*** 分别表示在10%、5%和1%水平上显著。

———————

①　家庭非劳动收入和家庭消费支出取自然对数形式。

　　非劳动收入对工作异质家庭闲暇时间配置的影响差异，充分说明家庭主要成员在市场工作时间上的刚性或受到的时间约束程度大小，对家庭时间配置具有不可忽视的作用。针对上述计量结果，可能的原因在于：首先，家庭联产承包农业、私营个体企业家庭与政府及国有集体企业、三资企业家庭相比，前者家庭的小时工资率相对较低（分别为5.676、7.043，而后者为8.141和7.284），只有通过增加市场工作时间甚至从事第二职业、家庭手工业家庭小商业活动等，满负荷地工作才能获取更多的市场报酬，因此在工作时间上反而呈现出较强的刚性和约束性，随着家庭非劳动收入的提高，可以通过减少部分家务时间以增加闲暇；其次，在政府及国有集体企业和三资企业工作的家庭，工作单位大多为正规部门，能够较为严格地执行劳动作息制度，有相对规范的双休日和国家法定节假日，因此，其家庭对闲暇时间的边际需求也可能较小；第三，政府及国有集体企业和三资企业组的家庭，有着相对较高的收入基础，随着非劳动收入的提高，有利于其通过减少家务时间，甚至放弃部分低效率的工作时间，把更多的时间用于人力资本投资，或者用于在更大的地域范围内寻求更高效率的工作机会，可能增加上下班时间①，从而减少闲暇时间的配置；最后，在联产承包农业和私营个体企业工作的家庭与在政府及国有集体企业和三资企业工作的家庭相比，两者家庭在收入水平及享有的社会福利保障等方面存在着较大的差距，从而决定了基于此基础的商品闲暇无差异曲线斜率水平，随着非劳动收入的提高，导致了两者家庭对边际闲暇的相反配置。

　　此外，家庭小时工资率对不同组的家庭闲暇时间配置具有不同的作用方向，但大额消费支出能够增加家庭闲暇时间配置。其他代表家庭特征的变量，在对家庭闲暇时间配置中的作用方向并不一致，且在统计上也未显示出显著性。家用电器方面，家庭中拥有电脑能显著地增加家庭闲暇时间，表明使用电脑上网或玩游戏已经成为一种重要的娱乐休闲的形式，但其估计系数并未达到通常所要求的显著性水平。地区变量依然在家庭闲暇时间配置方面具有重要的作用，再次表明东中西部地区的传统社会习俗、经济发展程度等地区差别对家庭时间配置的影响依然明显。

---

　　①　上下班时间应该归于工作时间还是闲暇时间，较难加以界定，在本书中没有考虑家庭用于上下班的时间。

五　结论与启示

本书沿袭了新家庭经济学的研究思路，通过一个家庭时间配置的简单模型，从工作异质性角度比较了市场工作刚性和非刚性两种情形，在假定家务劳动为"劣质商品"的前提下，揭示了非劳动收入在家庭时间配置中的影响差异，即随着非劳动收入的提高，家庭的家务时间配置将减少，市场工作刚性的家庭，闲暇时间配置增加，但市场工作非刚性的家庭，其闲暇时间的调整是不确定的。根据家庭户主就业单位的性质和职业，将所有家庭划分为政府及国有集体企业、家庭联产承包农业、私营个体企业及三资企业四组作为工作异质性的代理变量，并利用 CHNS2006 年的调查数据进行了分组实证检验，估计结果表明：随着家庭非劳动收入的提高，所有家庭的家务劳动时间都是减少的，但在家庭闲暇时间配置方面却因工作异质而影响各异，即非劳动收入的提高使得在政府及国有集体企业和三资企业工作的家庭闲暇时间配置减少，却导致了家庭联产承包农业和在私营个体企业工作的家庭闲暇时间配置增加，这一结果与理论分析是相一致的。可见，就业单位和职业的属性，不仅对家庭的收入、社会保障、社会和经济地位以及获得市场资源方面具有重要影响，而且对家庭的时间配置特别是工作的"时间约束"方面也有着显著的效应，由此而决定着一个家庭的福利水平。

本书进一步拓展了已有的关于家庭时间配置的研究成果，在分析非劳动收入对家庭时间配置的影响中，突出了工作的异质性对家庭时间资源配置决策的重要性，是对深入剖析我国城乡家庭间时间配置差别问题所做的一次有益尝试。本书所进行的理论分析结果，也得到了调查数据的经验支持，表明工作异质性问题确实与家庭时间配置决策紧密相关。

在当前政府和社会公共服务部门努力消除城乡差距，促进城乡统筹发展和实现城乡福利均等化的背景之下，本书的研究结论具有重要的启示意义：

（1）政府应出台相关政策，大力促进家务劳动的社会化。随着经济的发展和人们收入水平的提高，特别是家庭非劳动收入的提高，有利于家务劳动从家庭部门分离出来，实现家务劳动的社会化，因而促进家政业等相关产业的发展政策有其坚实的微观基础。将家务劳动外移于社会，以社会劳动替代家庭内部的自我加工和自我服务，不仅可以大大减轻家庭成员的家务劳动负担，而且通过家务工作的专业化也可以提升家务劳动的生产效率，同时也能为社会创造更多的就业岗位，提供就业机会，以缓解产业结构调整和农村剩余劳动力的就业压力。

（2）努力建设城乡一体化的劳动力市场，消除对农村劳动力的就业歧视。当前，我国城乡家庭的就业结构依然具有明显的二元性特征，城镇家庭在政府部门及国有集体企业等正规部门就业的比例要远远高于农村家庭，城乡家庭成员的就业单位和职业的这种分割，是造成其收入差距、社会保障差距，同时也是影响家庭时间配置进而导致家庭福利差异的重要原因。此外，城乡分割的劳动力资源配置方式，也使得农村中高素质、高生产率的劳动力因为缺乏就业机会而得不到有效利用，相反城镇中低素质、低效率的劳动力却得到政府部门的保护，在客观上降低了劳动力要素与其他生产要素的配置效率，不利于人力资本的使用，也不利于劳动力市场机制作用的发挥。

（3）鼓励和提高家庭非劳动收入水平是改善民生的重要方面。家庭非劳动收入的提高，可以使得家庭有能力进一步优化其时间资源配置，增进家庭整体福利水平，尤其是对于农村家庭而言，闲暇的收入效应更为显著，能有效地缩小城乡家庭福利差距。

另外，还应加强基于时间配置的福利研究。时间作为一种重要的资源，其在家庭内部的配置状况不但直接影响家庭其他资源的配置效率，同时也与家庭及个人的福利水平息息相关。关于家庭时间配置问题，目前国内学者的研究成果尚不多见，特别是和国外家庭经济学研究相比，无论在研究方法还是研究基础方面（尤其缺乏覆盖面广的权威性时间利用调查数据资料）仍然存在较大的差距。

参 考 文 献

［1］Agarwal, B. Bargaining and Gender Relations: Within and Beyond the Household ［J］. Feminist Economic, 1997 (3).

［2］Alenezi, M. and Walden, M. L. A Newlook at Husbands' and Wives' Time Allocation ［J］. The Journal of Consumer Affairs, 2004 (38).

［3］Becker, G.. S. A Theory of the Allocation of Time ［J］. The Economic Journal, 1965 (75).

［4］Blair Sampson, L. and Daniel, T. Lichter. Measuring the Division of

Household Labor: Gender Segregation of Housework among American Couples [J]. Journal of Family Issues, 1991 (12).

[5] Blood Robert, O. and Donald, M. Wolfe. Husbands and Wives: The Dynamics of Married Living [M]. Free Press, 1960.

[6] Cohen Philip, N. Replacing Housework in the Service Economy: Gender, Class, and Race-Ethnicity in Service Spending [J]. Gender & Society, 1998 (12).

[7] Ishii-Kuntz Masako and Scott Coltrane. Predicting the Sharing of Household Labor: Are Parenting and Housework Distinct? [J]. Sociological Perspectives, 1992 (35).

[8] Gronau, R. Home Production—A Forgotten Industry [J]. Review of Economics and Statistics, 1980 (62).

[9] Goldscheider Frances, K. and Linda, J. Waite. New Families, No Families? [M]. University of California Press, 1991.

[10] Makiko Fuwa and Philip, N. Cohen. Housework and Social Policy [J]. Journal of Social Science Research, 2007 (36).

[11] Marrlyn Manser and Murray Brown. Marriage and Household Decision-Making: A Bargaining Analysis [J]. International Economics Review, 1980 (21).

[12] McElroy, M. B. and Horney, M. J. Nash-Bargained Household Decisions: Toward a Generalization of the Theory of Demand [J]. International Economic Review, 1981 (22).

[13] Ravi Kanbur and Lawrence Haddad. Are Better off Households More Unequal or Less Unequal? [J]. Oxford Economics Papers, 1994 (46).

[14] Samuelson Paul, A. Social Indifference Curves [J]. Quarterly Journal of Economics, 1956 (70).

[15] Schultz, T. P. Testing the Neoclassical Model of Family Labor Supply and Fertility [J]. The Journal of Human Resources, 1990 (25).

[16] Tobin, J. Estimation of Relationships with Limited Dependent Variables [J]. Econometrica, 1958 (26).

[17] [美] 贝克尔:《家庭论》，王献生等译，上海商务印书馆2005年版。

［18］畅红琴、董晓媛：《Folina Macphail.经济发展对中国农村家庭时间分配性别模式的影响》，《中国农村经济》2009 年第 12 期。

［19］［英］弗兰克：《农民经济学——农民家庭农业和农业发展》，胡景北译，上海人民出版社 2006 年版。

［20］李实：《中国经济发展中的一道灰色的风景线——评中国转轨时期劳动力流动》，《经济研究》2007 年第 1 期。

［21］齐良书：《议价能力变化对家务劳动时间配置的影响——来自中国双收入家庭的经验证据》，《经济研究》2005 年第 9 期。

Non-labor Income on The Allocation of Family Time

——A Comparison of the Family Based on the Work of Heterogeneous

Hu Junhui

(Finance and Economics Institute of Zhejiang University
of Finance and Economics, Hangzhou, 310018)

Abstract: This heterogeneity in differentiating the basis of the work on the analysis of non-labor income impact on family time allocation, that the increase of non-labor income will reduce housework time allocation, increase the family of market work time rigidity leisure time, but the impact on the family of non-rigid configuration is uncertain. The heterogeneity of the market work determines a family's social and economic status, the use of the data of CHNS2006 by empirical results show that raising the level of non-labor income reduces all family's housework time, which leads the government and state-owned collective enterprises, foreign-funded enterprises to reduce family leisure time, but the agriculture household, private and individual enterprises configuration of family's leisure time increases.

Key words: non-labor income; time allocation; work heterogeneity; housework time; leisure

后　记

　　本书是在我的博士学位论文基础上，经过一年多的修订而最后定稿的。虽然博士毕业已经一年有余，但重读本书，三年来在上海财经大学求学的经历仍历历在目，武东路校区的图书馆、食堂和教室仍然是那样的熟悉和亲切，和同学们挑灯夜战、研究会上激烈交锋的场景还是会时时出现在脑海，仿佛一切就在昨天，辛苦而充实的求学经历终生难忘。

　　饮水思源，我始终抱着一颗感恩的心，即使是仅仅取得了一点点微不足道的小小成绩，也要由衷地感谢曾经为我提供无私帮助和支持的学校、老师、同学和亲人们。

　　我要感谢我的导师，上海财经大学经济学院的伍山林教授。伍老师学识渊博、学术造诣高深，更难能可贵的是伍老师淡泊名利而又平易近人，与他交流如沐春风，能有机会得到他的指点是我的荣幸。伍老师细致、严谨的治学态度令人肃然起敬，在今后的学术研究道路上我也将努力践行。

　　我要感谢上海财经大学财经研究所的吴方卫教授，在课堂上他对生活幽默而精彩的经济学解读，令我深受启发，特别感谢他对我选择家务劳动作为研究选题所给予的充分肯定和鼓励；感谢财经研究所的许庆研究员、张锦华副研究员在我论文写作期间提出的建设性意见；感谢财经研究所副所长徐龙炳教授，他所倡导的研究会活动令我获益匪浅；感谢在我论文开题和答辩时提出宝贵意见和建议的上海财经大学曹建华教授，豆建民教授、韩景倜教授，复旦大学焦必方教授和上海交通大学于冷教授、史清华教授。

　　作为浙江财经大学东方学院的一名在职教师，我还要感谢我的同事们，张海军老师、胡旭阳教授、丁骋骋副教授、李忠博士、李果博士、徐英博士、徐敏副教授、周世成博士在学习和工作中提供的有益帮助；感谢我的同学们，安家康、翟晓鸣、任光辉、谢童伟、张纯记，特别要感谢李颖同学的鼓励和范英同学的协助，和你们一起共同奋战的日子也是我人生中的一段美好记忆，和你们结下的深厚情谊是我的一笔宝贵精神财富。

　　我还要感谢我的妻子潘文英，没有你的支持是不可想象的，感谢你和家人在我学习期间承担了繁重的家务劳动，本书的写作在某种程度上也是对你们从事家务劳动的致敬，在我"人力资本积累"过程中有你们不可磨灭的贡献。感谢在生活上无私提供家务协助的父母、岳父母、二姐和姐夫。我还要提到我的儿子胡逸旻小朋友，你的健康和快乐正是我能坚持下来的强大动力。

　　感谢为本书出版提供资助的浙江省哲学社会科学发展规划办公室，本书是2013年度浙江省哲学社会科学规划后期资助课题（课题编号：13HQZZ028）的研究成果，感谢浙江财经大学东方学院科技服务部在课题管理上提供的帮助，最后还要感谢我的同事罗嫒老师，我的学生舒丹琳、黄晓璐提供的帮助。